全国高等院校经济和管理专业教材

新编应用统计

主编　贾怀勤

中国商务出版社

图书在版编目（CIP）数据

新编应用统计/贾怀勤主编·—北京：中国商务出版社，
2009.8
全国高等院校经济和管理专业教材
ISBN 978-7-5103-0111-7

Ⅰ. 新… Ⅱ. 贾… Ⅲ. 应用统计学-高等学校-教材
Ⅳ. C8

中国版本图书馆 CIP 数据核字（2009）第 148297 号

全国高等院校经济和管理专业教材
新编应用统计
XINBIAN YINGYONG TONGJI
主编 贾怀勤

出　版：中国商务出版社
发　行：北京中商图出版物发行有限责任公司
社　址：北京市东城区安定门外大街东后巷 28 号
邮　编：100710
电　话：010—64269744（编辑室）
　　　　010—64266119（发行部）
　　　　010—64263201（零售、邮购）
网　址：www.cctpress.com
邮　箱：cctp@cctpress.com
照　排：嘉年华文排版公司
印　刷：三河市和达印务有限公司
开　本：787 毫米×1092 毫米　1/16
印　张：18　字　数：323 千字
版　次：2009 年 8 月第 1 版　2009 年 8 月第 1 次印刷

书　号：ISBN 978-7-5103-0111-7
定　价：33.00 元（含光盘 1 张）

前　　言

　　本书旨在为高校的非统计专业（主要指经济和管理各专业）的应用统计教学提供一部新型教科书。本书的编写指导思想，一是注重与中学数学和大学"概率论与数理统计"教学内容的衔接；二是力求更加贴近商务应用。

　　本书主编多年来致力于应用统计教学和教材建设，早期曾协助李志伟教授主编国内最早的区别于"社会经济统计学原理"教学体系的应用统计教科书——《统计分析概论》（1984年，1989年共两版），后来又牵头编写换代教科书《应用统计》（1994年，1998年，2002年，2006年共四版）。

　　1978年统计科学研讨会——峨眉会议至今已过去30年，1992年正式提出建设大统计学科也已过去16年。随着统计学研究及其在经济和社会发展中应用的历史性进步，统计学教学及教材建设也呈现一派繁荣局面。统计学不仅在高校许多专业列为重要的方法性课程，还被引入了中学的数学课。为准备编写本书，本书主编阅读了许多同行编写的教材，也参阅了初、高中的最新数学课本。

　　按人民教育出版社2008版课本的设计，初、高中统计知识的必修内容包括：

　　数据的认识——数据的搜集；数据的描述（常见统计图表）；数据的分析（数据的代表和波动）。

　　概率初步——排列组合和二项式定理；随机事件；基于频率（相对频数）的概率；古典概率；列举法求概率；二项分布。

　　选修内容包括：

　　抽样方法——放回抽样与不放回抽样；无限总体与有限总体；简单随机抽样；系统抽样；分层抽样。

　　用样本估计总体——用样本的频率分布估计总体的分布；用样本的平均数和方差估计总体的平均数和方差（点估计）。

　　概率分布：数学期望和方差；正态分布。

　　线性相关关系和回归分析——散点图；求相关系数和回归系数。

　　由以上信息可知，高校的统计学教学及教材建设不仅要面向社会对所需人才统计知识的需求，也面临如何与中学统计基础知识相衔接的问题。在高校内部，还有"概率论与数理统计"课与"应用统计"课的区分与衔接问题。

　　需要指出，本课程与先行课程在一些知识点上一定程度的重复是必要的。其理由在于：目前大学生乃至中学生，知识"吞"进去的趋多，"消化"和"吸收"

的趋少，往往是提起某名词似乎记得，但深究其理则忘得差不多了，此为其一；高中数学教学内容的必修与选修（还进一步分为选修Ⅰ和选修Ⅱ）安排，文理分科和应试教育，使得大学生入校前的统计初步知识"离散度"很强，应用统计教学必须照顾到学生知识背景之一般，此为其二。另一方面，应用统计对知识点的重复必须是重复中有新意、有提高，重复外有拓展，否则就是浪费课时，挫伤学生求知欲。

本书作为本科应用统计学基本教材，知识面涵盖统计数据概述、数据采集、统计描述、参数估计、假设检验、相关回归、时间数列和指数等专题，连同绪论在内共计13章。教师可以根据课时计划和学生接受程度对内容有所取舍，目录中标题字尾加"＊"的章或节，是建议选讲的内容。

有关统计描述、参数估计、假设检验和相关回归的基本知识点，或在中学数学课中已有初步讲述，或在高等数学课中已经系统展开。从经济和管理各专业人才需求的角度讲述这些知识，做到虽有术语和公式的重复，又得让学生通过本课程有新的收获，就成为"新编"的关键。为此，本书在以下五个方面有所侧重，或者可以说本书在这些方面与其他统计学教材相比能够体现新意：

第一，从重新认识"数据"导入，使学生明了统计学的"数据"与数学的"数"的区别。"绪论"开宗明义指出数据是进行社会经济核算、科学研究和技术设计活动所依据的数值。统计学是关于如何对总合现象的测度结果——数据进行采集、整理和分析，以便为决策提供支持的科学。第一章至第三章关于数据的采集、整理和分布态势描述，以定名数据、定秩数据和定标数据为主线展开，并突出商务数据的采集和整理、汇总特点。

第二，妥善处理由描述统计到推断统计的过渡。第四章以"从经验分布到理论分布"为题，在前三章的描述统计内容与后面的推断统计内容之间架起一座栈桥，既避免了某些教材对概率论知识的较大篇幅重复，也不采用切除概率分布知识的硬过渡。

第三，既注重例题的示范性，更注重其应用导向性。在例题编写上，本书以逼近商务实际的"示例"取代教科书通常的"算例"。所谓"算例"，即是给出简单的场景和少量数值，带入公式进行计算，说明统计学原理和公式的作用。而"示例"则是对商务场景做出描述，给出含有足够量数值的商务数据，运用所讲统计学模型和方法进行分析，导出结果，并针对商务问题做出解释。这样编写例题，目的是将学生由"读例题——对照公式——代入数字算结果"的数学应用题解题思维升华为应用统计思维，增进学生对统计方法应用于商务管理的认识。

第四，在习题的编写上，注重训练学生的统计思维。本书习题共155题，涵盖从第二章到第十二章（绪论和第一章均无习题）。平均每章14题。习题对商务场景做出描述，给出含有足够量数值的商务数据，要求学生综合运用所学知识解决问题，突出对学生理解和运用知识的训练和考察。许多习题都是贯穿前后数章，数据多次使用，使学生认识到商务问题解决的多层次性和多角度性。

第五，在计算工具上，引导学生运用 EXCEL 的统计分析功能。由于例题和习题给出的含有足够量数值的商务数据，必须借助于计算机软件进行运算。考虑到学生就业后一般工作单位计算机上 EXCEL 的普及性和该软件的友好性和多功能性，将 EXCEL 确定为本书的数据处理和分析工具，从而拉开了中学"统计初步"运算依靠电子计算器（中学教科书大纲语），大学本科"应用统计"数据处理和分析使用 EXCEL，未来研究生阶段深入统计分析使用 SPSS、SAS 或 Minitab 等大型专门统计软件的态势。

本书并不具体讲授 EXCEL 统计函数和统计工具的使用方法和程序，只是在每章最后写有"与本章有关的 EXCEL 功能的实现途径"的附录。学生凭借已有的对 EXCEL 电子表格数据结构和一般数学运算方法的初步认识，在教师指导下按照此附录的指南联系操作，完全能够掌握与本书所讲统计方法有关的 EXCEL 函数和统计工具。

本书中含有足够量数值的所有例题和习题的数据文件，全部灌装入随书附送的光盘中。

综上所述，本书以商务数据导入，以 EXCEL 电子表格为平台和工具，突出统计方法在经济和管理中的应用。作者力求将其写成一部适合学生知识背景和培养需要的具有商务应用特色的教科书。

主编贾怀勤教授编写全书绝大多数章节和习题，并负责总纂；丁岚副教授提供第五章、第十一章、第十二章的初稿；赵军教授参与全书的审校，提出中肯的意见。

本书难免存有失误和不足之处，恳请同行和读者给予指正。

编著者

2009.5

目　　录

绪　　论

0.1　数据与统计学

在进入本课程之前，同学们已经在中学接触了统计学的初步知识，进入大学后又学习了"概率论和数理统计"。那么，统计学是一门什么样的科学呢？有人概言之：统计学就是数据科学。按着这样的概括方法，也可以说数学是关于数的科学。这两句话虽然不是统计学和数学的定义，但却点出了两者的区别。

数（numbers）是表示事物的量的基本概念，如自然数、整数、有理数、实数、复数等。所有这些数都体现为一定的空间形式，存在着这样或那样的关系。数学则研究数的空间形式和数量关系。数据（data）是进行社会经济核算、科学研究和技术设计活动所依据的数值。作为数据的数值，一定是与某一具体社会经济核算、科学研究和技术设计活动相联系的，有别于体现抽象的空间形式和数量关系的数。

数学课侧重对体现空间形式和数量关系的概念、定义、公理、定理和公式的讲授，即使有应用题，也是为了加深对所讲原理的认识。统计课关注的数据，寄寓于一定的社会经济核算、科学研究和技术设计活动中，其关于数据的研究完全是为了解决社会经济核算、科学研究和技术设计活动中的问题。

统计学是关于如何对总合现象的测度结果——数据进行采集、整理和分析，以便为决策提供支持的科学。这条定义有以下 4 层含义：第一，统计学是关于数据的科学；第二，它研究数据采集、数据整理和数据分析的方法；第三，数据采集、整理和分析的目的在于获取信息支持决策；第四，数据采集、整理和分析的活动针对总合现象，而非个别现象。在数据采集、整理和分析中需要使用许多统计方法，对这些方法的数学理论依据的论证，属于理论统计学（theoretical statistics）或称数理统计学的范畴。而对统计方法在社会经济核算、科学研究和技术设计的各个专门领域的应用的研究，则属于应用统计学（applied statistics）的范畴。本书主要讲述在商务领域应用的统计方法。

一次数据采集活动获取的未经整理的数据是原始数据（raw data），原始数据录入电子表格后的存在状态有向量和矩阵两种。

【例 0—1】某企业生产特殊用途电台。因为产品批量小、品种批次多，不适合高度自动化、大规模生产作业，故而采用半自动生产线组装生产，产品质量依靠各类高精度测试仪器设备保证。在实际生产中，电台整机装配合拢后进行逐台调试，确保各项功能达到设计要求。为了提高质量管理水平，公司人事、工程技术部门在新品生产时，都要组织专题技术培训，内容涉及电子线路基础、关键技术原理、生产中可能遇到的技术问题等。

为了评价专题技术培训的效果，公司从300名接受过技术培训的调试工中选取20名进行测验，每人在规定时间内调试100台，记录他们调试过的产品合格数目。具体数据如下：

87	91	86	71	94	85	72	85	36	92
94	96	90	99	90	86	86	88	73	82

将以上20个生产记录录入数据文件，无论是按列还是按行录入，都是一个向量。

产品合格数反映的是培训效果，而这些工人参加培训的课时数不一致。公司要研究接受技术培训的时间长短与培训效果的关系，就必须同时采集这20人参加培训的课时数。此外，公司还对他们有关的个人背景一并考虑在内。把这诸多内容全都录入数据文件，于是就形成了下列矩阵（见表0.1）。

表0.1　　　　　20名调试工的合格产品数和背景资料

行序号	工人编号	性别	年龄	文化程度	培训课时	合格产品数
1	4	男	29	大专	24	87
2	18	女	27	大专	36	91
3	28	男	25	大专	18	86
4	47	男	22	大专	10	71
5	48	男	26	大专	36	94
6	7	女	24	大专	16	85
7	77	男	25	大专	6	72
8	87	男	25	大专	12	85
9	87	男	22	大专	5	36
10	102	男	30	中专	30	92
11	112	男	35	中专	46	94
12	129	男	32	中专	42	96
13	144	女	28	大专	30	90
14	149	女	34	中专	46	99
15	170	女	31	大专	40	90
16	175	男	26	大专	24	86
17	181	男	27	大专	20	86
18	248	女	26	大专	26	88
19	286	女	23	大专	6	73
20	297	男	24	大专	12	82

在表 0.1 中，每名工人占据一行，每项背景资料和合格产品数占据一列，构成矩阵。在电子表格和统计运算中，我们称每一行为一个个体。"性别"、"培训课时"和"合格产品数"等考察项目，具体落实到每一个体上，其文字或数值都不尽相同，因此称每一列为一个变量。因此，我们可以把前面的单纯由 20 个数目字组成的数据称为单变量数据（single-variable data），把表 0.1 这样的"个体×变量"的数据称为多变量数据（multi-variable data）。统计学首先集中对单变量数据进行研究，厘清有关基本概念和基本原理。在单变量数据研究的基础上，再开展多变量数据的研究。

0.2 普查与抽样调查

在例 0—1 中，公司关注的是全部接受技术培训的工人的产品合格率，即合格产品数对受调试产品数（100 台）的比率，以及他们培训效果与接受培训的时间长短及其他背景因素的关系。认识问题的途径是从全部接受技术培训的 300 名工人中，选取 20 名进行测试，记录有关数据。被选取 20 名工人和全部接受技术培训的 300 名工人就构成了样本与总体的关系。如果在 300 名调试工外，还有没接受培训的，则不属于公司在这个问题上的研究范围。这 300 名工人都接受过培训，我们说他们在"是否接受了培训"这个属性上具有同质性，而那些未接受培训的人则与这 300 人不具有同质性。

所谓总体（population），就是在研究中同质个体的集合。组成总体的个体称为单元（element）。每一单元都有一系列的属性，如体现在 300 名工人身上的属性有性别、年龄、婚姻状态、受教育程度、居住地域、业余爱好等。总体是在某一属性相同基础上许多单元的集合，它们在其他属性上则不尽相同，这即是变异性。单元承担的属性很多，研究者关注其中某些属性，就采集这方面的数据，于是有了变量。变量（variable）一词，指的是其数值随单元不同而变化的量，在统计学上它与数据采集工具中的问项相对应，是单元承载的属性在数据分析中所用的概念。

作为同质个体的集合的总体，可以是实实在在的，也可以仅是观念上的。其含有的单元数目可以是有限多，也可以是无限多，前一种情况称为有限总体（finite population），后一种情况称为无限总体（infinite population）。例 0—1 的 300 名工人即是有限总体，而作为环保部门监测对象的空气总体和水流总体则视为无限总体。总体含有的单元数目称为总体总量（population size）。

遵照一定的程序或法则，从总体中选取出来一部分单元，就构成了样本（sample）。通常是选取样本，对其中单元的属性进行测度和研究，间接地认识总体，这就是抽样调查（sampling）。样本含有的单元数目称为样本容量（sample size）。在特别情况下，对总体所含全部单元的有关属性进行测度和研究，直接地认识总体，这就是普查（census）。

无论是普查还是抽样调查，它们都是从所研究的对象的数量表现出发，经过一系列统计操作，达到认识总体数量特征的目的，只不过是直接认识和间接认识的不同。

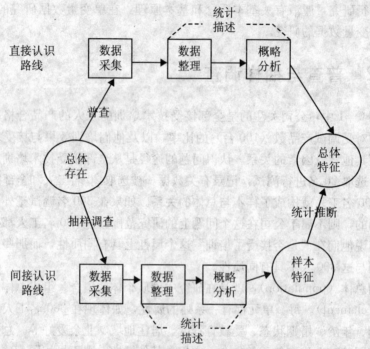

图 0.1　普查与抽样调查的认识程序

就面对的数据——无论是总体数据还是样本数据——进行研究，使用典型数值描述其分布特征，是概略分析（summary analysis）。数据整理和概略分析共同构成统计描述（statistical description）。采用普查的方法，只需经过统计描述，即可达到认识总体特征的目的。而针对样本数据的统计描述，其直接结果是样本特征；从样本特征到总体特征，还需要经过统计推断（statistical inference）。从认识程序看，似乎抽样调查更有难度。但是在实际执行上，由于总体总量庞大，普查的作业量远大于抽样调查，且其中更难于控制作业过程误差，一般不宜采用普查方法。况且耗竭性测度，使普查对象失去存在价值；而对于无限总体，则根本无法实施普查。相反，抽样调查作业量小，便于控制作业过程误差；而抽样的代表性误差，又可以通过其分布规律加以控制。这条间接认识路线有两个关键，一个是如何抽取样本；另一个是怎样从样本特征推断总体特征，它们都需要以概率和概率分布的原理为保障。

0.3 数据的类别

无论是统计描述还是统计推断，都不是只有一种方法，而是可以根据数据的类别采用不同的方法。

0.3.1 定名数据、定秩数据和定标数据

区分数据类别的一个标准是属性变异的测度层级，有的属性变异只适于简单区分，有的则可以作较为精细的区分。以例 0—1 的属性为例，工人的性别分为男和女，只是划类，属于简单区分。工人的受教育程度有中专和大专之分，这不仅是类的划分，而且有程度的强弱。合格产品数，以具体数值形式出现，不仅可以区分出多少，还精细地计量出谁比谁多几个、少几个。工人的年龄和培训课时数也属于最后这种情况。

如果一个属性只是作类别的划分，那么其相应变量就称为定名变量（nominal variable），所测度的数据称为定名数据。属于这类情况的，除了例 0—1 的性别，还有人员的民族、企业的行业类别、就业人员的职业，等等。

如果一个属性不仅可以作类别划分，还可以按强弱、大小排序，那么其相应变量就称为定秩变量（ordinal variable），所测度的数据称为定秩数据。属于这类情况的，除了例 0—1 的"受教育程度"，还有教师的职级序列、人们对某一表述从"强烈支持"到"强烈反对"的态度序列，等等。

如果一个属性不仅可以按强弱、大小、多少排序，还可以精确地测度其多少，那么其相应变量就称为定标变量（metric variable），所测度的数据称为定标数据。例 0—1 的合格产品数、工人的年龄和培训课时数，即属于这类情况。重量、长度、时间等基本物理量和货币金额等是典型的定标变量。

【例 0—2】设想某一天你收到的关于空调市场调查的问卷中含有下列 4 个问题：

一、您家主卧室的空调品牌是_____。

1. 格力　　2. 美的　　3. 海尔　　4. 其他

二、您对该品牌空调售后服务的评价是_____。

1. 非常满意　　2. 满意　　3. 一般　　4. 不满意　　5. 非常不满意

三、在夏天最热的日子里，您家主卧室的空调夜间设定的温度是_____℃。

四、您购买主卧室空调的实际支出金额是人民币_____元。

你在回答问题时考虑的是问题答案的实质，诸如空调是什么品牌的，花多少

钱买的，对售后服务满意不满意，再就是空调夜间设定的温度数。你不会关心这些问题的答案在形式上有什么区别，调查组织者面对采集到的这4个问题的答案数据所采用的数据整理和分析方法有什么不同。但是，从统计学的角度看，这几个问题的答案恰是不同层级数据的代表。

关于空调品牌的答案属于定名数据。为了便于进行数据处理，需要给每个具体答案赋予一个数字代码，例如该问卷中以"1"代表"格力"，"2"代表"美的"，"3"代表"海尔"，"4"代表除以上3种列名品牌之外的其他品牌。当然，也可以交换代码的含义，这丝毫不影响对数据的研究，因为它们仅仅是代码类别而已。

对于性别，可以用"1"代表"男"，"0"代表"女"，同样也可以交换代码的含义，或者用"1"和"2"作代码。关于行业和职业的代码，从理论上说完全可以自由赋予代码，但是在实践上国家已经规定了统一的行业代码和职业代码，一般就不要"另起炉灶"了。

关于对空调售后服务评价的答案属于定秩数据。为了便于进行数据处理，需要给序列中每个级次赋予一个数字代码，例如本问卷中以"1"代表"非常满意"，"2"代表"满意"，"3"代表"无所谓"，"4"代表"不满意"，"5"代表"非常不满意"。既然为有序排列，就不能任意交换级次的位置。此外，也不能说某两个相邻级次之间的差异与另外两个相邻级次之间的差异必然相等。

关于空调夜间设定的温度数的答案和购买空调的支出金额的答案统归为定标数据。它们分别精确地测度空调设定的温度和购买空调的支出金额。

如果深究起来，温度数和支出金额的测度层级还有细微差别。支出金额的"0"表示没有支出。由于有绝对意义上的零存在，不仅可以说4 000元与2 000元的差额和2 000元与0的差额相等，还可以说4 000元是2 000元的2倍。温度计的"0"点只是一个参照基准数值，并不代表"没有"。可以说从0℃到40℃的差距相当于从0℃到20℃的差距的2倍，但是不可以说40℃温度是20℃温度的2倍。由于没有绝对意义上的零存在的数据很少见，以上所说的细微差别在以后的数据采集、整理和分析中可以忽视不问。

定名数据、定秩数据、定标数据依次强化对事物属性的测度。定名数据仅区分事物的类别，定秩数据能够区分事物属性程度的差异，定标数据以等距间隔测定事物属性的差异。定秩数据界于定名数据和定标数据之间，有的时候把定秩数据和定名数据视做同一类型数据，称为质别数据（qualitative data）。相对于质别数据的称谓，定标数据也可以称为量别数据（quantitative data）。在某些情况下，也可以按特定的分界点把定标数据切割成定距数据，如将以金额计量的收入按特定的分界点划分成"低收入"、"中等收入"和"高收入"。

0.3.2 离散型数据和连续型数据

数据除按测度层次划分外，还可以按其数值的离散与否划分。凡其数值呈现为有限个整数的，是为离散型数据（discrete data）。凡其数值可以无限细分成小数的，是为连续型数据（continuous data）。离散型数据在数轴上体现为有限个整数点，互相不接连，如例0—2中的对空调售后服务评价的答案1，2，3，4，5；又如某路口周一至周五每日14：00～14：05通过的汽车流量。连续型数据在数轴上体现为无限多的连续点，它们可以充满数轴的某个（些）区间。对于两个离散型数值，由于最小位数到个位，可以判断它们是否相等；对于两个连续型数值，其最小位数不限于个位，而是取决于测度手段精细化程度，因此只可以按四舍五入原则保留至某个数位，然后判断其是否大致相等。

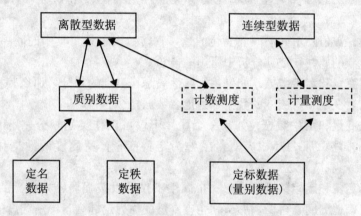

图0.2　三种数据分类之间的对应关系

由以上关于离散型数据和连续型数据的划分标准可知，定名数据和定距数据均可判定为离散型数据。而定标数据则需要分成两种情况：凡是可计数（be counted）的，如人数、台数、企业数等，都属于离散型数据；凡是须计量（be measured）的，如重量、长度、货币金额等，都属于连续型数据。

本 章 要 点

数据： 进行社会经济核算、科学研究和技术设计活动所依据的数值。作为数据的数值，一定是与某一具体社会经济核算、科学研究和技术设计活动相联系的，有别于体现抽象的空间形式和数量关系的数。

原始数据： 一次数据采集活动获取的未经整理的数据，其录入电子表格后的存在状态有向量和矩阵两种。

总体：研究中同质个体的集合。组成总体的个体称为单元。

总体总量：总体含有的单元数目。

无限总体：含有无数多个单元的总体。

有限总体：含有有限多个单元的总体。

样本：遵照一定的程序或法则，从总体中选取出来的一部分单元所构成的集合。

抽样调查：选取样本，对其中单元的属性进行测度和研究，以便间接地认识总体。

样本容量：样本含有的单元数目。

普查：对总体所含全部单元的有关属性进行测度和研究，直接地认识总体。

变量：数值随单元不同而变化的量，它与数据采集工具中的问项相对应，是单元承载的属性在数据分析中所用的概念。

定名变量和定名数据：如果一个属性只是作类别的划分，那么其相应变量就称为定名变量，所测度的数据称为定名数据。

定秩变量和定秩数据：如果一个属性不仅可以作类别划分，还可以按强弱、大小排序，那么其相应变量就称为定秩变量，所测度的数据称为定秩数据。

定标变量和定标数据：如果一个属性不仅可以按强弱、大小、多少排序，还可以精确地测度其多少，那么其相应变量就称为定标变量，所测度的数据称为定标数据。

质别数据：测定属性在性质上差别的数据，对应于定名数据和定秩数据。

量别数据：测定属性在数量上差异的数据，对应于定标数据。

离散型数据：凡其数值呈现为有限个整数的数据，在数轴上体现为有限个整数点，互相不接连。

连续型数据：其数值在数轴上体现为无限多的连续点的数据，它们可以充满数轴的某个（些）区间。

第1章 数据的采集

1.1 数据采集的方法和途径

统计数据的采集分为调查（survey）和实验（experiment）两种基本方法，每种基本方法都可以采取访问（communication）和观察（observation）两条途径。

1.1.1 调查与实验

在现象发生的现场纯客观地采集关于现象即时状态和演化进程的数据，这样的数据采集方法称为现场调查，简称调查。对现象发生的现场的人或物加以一定的控制，即操纵特定某些因素对现象演化进程施加影响，再采集关于现象即时状态和演化进程的数据，这样的数据采集方法称为实验。

实验本来是物理学、化学和生物学中的数据采集方法，后来被借鉴到社会科学的研究中来。在商务管理中，特别是在营销和组织行为研究方面，已经有许多成功的实验事例。比如在市场营销研究中，商品品质、包装、广告和场内商品陈列布局等促销方式的效果，都可以通过实验的方法来测定。企业内部管理机构的设置、车间工作岗位及岗位间配合关系的设计，乃至于雇员培训方法的选择，等等，也都可以用实验的方法取得较为可靠的结论。

1.1.2 访问与观察

派员到所研究现象发生的现场去注视现象的即时状态和演化进程，并做好数据记录，称为观察。通过调查人员与被调查者的问答取得数据，称为访问。显然，观察既适用于人，也适用于物，而访问只适用于人，实验数据采集主要靠观察。如果以人为实验对象，也不排除通过访问途径采集数据。

访问有口头访谈、书面访问和计算机辅助访谈之分。

口头访谈由访员持问卷口头提问，被访者口头回答，访员根据所答填写问卷。具体分为入户访问、公共场所访问和电话访问。三者在回答率、进展速度和访问成本等方面各有利弊，需要根据数据采集的性质和要求进行选择。

书面访问是以某种方式将问卷送达被访者，由其自行填写，然后收回，所以又称问卷自填法。问卷送达和回收的方式具体分为派送/面收、寄送/寄回。

计算机辅助访谈分为不联网的辅助访问和网络访问。前者是以计算机的专用软件替代访员的笔头记录和后续的录入工作，既可以辅助电话访问，也可以辅助面访。后者则是通过网络挂出或送达问卷，被访者在网上填写问卷后返回。

观察分为直接观察和间接观察。前者是观察所研究的现象本身，后者是通过观察行为或事件的结果或影响来研究行为或事件。在路口对车流量或人流量进行观察以便研究交通流量问题属于直接观察。对博物馆陈列品前面木地板的磨损痕迹进行观察以确定不同陈列品的受关注程度，是间接观察的典型事例。随着信息技术的进步，借助于行为观测仪（速称"探头"）对公共场所中人们行为进行观察也渐为普遍。

【例1—1】电视收视率是某一电视频道某一时段播放广告定价的重要参考指标。电视收视率不能由电视台自己测定，而需要第三方——调查公司测定。调查公司根据代表性原则选定电视收视家庭——样本家庭，与其签订合同，采集其收视情况，用来计算收视率。具体有两种数据采集方式：一种是日记账式采集方式，由公司发给每个签约家庭一本活页"账本"，里面以表格形式记载某些时段收看的频道和节目内容，公司定期回收。另一种是给每个签约家庭的电视机安装自动记录收视情况的机顶盒，该仪器自动将采集到的数据反馈给调查公司。

1.1.3 模拟

除了以上所说的采集数据的方法和途径外，还可以使用模拟（simulation）的方法"采集"数据。模拟不是由事物存在、现象发生的现场直接获取数据，而是"复制现场"——从一组基本数据出发，按着随机原则，给所研究现象生成大量的描述即时状态和演化进程的数据，再对这些数据进行分析，帮助进行决策。模拟通常借助于计算机的随机数生成程序进行。

1.2 数据采集的组织方式

所谓数据采集的组织方式，指根据什么准则和程序决定对拟研究总体所包含的哪些单元进行访问或观察。

1.2.1 目标总体和作业总体

目标总体（target population）指按研究工作需要，在理论上规定的全部同质个体的集合。作业总体（operational population）指访问或观察展开前，在作业实践上所要面对的全部同质个体的集合。两者的范围在许多情况下并不全同。比如研究北京市居民的消费情况，其目标总体是全体北京市居民。但是所谓"北京市居民"只是观念上或理论上的，在调查前仍有待于确定哪些人属于北京市居民，即确定本项研究的作业总体。在这个问题上有两种确定作业总体的方法，一是根据户籍状态，凡保有北京市户口的人皆纳入北京市居民总体；另一个是根据常驻状态，凡在北京市连续居住一定长时间（满6个月）的人皆纳入北京市居民总体。

与作业总体密切联系的一个概念是作业框（operational frame），顾名思义它指开展普查或抽样调查的一个框架，通过它调查组织者能够具体掌握所有总体单元的空间或时间分布状况。如果搞普查，作业框必须是一份完整的名册。抽样调查的作业框称为抽样框（sampling frame），它可以是一份完整的名册，也可以是所有单元的空间或时间分布架构，而不必具体列名。

1.2.2 非随机抽样设计

按着抽取单元时是否遵循随机原则将抽样技术分成随机抽样（random sampling）和非随机抽样（non-random sampling）两大类，每一类中又有一些具体方法。

非随机抽样的特点是人为判断介入了抽样过程。所谓人为判断，既可以是调研者的理性判断，也可以是第一线数据采集工作者的个人选择。由于是没有遵循随机原则抽取总体单元，无法依据概率法则去判断和控制抽样误差，抽样调查所得结果也不能用于推断总体。如果调查活动的目的只限于对问题作初步探索，以期进一步明了某些概念，或者取得各方面反应意见，采用非随机抽样是可以的。

（1）方便抽样

方便抽样（convenience sampling）是调查者在公共场合（街头、购物场所等）将其遇见的人纳入样本，因而又称为偶遇抽样（accidental sampling）。

（2）判断抽样

判断抽样（judgment sampling）指依据调研者的主观判断将某些总体单元纳入样本。任何一个单元是否被选取，完全靠调研者根据其抽样目的做出判断，因此又称为立意判断（purposive sampling）。

（3）配额抽样

配额抽样（quota sampling）指在总体存在几个组群的情况下，所抽取的样本也应包含这几个组群中的单元，并且使样本所含单元数目在各组群间的比例，与总体中各组群的单元数目比例相一致。至于抽选哪些总体单位，则由现场调查人员去询问和判断，以保证样本的既定构成比例。

1.2.3 随机抽样

随机抽样的基本原则是在抽样的每一步前保障每个单元有同等被抽中的机会，此即随机原则或等可能原则。根据对总体的了解程度和抽样框的结构情况，有以下几种抽样组织技术。

（1）简单随机抽样

如果不对作业总体作任何分隔，直接按随机原则从抽样框内抽取单元组成样本，即是简单随机抽样（simple random sampling）。对于一个总体总量不大，或者总量虽然比较大，但在时间或空间上相对集中、便于抽选的总体，采用这种抽样方法较好。否则成本太高，或者太浪费时间。

实行简单随机抽样，需要给抽样框内的每个单元编号。然后按抽取的随机数码取定样本应含单元。中学阶段已经学过利用随机数表中的随机数进行简单随机抽样的方法。如果抽样框已存在于电子表格中，则使用 EXCEL 或大型专门统计软件的随机数产生功能进行抽样比较方便。

EXCEL 的粘贴函数中有随机数生成函数：$RAND( )$。在任一格中操作该函数，即可生成 1 个随机数。拖动鼠标（上下左右四个方向均可，通常是向下）涵盖一个区域，则生成一系列随机数。这样生成的随机数值域在 0～1 之间。如果想生成四舍五入到个位的整数随机数，需要对随机数生成函数施加运算：$ROUND$（$10^* RAND( )$，0），即先将原随机数扩大 10 倍，再四舍五入到个位。如果想生成含有十位和个位的整数随机数，需要对随机数生成函数施加运算：$ROUND$（$100^* RAND( )$, 0）；如果想生成含有百位、十位和个位的整数随机数，需要对随机数生成函数施加运算：$ROUND$（$1000^* RAND( )$, 0）；依此类推。

（2）系统抽样

系统抽样（systematic sampling）又称等距抽样、机械抽样。对抽样框内单元可以按某一标示或属性进行排列，按着固定间隔抽取单元，既简单易行，又可以保证样本单元在总体中均匀分布，从而提高样本的代表性。

系统抽样仍然需要先将抽样框内单元进行编号，从 1 至 N，再根据样本容量 n 求得一个抽样间距 k（$=N/n$），然后随机确定一个起点 a（$a \leqslant k$）。起点确定后，可以每隔 k 个单元抽选一个单元。这种抽样对总体的代表性不如简单随机抽样强。它一般适用于总体总量较大，存在现成档案记录或者登记表可以作为抽样框的情况。它要求单元在抽样框内的排列顺序与所研究的变量取值无关。

（3）分层抽样

分层抽样（stratified sampling）是根据对总体的了解将其分成若干组群——称为层（stratum，复数为 strata）。分层应该按照这样的原则来进行，即不同层之间的单元差异较大，而同一层内的单元差异较小。对总体分好层后，从每层中进行随机抽样（如简单随机抽样）。每层所抽取单元个数可按各层单元数目在总体容量中的比例进行分配。分层抽样比简单随机抽样效率更高，因为分层可以保证样本更有效地反映总体中各层单元的特点，避免了采用简单随机抽样可能造成的所抽取的单元过分集中于某些层，提高样本对总体的代表性。

（4）聚点抽样

聚点抽样（cluster sampling），又称为整群抽样，是对总体分组抽样以提高抽样效率的另一种重要方法，按这种方法将总体分成的组群称为聚点（cluster）或整群（group），一个理想的聚点应与总体有相同的特征结构。如果每个聚点都可视为总体的代表，则只要随机抽选一个或若干个聚点，然后将这些被抽到的聚点内的单元放在一起构成样本，对之进行全面调查，并根据所得到的数据来推断总体的特征。

聚点抽样的好处是，一方面如果聚点划分比较理想的话，可以提高样本的代表性；另一方面，在实际问题中，同一个聚点中的单元在地理位置上相对比较集中，这样将调查其中的一个或少数几个聚点，可减少调查费用，节省人力和时间，提高样本的质量和可靠性。

1.2.4 产品质量检验中的多次抽样

以上的几种随机抽样都是在数据采集之前确定样本所含单元。如果不"一竿子插到底"，而是"摸着石头过河"，分步抽样采集数据，再根据数据状况决定是否进行下一步抽样，就是多次抽样（multiple sampling），又称序贯抽样（sequential sampling）。

在质量检验过程中，如果采用简单随机抽样，规定从一大批产品中随机抽查140个单元，次品数不大于3个即接收全部该批产品。如果测试本身成本很高，140件产品全部接受测试，就很不经济。按着多次抽样的方法，可以分次测试，每次只测试20件。如果用较少的测试次数能够决定接收还是拒收，就不必进行下一次测试，这样可以节约测试成本。具体方法参见图1.1。

1.2.5 社会经济调查中的多阶段抽样

在我们这样国土辽阔、行政区划层次较多的国家里，如果组织全国性范围或全省范围的社会经济抽样调查，根据简单随机原则一步确定样本组成很可能造成个体单位在各小地区中分布不均衡。为避免这种情况发生，可以采取由全国—省—市—县—镇（乡）—居委会（村委会）—居（村）民组的逐级抽样方式，每一步只根据前述四种随机抽样方法的一种确定较低一级行政区，最终确定住户。这样的抽样方法不仅能避免个体单位分布的不均衡，还可以逐级整理和分析数据，取得更多的信息。

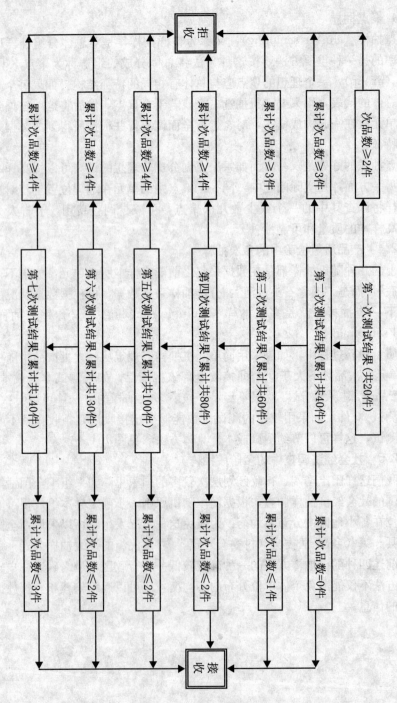

图 1.1　多次检验流程

14

1.3　数据采集活动的策划

1.3.1　调查方案的拟订

数据采集活动的策划对于调查而言即是调查方案的拟订。统计调查方案包括下面几项内容：

（1）调查目的

调查目的是首要的。商务研究课题驱动的调查，其调查目的在于回答课题的基本论题。论题需要对所研究事物或现象的规模、结构、发展变化、相互关系等做出描述甚至推断分析。由此决定调查什么项目、向谁调查、何时调查、怎样调查等一系列问题。调查目的既要规定得很具体，又要突出重点。

（2）确定调查对象

调查对象即总体单元，它可以是个人，也可以是群体、组织或社区。以调查目的为出发点，考虑到调查的可行性，明确调查对象，确定目标总体，再寻找并划定作业总体。

（3）调查工具

访问的调查工具是问卷（questionnaire），观察的调查工具是记录单。问卷和记录单中每个问题的关键词称为问项（item），它对应于实现调查目的所需要的变量。无论是问卷还是观察记录单，在设计时都要考虑到必要和可能两个方面，力求每个问项概念明确、易懂易答，问项间条理清晰，符合逻辑。

问卷以问题形式出现，有封闭式问题和开放性问题之分。封闭式问题须设计好备选答案，由被调查人根据实际情况选择 1 条答案（有时也要求选择 1 条以上答案）。开放性问题有待被调查者根据其实际情况自由回答，但在问卷中只占少量。封闭式问题的备选答案分以下几种情况：

是非式问题——这类问题只需回答"是"或"否"，对应于 0—1 型定名变量，其中"1"代表"是"，"0"代表"否"。如某商城对顾客调查的问卷中问"您是否是本公司会员？"备选答案是：是、否。

单选式问题——这类问题需要从少数几个答案中选择 1 个。它们可以对应于定名变量，如"您卧室的空调是什么品牌"，备选答案是：格力、美的、海尔、其他品牌；也可以对应于定秩变量，如对高校教师调查问"您的职称是＿＿"，备选答案是：教授、副教授、讲师、助教、未定。

多选式问题——这类问题需要从少数几个答案中选择 1 个或 1 个以上的答案。如"您家庭的理财方式是＿＿"，备选答案是：传统储蓄方式、投入证券市场、投入基金市场、购买保险。多选式问题在数据整理和分析时较为复杂，应尽

15

可能不用。

赖克特尺度（Likert scale）问题，一般为5级或7级，用于调查人们对某问题的态度，例如"您对该品牌空调售后服务的评价是____"，备选答案是：非常满意、满意、一般、不满意、非常不满意。

【例1—2】下面是本书编著者设计的一份关于工业旅游的问卷（片段）。该调查设想为在街头的方便抽样/口头方谈，执行时间为2008年10月中旬。旨在初步了解消费者有关工业旅游方面的信息。

1. （过滤题）您是否参加过工业旅游？

　　□是　　　　　　　　　　□否（选此答案的终止访谈）

2. 您最早一次参加工业旅游的时间是_____

　　□今年国庆长假期间　　　□今年前9个月内

　　□去年　　　　　　　　　□前年

　　□更早（选此答案的请告诉具体年份_____）

3. 您获知工业旅游信息的基本来源是_____

　　□旅行社寄送资料、手机短信□媒体报道

　　□亲友同事转达　　　　　　□与该企业有渊源

4. 您决定参加工业旅游的动机是_____（本题可多选）

　　□风光景点差不多都游过了，想换换口味

　　□想感受一下工业生产气氛

　　□想增加点工业生产知识

　　□想从企业角度增进对国家发展进步的认识

　　□怀旧游

　　□带孩子出游开阔其眼界

5. 您喜欢哪种形态旅游点？

　　□企业生产现场　　　　　　□已转型企业的"博物馆"

6. 您喜欢哪种行业旅游点？

　　□汽车或其他耐用消费品制造□饮料或其他食品制造

　　□矿山　　　　　　　　　　□冶炼

　　□其他（请具体指出_____）

7. 您喜欢哪种工业旅游组织方式？

　　□近距离专项游（一日游或在企业内住一夜的二日游）

　　□在国内远距离旅游之中穿插工业旅游

　　□在出国旅游之中穿插工业旅游

8. 在京津冀近距离旅游圈内你游过哪些企业？（本题可多选）

□首钢总公司　　　　　　□北京燕京啤酒集团公司

□天津天士力集团　　　　□秦皇岛华夏葡萄酒有限公司

□唐山海格雷骨质瓷有限公司 □承德华富玻璃器皿有限公司

□其他（请具体指出＿＿＿＿＿＿＿＿＿＿）

9. 有人认为工业旅游很有前途，可以做大，至少可以做到与农业田园游览、果实采摘一样的规模。您怎样看待这种前景？

□很可能　　□有可能　　□不好说　　□不太可能　　□很不可能

10. 您的性别：□男　　　　　　□女

11. 您的年龄：□15～22 岁　　□23～40　　□41～55　　□55 岁以上

12. 您的学历：□最多到高中毕业　　□大学专科或本科　　□研究生以上

13. 您工作的行业：

□工矿业　　　□农业　　　□建筑或交通运输业

□商贸、金融或其他服务业 □教科文卫

□党政机关、人民团体　　□军队、武警

□其他不属于以上的行业

14. （13 题答"工矿业"的跳过此题）您是否有过在工矿企业工作的经历？

□是　　　　　　　　　　□否

15. 您幼年儿童时代是否在工厂大院或矿山家属区度过？

□是　　　　　　　　　　□否

16. 您的婚姻状态：□未婚　　□婚姻关系存续　　　□丧偶或离异

17. 您的月收入水平（元）：

□500 以下　　　　□500～800　　　　□800～1 000

□1 000～1 500　　□1 500～3 000　　□3 000～5 000

□5 000～10 000　　□10 000 以上

（4）确定调查时间和地点

调查时间指调查数据的所属时间。调查地点指调查数据的所属空间。此外还需规定调查工作的起讫时间。

（5）制订调查的组织计划

组织计划包括领导机构、参加人员及人员培训、宣传教育、调查经费和后勤保障等。

1.3.2　实验设计

客观现象是复杂的，一个现象往往和多个现象相联系。实验的实质是，为了辨别和测定某一因素对一组事物的作用，人为地使该因素之外的其他因素都保持稳定或齐同状态，专门调整该因素对受试事物作用的有无状态或作用强度，观察

17

每个受试个体事物的相应属性，然后综合成这组事物的检验指标，根据该指标来判断试验因素对受试事物作用的有无和大小。

实验的方法与统计方法的联系在于：受试事物不是单元，而是一定数目单元组成的一组，即样本；对一组受试单元的试验目的不是为了辨别和测定感兴趣因素对这组特定事物的作用，而是为了辨别和测定它对与受试事物同质的所有事物可以起到的作用；受试单元的选取和受试样本的组成依据一定的统计原则。

实验方法是推断统计学中一个重要方面，它广泛地应用在两总体和多总体数量特征的比较中。

搞好实验设计要注意以下几条原则：对照原则（principle of comparison）、齐同原则（principle of homogeneity）和随机原则（principle of randomness）。

所谓对照原则，指的是实验因素作用的辨认和测定只有在不同情况的对照中才能实现。没有对照，就不会有比较和鉴别。在设计实验时，除设置受试组外，还必须设置对照组。对照的方式有配伍对比和自身对比。配伍对比的对照组是受试组的平行组。自身对比的对照组是受试组在受试前的状态。

所谓齐同原则，指在实验中所相互比较的各组之间，除实验因素作有计划的变动外，其他因素要尽可能相对固定。只有这样，才能显示实验因素的作用。

所谓随机原则，就是确保总体中每一个单位都有被选取的同等机会。对于一个总体，准备把它分成若干配伍组，哪一个总体单位被分配到哪一个组，应该遵循随机原则。对于一个组的单位，将要接受实验因素不同程度的作用或不同形式的作用，究竟让哪个单位接受什么程度或形式的作用，也应该遵循随机原则。

1.4 中国特色的政府统计调查

我国《统计法》规定：统计调查应当以周期性普查为基础，以经常性抽样调查为主体，以必要的统计报表、重点调查、综合分析等为补充，搜集、整理基本统计资料。

1.4.1 周期性普查

普查用于采集处于某一时点状态下的社会经济现象总量，目的是掌握特定社会经济现象的基本全貌，为国家制定经济社会发展规划、政策提供依据。所谓周期性普查，指每隔一定年头进行一次普查。世界各国一般都定期进行各种普查，如人口普查、工业普查、农业普查等。我国的人口普查、农业普查每10年进行1次，经济普查每5年进行1次。

普查所耗人力、财力和时间巨大，只有重大的、基本的国情国力调查才值得动用普查手段。每次普查都需要动员各方面力量，由国务院和地方各级人民政府统一领导，组织统计机构和有关部门共同实施。以第二次全国农业普查为例，主要内容包括：农业生产条件、农业生产经营活动、农业土地利用、农村劳动力及就业、农村基础设施、农村社会服务、农村居民生活，以及乡镇、村民委员会和社区环境等方面的情况。其历时近 3 年，分为准备、现场调查、事后质量抽查、数据处理和数据评估、数据发布和资料应用开发 6 个阶段。对我国所有住在农村的或从事农业的单位和个人进行了调查，涉及 2.3 亿住户、40 万个农业生产经营单位、65 万多个村（含村委会、居委会）和 4 万多个乡镇（含乡、镇、街道），填报普查表近 5 亿张。全国动员了经过培训合格的普查人员近 700 万人，对所有普查对象逐个进行查点和填报，然后逐表逐项进行审核、检查。

1.4.2　经常性抽样调查

对于重大的、基本的国情国力数据，在非普查年份则采用抽样调查。经常性抽样调查由专门调查机构负责，实行垂直领导，按多阶段抽样组织。

将样本数据与普查年份的普查数据相对照，通过插值和比例换算，推算出非普查年份的总量数据。

1.4.3　重点调查

重点调查是对总体中达到一定规模，在行业中有重要影响的企业实行全面调查，以便掌握行业发展变化的主要趋势。现在已经发展到网上直接报送。如国家统计局设立了两个直报系统，分别囊括了全国 2.5 万家大中型工业企业和 3 000 家房地产企业。商务部也设立了规模以上进出口企业直报系统，以便掌握这些企业与进口和出口有关的业务状况，分析全国进出口总体势态。

1.4.4　统计报表

统计报表是按照国家统一规定的表式、统一的指标、统一的报送程序和报送时间，自下而上逐级提供基本统计资料的调查方法。统计报表为我国政府统计所特有。

统计报表不同于问卷之处有下列几点：首先，它凭借国家公权力，或自上而下层层布置填报任务，然后再自下而上逐机级上报；或由国家统计局、其他政府部门直接下达给基层单位，由其直接上报。而一般商务调查的组织者和被访者之间是完全平等的关系。其次，它采用表格形式的调查工具，把许多调查项目及其钩稽关系安排在一份表格内。而问卷由问题及备选答案构成。再其次，统计报表是一次设计、发出的"模板"，填报单位按填报周期和报送时间按期报送数据。而问卷一般是一次性使用。最后，它以基层单位的原始记录和核算资料为填报依据。

统计报表按填报单位不同，分为基层报表和综合报表，前者由基层企事业单位填报，后者由主管机关根据基层报表汇总后填报。统计报表按其填报内容和实施范围不同，分为国家统计报表、部门统计报表和地方统计报表。一些大型企业也在内部布置统计报表。

关于统计报表的一系列规定写成"制度"颁行。统计报表制度包括报表的实施范围、报送程序、指标及指标体系、报表的表式、报送时间和方式以及报表的管理办法等方面的规定。还要编写统一的分类目录、指标解释、填表说明，规定计算价格、计算方法和须注意的有关问题等。所有填报单位都必须按照统计报表制度，如实客观地反映统计资料，不得任意改变或瞒报、虚报、迟报、拒报。

在计划经济时期，实行全面统计报表，其涵盖范围是全国、全地区或全行业所有单位。随着向社会主义市场经济过渡，全面统计报表逐步转变为重点单位报表，即以报表手段实施重点调查。

【例1—3】为使学生对统计报表有感性认识，下面给出一份地方统计报表的样式。

××市高新技术产业统计报表

制表机关：××市科技局

表号：KJ（2002）21 号

批准文号：×统字（2002）46 号

批准机关：××市统计局

企业名称：（盖章）　　　　　　　　　　法人代码：

企业地址：　　　　　　　　　　　　　　邮编：

填表人：　　联系电话：　　　　　　　　传真：

填报时间：　　　年　　　月　　　　　　单位：万元

企业性质	1. 国有及控股企业　2. 私营企业　3. 外商投资企业　4. 科研院所　5. 其他			
行业类别	1. 航天航空制造业　2. 计算机及办公设备制造业　3. 电子及通信设备制造业　4. 软件业　5. 生物医药制造业　6. 专业科学仪器设备制造业　7. 电气机械及设备制造业　8. 光机电一体化　9. 材料及环保节能　10. 其他			
企业类别	1. 高新技术企业　2. 软件企业　3. 民营科技企业（可重复选项）			

科目编号	科目名称	本季度值	本年度累计值	同比增长（%）
0100	职工总数			
0110	其中大专以上科技人员数			
0200	研究开发经费投入			
0300	总资产			
0400	总收入			
0410	其中：1. 高新技术产品（或软件产品）收入			
0420	2. 技术性收入（或软件技术服务收入）			
0430	3. 非自产产品收入			
0431	其中：代理软件贸易收入（仅软件企业填写）			
0440	4. 出口创汇额（万美元）			

0441	其中：软件产品出口创汇额（仅软件企业填写）		
0500	工业增加值		
0600	净利润		
0700	缴税总额		
0800	减免税额		
0900	主要产品销售收入情况：		
0910	产品一名称：		
0920	产品二名称：		
0930	产品三名称：		
1000	企业近期发展计划、产品研发及市场开拓的说明（包括问题和建议）		

　　填报说明：1. 每年 1 月、4 月、7 月、10 月 10 日前分别填报上一季度数据上报。2. 11 月 10 日增加一次快报，在"本季度值"栏目中填写 1～10 月份数据，"本季度累计值"栏目中填写全年预计数据。3. 软件技术服务包括应用软件系统集成、软件发散传播及软件维护、培训、咨询等服务。

1.4.5　综合分析

　　综合分析指根据各种来源的数据，对调查不能得到数据进行推算和核算。这是获取统计数据的补充渠道。

1.5　其他数据来源

　　以上大量篇幅用来讲述如何从现场采集数据，然而必须指出的是：编制统计资料和开展商务研究，还可以从其他来源获取数据。

　　各种政府机关和公益服务机构在从事其业务管理活动的同时都留下了记录，如海关进出口记录、交通安全事故记录、结婚和离婚记录等。对这些行政记录加以整理，形成统计信息。

　　商务研究的数据来源不限于研究者自行采集的数据，它们还可以利用其他来源的数据。更确切地说，如果其他其他来源的数据能够满足研究需要，就完全没有必要自行采集数据。因为获取其他来源的数据费用往往比自行采集数据要节省许多。

　　企业在寻求其他来源的数据时，首先应眼睛向内。企业营销部门、生产部门、财务部门等职能部门的业务记录（账、表）和由记录生成的数据表，都蕴涵有丰富的商务信息。其次应尽量使用成本低廉的官方统计数据和行业协会等中介机构、高校和研究院所发布的统计数据。市场调查公司、数据公司和咨询公司有偿提供出售现成数据。

　　使用其他来源的数据应该注意它们的可靠性、适用性和时鲜性，对不同来源的数据进行科学的整合。

本 章 要 点

调查：一种数据采集方法。它是在现象发生的现场纯客观地采集关于现象即时状态和演化进程的数据。

实验：一种数据采集方法。它是对现象发生的现场的人或物加以一定的控制，即操纵特定某些因素对现象演化进程施加影响，再采集关于现象即时状态和演化进程的数据。

访问：一种数据采集途径。它是通过调查人员与被调查者的问答取得数据。

观察：一种数据采集途径。它是派员到所研究现象发生的现场去注视现象的即时状态和演化进程，并做好数据记录。

目标总体：指按研究工作需要，在理论上规定的全部同质个体的集合。

作业总体：指访问或观察展开前，在作业实践上所要面对的全部同质个体的集合。

作业框：指开展普查或抽样调查的一个框架，通过它调查组织者能够具体掌握所有总体单元的空间或时间分布状况。

抽样框：抽样调查的作业框。它可以是一份完整的名册，也可以是所有单元的空间或时间分布架构，而不必具体列名。

随机抽样：从总体中抽取样本的一种方法。其基本原则是遵循随机原则，即在抽样的每一步前保障每个单元有同等被抽中的机会。

非随机抽样：从总体中抽取样本的一种方法。它不必要求遵循随机原则。

简单随机抽样：随机抽样的基本方法。不对作业总体作任何分隔，直接按随机原则从抽样框内抽取单元组成样本。

系统抽样：对抽样框内单元按某一标识或属性进行排列，按着固定间隔抽取单元，组成样本。

分层抽样：根据对总体的了解将其分成若干组群——称为层。分层应该按照这样的原则来进行，使不同层之间的单元差异较大，而同一层内的单元差异较小。从每层中进行随机抽样，每层所抽取单元个数可按各层单元数量的总体容量中的比例进行分配。

聚点抽样：将总体分成的与总体有相同的特征结构组群。随机抽选一个或若干个聚点构成样本，对之进行全面调查。

多次抽样：分步抽样采集数据，再根据数据状况决定是否进行下一步抽样。

多阶段抽样： 在社会经济调查中，按行政区划的层级，由上而下逐层选取样本单位，直至基层，确定全部样本单元。

实验设计的三条原则： 对照原则、齐同原则和随机原则。

统计报表： 按照国家统一规定的表式、统一的指标、统一的报送程序和报送时间，自下而上逐级提供基本统计资料的调查方法。

第 2 章　数据的整理

2.1　数据的分组和汇总：计数型汇总

数据整理（organizing data）的目的是将散在的原始数据编排成架构清晰、标识醒目的表格，列出小组计值，突出数据分布特征。数据整理的具体任务是分组与汇总，这是一个问题的两个方面。分组（classification）是按一定的规则把数据拆分成若干组，而汇总（compilation）是把数据中相应的数值配属到适当的组内。若汇总是把个体数值的数目——频数（frequency，也称次数）配属到适当的组内，属于计数型汇总。若汇总是把个体数值的合计值配属到适当的组内，属于计量型汇总。

计数型汇总的成果表现为一个频数分布表（frequency distribution table，也称次数分布表），它的基本列有两个，左列是组别标识，右列是组频数。频数分布表的一般形式如表 2.1 所示，最上一行是行标题，最下一行要写合计数。以 f_i 作为频数的代表符号（$i = 1, 2, \cdots, k$），频数合计记为 Σf_i，Σ 表示求和。

表 2.1　　　　　　　　频数分布表的一般形式

变量分组	频数（f_i）
第 1 组标识	f_1
第 2 组标识	f_2
第 3 组标识	f_3
⋮	⋮
⋮	⋮
⋮	⋮
第 k 组标识	f_k
合　计	Σf_i

无论哪种形式分组，分组标识都应该做到互斥和穷尽，即不重不漏，使任何一个数值都能且只能配属到一个组内。

2.1.1　排序——数据整理的初步探索

对数据的整理主要是分组与汇总，但是排序能起到初步探索的作用。

对于单变量数据进行升序或降序排列，可以迅速找到该组数据的最小值和最大值。对于多变量的矩阵型数据，如果只关注某一变量，则可以使用上面所说简单排序的方式；如果关注一个以上变量，则需要进行多级排列。

对于例 0—1 调试工生产问题，如果只想知道产品合格情况，就以"产品合格数"为关键字对数据排列，发现最少的 36 件（工人编号 87），最多的是 99 件（工人编号 149）。若想知道不同性别工人的产品合格情况，就以"性别"为主要关键字、"产品合格数"为次要关键字对数据排列，结果是男性的数据集中在表格上半部，女性的数据集中在表格下半部[①]；发现男性工人最少的 36 件（工人编号 87），最多的是 96 件（工人编号 129），女性工人最少的 73 件（工人编号 286），最多的是 99 件（工人编号 149）。EXCEL 最多可以作三级排序。

2.1.2　定名数据的分组和汇总

例 0—1 按性别分组形成的频数分布表见表 2.2。

表 2.2　　　　　　　　　20 名调试工的性别分布

性　　别	频数（人）
男	13
女	7
合　　计	20

表 2.3 告诉我们，20 名调试工的性别分布不均衡，男性多达 13 人，女性有 7 人。如果我们想展示两性比率，则可以在频数列之右再派生出一列相对频数（relative frequency，也称频率）。

表 2.3　　　　　　　　20 名调试工的性别频数及其比率

性　　别	频数（人）	相对频数（%）
男	13	65
女	7	35
合　　计	20	100

2.1.3　定秩数据的分组和汇总

可以用与定名数据的分组和汇总相同的方法进行定秩数据的分组与汇总。

---

①　EXCEL 排序的分组顺序，用汉字标写组别名称，按汉语拼音字母顺序；用英文标写组别名称，按拉丁字母顺序；用组别代码的，按数字顺序。

【例 2—1】某公司新近研发了两种洗涤用品：产品 A 和产品 B。为了了解它们的市场前景，公司随机抽取了一些用户，其中男性 83 人，女性 76 人，请他们免费试用产品 A 和产品 B。一段时间过后，公司以问卷形式调查了使用者对两种洗涤用品的满意度。调查将为公司最终把确定其中哪种产品作为主打产品的决策提供参考依据。

本例数据载于光盘中，文件名"例 2—1"。该数据共有 4 列，其中第 1 列是用户编号，第 2 列是性别（用"1"和"0"分别表示男和女），第 3 列和第 4 列是用户对产品 A 和产品 B 的评价分数。问卷采用五级评分制，"1"表示不满意，"2"表示不太满意，"3"表示一般，"4"表示较为满意，"5"表示很满意。

对例 2—1 的 A 产品评价分数分组并汇总各组的用户数目，可以看到 160 个用户中"不满意"的和"不太满意"的各有 1 户，评价"一般"和"很满意"的分别有 26 户和 25 户，而"较为满意"的有 107 户，是绝大多数。表 2.4 第 3 列所列出的相对频数按百分比形式展现 5 种评价态度的比率，其中"不满意"的和"不太满意"的都不足 1‰，评价"一般"和"很满意"的大约都是 16%，而"较为满意"的直逼 70%。

因为定秩数据的分组具有方向性，所以其派生列除相对频数外，还可以表列其累计频数（cumulative frequency，也称累积频数）。表 2.4 是例 2—1 中关于产品 A 的评价结果整理，第 4 列是累计频数。第 1 组的累计频数等于频数；第 2 组累计频数为 2，表示评价不高于"不太满意"的共有 2 户；第 3 组累计频数为 28，表示评价不高于"一般"的共有 28 户；第 4 组累计频数为 135，表示评价不高于"较为满意"的共有 135 户；第 5 组累计频数为 160，表示评价不高于"很满意"的共有 160 户。

表 2.4　　　　　　　　160 个用户对产品 A 的评价分数分布

评价分数	用户数量（户）	用户数量比率（%）	累计用户数量（户）
1	1	0.6	1
2	1	0.6	2
3	26	16.3	28
4	107	66.9	135
5	25	15.6	160
合　计	160	100.0	——

累计频数分组标识的递推方向有正向累计和逆向累计之分，像表 2.4 的第 4 列就是正向累计。将累计与相对的概念结合，又生成累计相对频数。表 2.5 给出这 4 种累计结果。读者根据以上的原理可以对其做出解释。

表 2.5　　　160 个用户对产品 A 的评价分数的不同累计频数

评价分数	正向累计 用户数量（户）	逆向累计 用户数量（户）	正向累计 用户比率（%）	逆向累计 用户比率（%）
1	1	160	0.6	100.0
2	2	159	1.3	99.4
3	28	158	17.5	98.8
4	135	132	84.4	82.5
5	160	25	100.0	15.6

2.1.4　定标数据的分组和汇总

定名数据和定秩数据的组别标识一般都在数据采集时即已确定，而定标数据的组别标识却是在分组时根据分组变量的数值情况确定的。如果分组变量是离散型变量且数值表现为较少几个值，就以这几个值为组别标识，是为单值式分组（single-value classification）。如果分组变量是连续型变量，或者虽然是离散型变量但数值表现为很多个值，需要将数值划分成若干区间作为组别标识，是为组距式分组（interval classification）。每个区间的两端值称为组限（class limit），其中较小值称为下限（lower limit），较大值称为上限（upper limit）。

（1）单值式分组

单值式分组的组别标识每组只有一个单一数值，类似于定名数据和定秩数据的分组，处理较为简单。

【例 2—2】某企业在 30 天里每日接到的订单数目如下：

```
3    0    1    4    4    0
4    2    5    3    6    3
4    5    5    4    2    5
3    0    2    0    5    1
4    2    3    3    1    3
```

察此数据，最小值是 0，最大值是 5，适宜作单值式分组。汇总结果见表 2.6。

表 2.6　　　　　　　某企业每日订单数目频数分布

订单数（件）	天数（天）
0	4
1	3
2	4
3	7
4	6
5	6
合　计	30

（2）组距式分组

组距式分组方案的确定，要一并考虑两个互相依赖的要素：组数和组距。组距（class interval）即组的跨度。如果所有的组跨度都相等，就是等距分组（classification based on an unique interval）。反之则是异距分组（classification based on un-unique intervals）。前者适用于分组变量的数值较为均匀的情况，如人的身高、体重等自然现象变量，或者工程技术方面的变量，如零件的尺寸、商品的实际重量等。后者适用的情况比较复杂。社会、经济、商务现象有的是数值较为均匀的，或者在一定研究范围内数值较为均匀，可以进行等距分组。另外一些现象则呈由密渐疏或者由疏渐密的变化规律，需要进行异距分组才能展现其分布规律。

表2.7给出2004年中国外资企业数目按资产额分组的汇总结果。资产总额较少的段位，企业数目较多，而随着资产总额的增加，企业数目呈递减趋势，是典型的由密渐疏型。如果采取等距分组，势必造成一些组的企业数为0，频数列的数值断断续续，既不利于观察，也不利于分析。所以应该用异距分组，渐次加大组距。异距分组的组距往往根据变量的内在成长规律和研究需要确定。一旦组距确定，组数也就相应确定了。在异距分组中，常在首组或（和）末组敞开一端，如表2.7的首组"50（万元）以下"，末组"10 000（万元）以上"。这称为开口组（opened class）。

表2.7　　　　　　2004年中国外资企业数目按资产额分组

资产总额（万元）	企业数（个）
50 以下	15 156
50～100	7 589
100～500	36 377
500～1 000	20 014
1 000～5 000	37 178
5 000～10 000	9 513
10 000 以上	13 336
合　　计	139 163

资料来源： 中国经济普查年鉴（2004）

等距分组如何确定组距和组数比较复杂。有几个需要掌握好的分寸：一是组数不能太少也不能太多，否则达不到整理的目的，即为了使杂乱的原始数据变得条理清晰，分布特征突出。通常分为5～8组。二是组限的确定尽可能取整十整五的数值。三是频数栏一般不能出现0的断续现象，最好呈现较有规律的排列。至于是先确定组距和组限，还是先确定组数，并没有死规则，可以视情况而定。

分组的方案可能要经过一次以上的试分组才能确定。

【例2—3】62人的智商测验分数如下：

107	115	96	95	129	125	106	101	102
117	132	94	84	109	111	105	124	112
107	90	82	99	110	102	86	87	108
86	123	122	99	104	107	105	102	110
129	135	114	104	103	115	78	120	131
100	113	90	118	96	91	80	111	124
117	119	88	93	110	128	79	125	

此数据最小值78分，最大值135分，如果使用单值分组，需要分58组，且会有多组频数空白，达不到数据整理的目的。所以决定采用等距分组。如果以10分为组距，以70、80、90、100、110、120、130为各组开端，共设7组。

组限的标写方式因数据类型而异。对连续型数据，采用左闭右开式，例如例2—3的分组（见表2.8），以X代表变量分数，满足第1组标识"70~80"的条件是$70 \leqslant X < 80$，即是说，智商分达到70分而不满80分的，进入第1组。满足第2组标识"80~90"的条件是$80 \leqslant X < 90$，满足第3组标识"90~100"的条件是$90 \leqslant X < 100$，以此类推。

处于各组跨度中点的数值叫做组中值，它们可以作为该组的代表数值参加运算。以首组为例，我们只知道有2个个体数值配属到70~80组，具体是多少不确知。这时即以组中值75作为这2个数值的代表，该组的分数之和就等于$75 \times 2 = 150$（分）。连续型数据频数分布的组中值的计算公式是：

$$组中值 = \frac{下限 + 上限}{2} \qquad （公式2.1）$$

表2.8 　　　　　　　　62人智商分数的频数分布

分数 X	组中值	人数 f
70~80	75	2
80~90	85	7
90~100	95	10
100~110	105	16
110~120	115	14
120~130	125	10
130~140	135	3
合　计	——	62

对离散型数据，采用左右皆闭式，例如表2.9的分组方案。

表 2.9　　　　　　　　某高校学生文体类社团按成员人数分组

人数 X	组中值	社团数 f
1～10	5	4
11～20	15	5
21～30	25	20
31～50	35	14
51～60	45	2
合　计	——	45

在计算离散型数据频数分布的组中值时，由于次一组下限与前一组上限是相邻整数，计算公式调整如下：

$$组中值 = \frac{(下限-1)+上限}{2} = \frac{下限+上限}{2} - 0.5 \qquad (公式 2.2)$$

适用于定秩数据频数分布表的派生列，对定标数据的整理也完全适用。只是需要注意累计频数的具体涵义。组距分组正向累计频数看上限，在表 2.10 中，第 2 行数字 9 表示分数不足 90 分的共有 9 人。逆向累计频数看下限，在表 2.10 中，第 4 行数字 43 表示分数达到 100 分的共有 43 人。

表 2.10　　　　　　　　62 人智商分数的累计频数

分数 X	正向累计频数（人）	逆向累计频数（人）
70～80	2	62
80～90	9	60
90～100	19	53
100～110	35	43
110～120	49	27
120～130	59	13
130～140	62	3

2.2　数据的分组和汇总：计量型汇总

计量型汇总的成果表现为分组合计表（见表 2.11）。与频数分布表一个显著的不同之点，是所有各组加总数作为"总计"写在第 1 行而不是最下边。

表 2.11　　　　　　　　分组合计表的一般形式

变量分组	计量变量
总　　计	所有各组加总数
第 1 组标识	第 1 组合计数
第 2 组标识	第 2 组合计数

变量分组	计量变量
第 3 组标识	第 3 组合计数
⋮	⋮
⋮	⋮
⋮	⋮
第 k 组标识	第 k 组合计数

对事例 0—1，以性别为分组变量，以成品数为计量变量，进行分组（见表 2.12）。

表 2.12 　　　　　　　　　20 名调试工分性别的产量

性　　别	合格产品数（件）
总　　计	1 683
其中：男	1 067
女	616

计量型汇总的分组变量也可以是定名变量、定秩变量和定标变量。在计量变量汇总出来后，也可以产生派生列。

2.3　复合分组与交叉分组

2.3.1　复合分组

按两个或多个定名或（和）定秩变量对数据进行多层次的分组，称为复合分组。低层次组别嵌套在高层次组别之内，使各层次分组的关系和不同层次的组频数展示得非常清晰。相对于复合分组，只按一个变量层次分组即是简单分组。与简单分组一样，复合分组既可以汇总频数（见表 2.13），也可以汇总计量值。

表 2.13 　　　　　20 名调试工分性别和文化程度的复合分组

分　　组		人数
总　　计		20
男		13
	大专	10
	中专	3
女		7
	大专	6
	中专	1

2.3.2 交叉分组

同时按两个定名或（和）定秩变量对数据进行分组和汇总，可以观察在两个变量各种状态交叉情况下的数据分布态势，整理的结果称为交叉表（cross table）。相对于交叉表的只按一个变量分组和汇总的即是单向表（one-way table）。

与单变量分组一样，交叉分组既可以汇总频数，也可以汇总计量值。前一种表格还有另一个名称，叫做列联表（contingency table）。对频数和汇总计量值都可以进一步计算百分比率，以各行合计值为基的百分比率称行百分比（row percent），以各列合计值为基的百分比率称列百分比（column percent），以总计为基的百分比率称总百分比（total percent）。在每个交叉格内，从上而下依次为频数、行百分比、列百分比和总百分比（见表 2.14、表 2.15）。

表 2.14　　　　　20 名调试工性别与文化程度交差分组

性别	文化程度		合计
	大专	中专	
男	10	3	13
	76.9	23.1	100.0
	62.5	75.0	65.0
	50.0	15.0	65.0
女	6	1	7
	85.7	14.3	100.0
	37.5	25.0	35.0
	30.0	5.0	35.0
合计	16	4	20
	80.0	20.0	100.0
	100.0	100.0	100.0
	80.0	20.0	100.0

表 2.15　　　　　20 名调试工性别与文化程度交叉分组的产量

单位：件

性　别	文化程度		合　计
	大专	中专	
男	785	282	1 067
女	517	99	616
合计	1 302	381	1 683

2.4　截面数据的图形展示

截至目前，我们接触的都是截面数列（cross-section series），它指对同一时间限定上总体或样本中数值进行分组整理和汇总的结果。

2.4.1　定名数据和定秩数据分布特征的图形展示

通常用条形图和饼图来展示定名数据和定秩数据的分组与汇总结果。条形图（bar chart）的形状是在二维空间内的一组平行分立的狭长矩形（即长条）。横轴代表定名变量——组别，纵轴代表组频数或组汇总计量值，长条的高度与其代表的数值成比例。

图 2.1 是 2007 年中国货物出口条形图，每个矩形代表一种贸易方式，其高度表示金额。

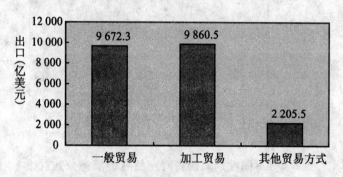

图 2.1　2007 年中国货物出口

资料来源：中国商务部网站

图 2.2 根据例 2—1 的数据绘制，每个组别都有并立的两个矩形，用以对比 A、B 两种产品的满意度测评分数。像这样的有并立的两个矩形的图形叫并列条形图，相应地，图 2.1 可以称为简单条形图。

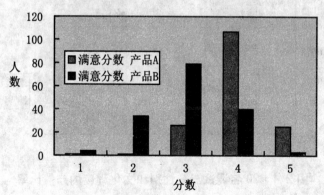

图 2.2　AB 两产品满意度测评分数对比

图 2.3 还是根据例 2—1 的数据绘制，每个组别的条形都分成上下两段，两段合起来表示打同一满意分数的总人数，两段分开表示打同一满意分数的男女两

性各自的人数。这样的图形称为分段条形图。

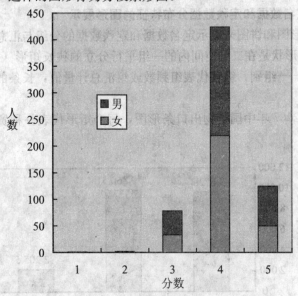

图 2.3 不同性别消费者对产品 A 的满意分数对比

图 2.4 是根据例 0—1 的数据绘制，横轴代表文化程度，纵轴代表相对频数。每个组别条形的上下两段总高度一致，表示每种文化程度内部两性相对频数合为 100%。各段高度表示两性各自的相对频数。这样的图形称为分段比率条形图，适宜展示交叉分组的比率。

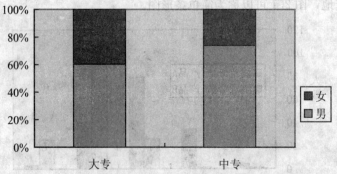

图 2.4 20 名调试工分性别和文化程度的产量比率

饼图（pie chart，旧称扇形图）适于展示定名数据的各组比率，每组各占据整个圆的一个扇形，其面积与组的相对频数成比例。

图 2.5 是 2003 年中国货物出口的饼图，展示三种贸易方式的结构。

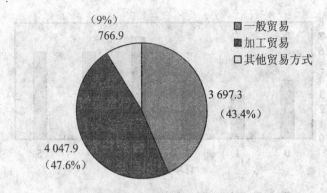

图 2.5　2003 年中国货物出口（单位：亿美元）
资料来源：中国商务部网站

图 2.6 有两个同心圆环，用来对比 2003 年和 2007 年中国货物出口的贸易方式结构。这样的图形称为环形图。

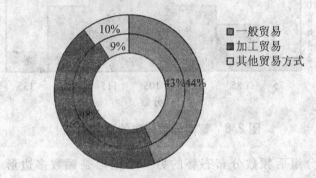

图 2.6　2003 年和 2007 年中国货物出口结构对比
资料来源：中国商务部网站

2.4.2　定标数据分布特征的图形展示

展示定标数据分布特征的图形与展示定名数据分布特征的图形相比，相同之处是两者都是二维空间中的若干个矩形，其高度与频数成比例；不同的是前者的横轴是真正意义的数轴，而后者无原点、无方向、更无刻度。

定标数据分布特征的图形具体又分两种情况，第一种是单值分组的条形图（见图 2.7），每个矩形定位于分组的单值，相互之间分开，以其高度表示频数。第二种是组距（通常是等距）分组的直方图（histogram），每个矩形定位于分组的组限，相互贴紧形成公共边，以其高度表示频数（见图 2.8）。直方图的横轴可以标写组限，也可以标写组中值。本书为了使之与图 2.7 和图 2.9 对应，标写组中值。

直方图很好地展示了数据分布态势。

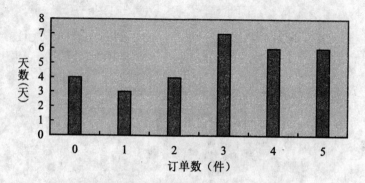

图 2.7　某企业订单件数分布的条形图

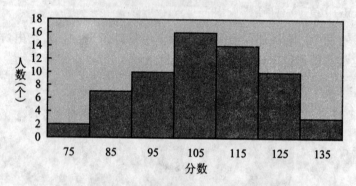

图 2.8　智商分数分布的直方图

展示组距分组后频数分布态势的另一个图形是频数多边形（frequency polygon）。它可以看成是按下述程序做出的：（1）先在首组之前和末组之后各增添一个虚组，取其频数为 0。（2）由每组的组中值与该组的频数在直角坐标系中确定一个点。（3）将这些点顺次连接成一条折线。（4）该折线与横轴围成的几何图形即是频数多边形。

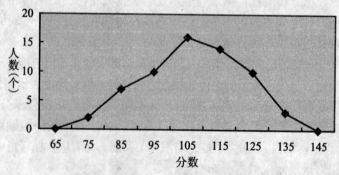

图 2.9　智商分数分布的频数多边形

频数多边形除了能和直方图一样很好地展示了数据分布态势外，还具有两个延伸的作用：一是可以在同一个直角坐标系中绘制一个以上的频数多边形，从而对两组数据的分布态势直接进行对比（见图2.10和图2.11）。二是它为以后学习概率分布曲线打下基础。

图2.10是甲乙两个平行班的学习成绩对比。两个班都是40人。采用等距分组，组距分别是"51～60分"、"61～70分"、"71～80分"、"81～90分"、"91～100分"。为了画出完整的多边形，另外添加了两个虚租："41～50分"和"101～110分"，尽管"101～110分"在百分制中不可能出现。图形显示，乙班成绩集中在"71～80分"这组，大于和小于该组的各有两个组，分布较为对称；而甲班则集中在"81～90分"这组，明显呈左偏。

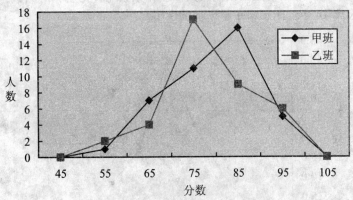

图2.10　甲乙班成绩分布比较

【例2—4】滨河市晨光机电公司二车间原有22名装配工人，装配同一部件。后来生产规模随着需求的扩大而扩大，装配工增至59名。为提高生产效率，在扩大产量的同时，改进了部件的设计，使之有利于缩短单位装配时间。车间对扩产前后的单位装配时间作了观察记录，所得数据整理成频数分布表（见表2.16）。

表2.16　　　　　　　　　装配车间新老部件装配耗时分布

装配时间（分）	频数（人）		相对频数（%）	
	新部件	老部件	新部件	老部件
12～16	0	0	0.0	0.0
16～20	1	0	1.7	0.0
20～24	6	0	10.2	0.0
24～28	14	0	23.7	0.0
28～32	23	3	39.0	13.6
32～36	10	4	16.9	18.2

装配时间（分）	频数（人）		相对频数（%）	
	新部件	老部件	新部件	老部件
36～40	5	7	8.5	31.8
40～44	0	6	0.0	27.3
44～48	0	2	0.0	9.1
48～52	0	0	0.0	0.0
合计	59	22	100.0	100.0

在一个直角坐标系绘制新、老部件耗时的频数多边形，目的是对比两者的分布态势。鉴于两套数据的数目相差较大，须将频数先转化成相对频数，使其具有可比性。表 2.16 中的阴影格子是增加的虚组。

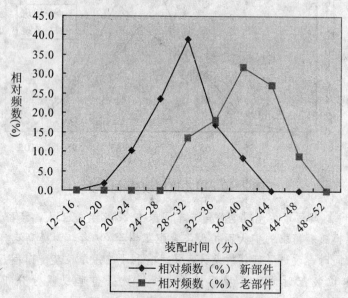

图 2.11 新老部件装配时间对比

从图 2.11 可以看出：①新部件装配耗时的分布中心比老部件靠左，说明整体耗时减少，装配效率提高，这主要归因于设计的改进；②新部件装配耗时的离散程度比老部件大，说明扩产后工人个体的耗时差距拉大，这是由新招募工人的不熟练和老工人的更加快捷造成的；③新部件装配耗时的偏态比老部件突出一些，说明扩产后个别熟练工人的耗时远比大多数为短；④新部件装配耗时分布比老部件更为尖顶，说明扩产后耗时更为集中，整体上差距缩小。

2.4.3 频数曲线与分布形态

在频数分布数列的观察值趋于无限多的前提下，若所划分的组数趋于无限多，同时组距无限缩小，频数多边形的折线就趋近于一条平滑的曲线——频数曲线（frequency curve）。平滑曲线可以用来刻画总体数据的分布态势。

绝大多数的总体数据分布，属于中央集中分布，其频数曲线中央隆起，两侧逐渐下落，越接近两端越低垂，宛如一口古钟。这种分布有对称与偏斜之分，扁平与高耸之分，相对集中与相对离散之分。居民收入、市场价格、农作物产量等，均属此类分布（见图 2.12）。

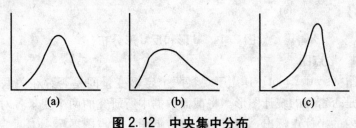

图 2.12　中央集中分布

U 形分布是一种少见的分布，其特点是靠近中间的数据少，而靠近两端的数据多。其曲线形如拉丁字母的 U，故称 U 形分布。人口死亡率依年龄组分布，低龄组和高龄组的死亡率都很高，而中龄组的死亡率较低，是 U 形分布一例。对某些社会问题的态度，如果经过辩论，形成两种倾向，此时若将态度按1～100 分打分，然而按持不同态度的人数列成频数分布，也是反对者和拥护者人数较多，中间态度不明朗者人数较少，这是 U 形分布的又一例（见图2.13）。

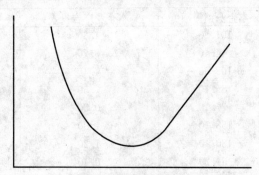

图 2.13　U 形分布

J 形分布是另一种少见的分布，其特点是分布频数自低变量值（或高变量值）起逐渐增多或减少，绘成曲线，形如拉丁字母的 J 字（或反写的 J 字）。人口总体按年龄大小分布，一般是反 J 形。顾客人数按在某一商场逗留时间分布，也可以看成是反 J 形分布。而股票交易处于"牛市"时，需求量按价格分布，则可视为正 J 形曲线（见图 2.14）。

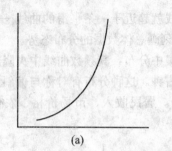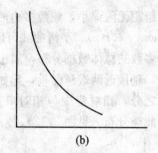

(a)   (b)

图 2.14　J 形和反 J 形分布

2.4.4　散点图

散点图（scatter plot）是用于观察两个定标变量间是否存在关联乃至它们之间关联是否密切的统计图形。将截面数据中所研究的两个变量各对数值在直角坐标系内的坐标点标出，即得到一幅散点图。散点图展示：①两变量间是相互独立还相互关联；②两变量间相互关联的基本态势；③两变量间相互关联的程度。

【例 2—5】对 2002 年滨河市高新技术开发区内 15 家信息产业企业的销售额和相关指标进行调查，数据列入表 2.17。这套数据可以展现本企业销售额与本企业广告投入、竞争对手销售额的相互关系。

表 2.17　2002 年滨河市高新技术开发区企业销售及关联变量

单位：百万元

公司名称	本企业销售额	本企业广告投入	竞争对手销售额
HT	101.80	1.30	20.4
KY	44.40	0.70	30.5
WT	108.30	1.40	24.6
FT	85.10	0.50	21.7
XD	77.10	0.50	25.5
WL	158.70	1.90	21.7
HH	180.40	1.20	6.8
HD	64.20	0.40	12.6
MT	74.60	0.60	31.3
TD	143.40	1.30	18.6
WS	120.60	1.60	19.9
ST	69.70	1.00	25.6
CX	67.80	0.80	27.4
TG	106.70	0.60	24.3
JL	119.60	1.10	13.7

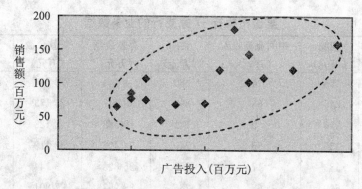

图 2.15 销售额与广告投入

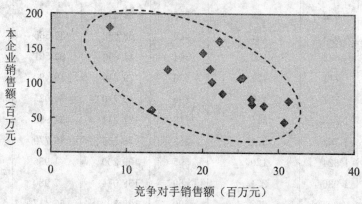

图 2.16 本企业销售额与竞争对手销售额

通过图 2.15 和图 2.16 中各数值点的分布走向，可以看出两变量间的关联关系的方向。如果用椭圆覆盖散点分布区域，图 2.15 中椭圆长轴呈左下方一右上方走向，表明本企业销售额与本企业广告投入是正向关联关系：企业广告投入越多，销售额趋向越多；反之，企业广告投入越少，销售额趋向越少。图 2.16 中椭圆长轴呈左上方一右下方走向，表明本企业销售额与竞争对手销售额是反向关联关系：竞争对手销售额越多，本企业销售额趋向越少；反之，竞争对手销售额越少，本企业销售额趋向越多。

【例 2—6】某城市银行 17 家支行的各项业务数据列于表 2.18，管理者感兴趣的是支行利润额与其他变量有无关联。首先通过散点图展示利润与存款余额、贷款余额的关系。

表 2.18 　　　　　　　　某城市银行 17 家支行的业务数据

支行 名称	利润 （万元）	中间业务收入 （万元）	费用 （万元）	存款余额 （万元）	贷款余额 （万元）	平均人数 （人）
J 支行	68	4	80	4 444	2 734	20
c 支行	245	68	293	38 147	25 173	75
Q 支行	296	9	141	19 588	8 123	31
I 支行	356	55	240	34 406	32 112	69
P 支行	383	17	203	25 823	8 144	56
N 支行	509	58	286	38 953	7 901	60
E 支行	521	167	391	43 802	22 044	78
O 支行	522	83	250	31 584	1 432	59
B 支行	623	151	429	68 658	39 555	101
F 支行	632	150	304	44 850	29 501	66
M 支行	711	121	536	79 916	19 490	109
H 支行	751	110	295	49 770	30 085	78
C 支行	1 283	314	712	127 214	31 992	162
L 支行	1 762	574	367	78 534	48 779	60
K 支行	1 824	120	595	109 200	1 955	121
A 支行	1 936	271	69	138 074	7 980	166
D 支行	2 805	258	690	129 398	57 417	153

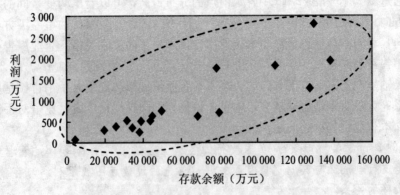

图 2.17　银行利润与存款余额散点图

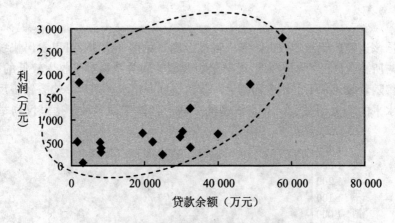

图 2.18　银行利润与贷款余额的散点图

通过图 2.17 和图 2.18 中各数值点散布区域的狭长程度，可以看出两变量间的关联关系的密切程度。拿图 2.17 中椭圆长轴长度与短轴程度之比，与图 2.18 的相应比值作对比，前者大于后者，表明银行利润与存款余额的关联程度强于利润与贷款余额的关联程度。

以上讨论的散点群的分布态势基本是直线型的，事实上变量间的关联可能是非直线型的，这也可以从散点的分布态势得到展现。

【例 2—7】美国一家连锁快餐店对其设有分店的 25 个社区进行随机抽样，每个社区大约有 5 000 户居民，管理者感兴趣的是分店年销售额与所在社区年户均收入的关系（见表 2.19）。

表 2.19　　　　　　　　　快餐店销售与居民收入

快餐销售额 （千美元）	户年均收入 （千美元）	快餐销售额 （千美元）	户年均收入 （千美元）
1 128	23.5	1 156	25.7
1 005	17.6	1 032	21.8
1 212	26.3	856	33.6
893	16.5	978	17.9
1 073	22.3	1 017	18.3
1 179	26.1	1 091	30.1
1 109	24.3	1 048	29.8
1 019	20.9	1 192	28.5
1 228	27.1	1 256	27.5
812	15.6	1 215	26.8
1 193	25.7	1 233	24.3
983	30.5		

根据该连锁店调查的数据绘制一幅散点图（见图 2.19），可以看出快餐店的销售额与所在社区的户均收入呈现出抛物线型关联关系：对于收入较低的社区，快餐销售随着收入水平的增大而增大。收入达到一定水平之后，快餐销售反倒随着收入水平的增大而减少。非直线型的关联，具体有很多种，这里仅列举其中一种。

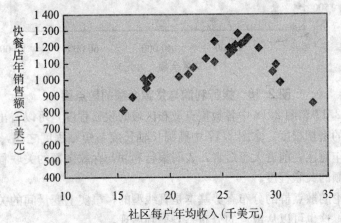

图 2.19　快餐店销售与居民收入

2.4.5　统计表图的规范

统计表包括：①统计成果表。即用以展示对数据进行整理和分析成果的表格。各种统计年鉴和公报中的表格，学术论文用以支持其观点的数据表格，都属于统计成果表。狭义的统计表即指此类表格。②统计计算表。通过表格各列、各行之间的钩稽关系展示复杂的计算过程，通常列为科研成果的附录。③统计调查表。以表格形式出现的调查工具，与问卷相对应。

无论是哪种统计表，都须遵循以下格式规范。

（1）整体组成：包括表头、表格和附言 3 部分

表头主要是总标题即统计表的名称，它以简明的文字概括说明统计数据的所属时间、基本内容和空间范围，一般写在表的上部中端。表应编有序号，短篇论文从"表 1"顺次往下编，较长的书籍分章编序号（如本书做法）。作为政府统计调查表，表头部分还要写明批准机关、文号等。

附言包括资料来源和注释。作为科研成果的表格，资料来源必不可少。本书的多数例题没加注资料来源。注释是对表中的术语的解释，根据需要或写或不写。

（2）表格的内容

表格内的内容有横行标题、纵栏标题和数值。横行标题通常列明分组标识，

反映统计表的主要项目，写在表的左方；纵栏标题一般列明变量名称，说明纵栏所列各项数据的内容，写在表的上方；数值的具体内容，由横行标题和纵栏标题共同限定。

变量的计量单位要以醒目方式标明。全表只使用一种计量单位的，列在总标题之下、表格之上一行的右端；如果表内各行的计算单位不同，在横行标题栏之右另列一栏专门标明计算单位；如各栏的单位不同，在纵栏标题下用括号列出。

数值的格子必须填实，不留空白。若某格数据不详，填入"n. a."（即 not available）表示。若某格数值不足本表的最小单位数，填入"…"。对于出现数字没意义的格子，填入"——"（例如频数分布表累计频数列的合计位置）。

（3）表格的线条

统计表四界的处理原则是"左右敞开，上下加粗"，即表的左右两边无边线，上下边线用 1.5 倍的粗实线。表内纵栏间一律有间隔线，横向通常只在标题栏与数值之间、数值栏与底行合计栏之间加间隔线。

统计图的一般要求和统计表一样，即也应具备图号、标题、计量单位、数据来源和必要的注释。

2.5　数据的组织形式：截面数列、时间数列和拼纳数列

数据的组织形式具体指按数据的时空范围的整理形式。2.1 节的数据整理是对同一时间限定上总体或样本中数值进行分组整理和汇总，这样的整理形式称为截面数列。按时间顺序将某一变量的数值进行排列，就形成时间数列（time series）。在时间数列的整理表格中，左列为时间排列，右列为与其对应的变量数值。

时间数列按观察变量分为时期数列和时点数列。前者记录的是不同时期内的经济学流量，如某月销售额、全年总产值等（见表 2.20）；后者记录的是不同时点上的经济学存量，如某月底库存数、某年底职工人数等（见表 2.21）。

表 2.20　　　　　　中国 1999—2006 年铁路客运量

单位：亿人公里

年　份	客运量
1999	4 136
2000	4 533
2001	4 767
2002	4 969

年　份	客运量
2003	4 789
2004	5 172
2005	6 062
2006	6 622

资料来源：中国统计年鉴 2006

表 2.21　　　　　中国 1999—2006 年高速公路通车里程

单位：万公里

年　份	里程
1999	1.16
2000	1.63
2001	1.94
2002	2.51
2003	2.97
2004	3.43
2005	4.10
2006	4.53

资料来源：中国统计年鉴 2006

时间数列按时间变量分为年度数列和月份（季度）数列。前者只考察一个较长时间内观测变量的变化状况，后者不仅考察一个较长时间内观察变量的变化状况，还考察此一较长时间内观察变量相同月份（季度）的变化状况（见表 2.22）。

表 2.22　　　　　中国 2003—2007 年各月份进出口总值

单位：亿美元

	2003 年	2004 年	2005 年	2006 年	2007 年
1 月	607.7	714.2	949.9	1 206.2	1 572.6
2 月	482.0	760.8	841.8	1 056.9	1 403.5
3 月	645.8	923.3	1 160.7	1 448.9	1 600.6
4 月	701.5	966.4	1 197.4	1 432.8	1 781.7
5 月	653.7	878.3	1 078.4	1 332.0	1 657.0
6 月	667.9	994.2	1 221.6	1 481.4	1 798.3
7 月	745.8	999.6	1 204.4	1 460.4	1 910.8
8 月	719.9	982.1	1 261.5	1 626.0	1 976.1
9 月	835.5	1 065.1	1 327.8	1 678.6	2 005.9
10 月	760.4	979.5	1 240.8	1 523.9	1 882.0
11 月	786.0	1 119.3	1 338.8	1 687.5	2 088.7
12 月	903.7	1 164.9	1 398.1	1 671.9	2 061.5

资料来源：商务部网站

展示时间数列发展变化的图形最常见的是线形图（line chart，也称折线图），其横轴代表时间变量，纵轴代表观察变量。由时间变量和观测值共同确定坐标系的一个点，表示观察变量在该时间上的规模水平。将所有点顺次连接，即形成时间数列线形图。它可以是单一变量的折线（见图2.20），也可以将几个需要对比的变量折线绘制在一幅图内（见图2.21）。

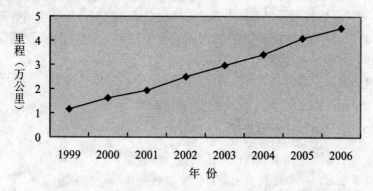

图2.20　中国1999—2006年高速公路通车里程
资料来源：中国统计年鉴2006

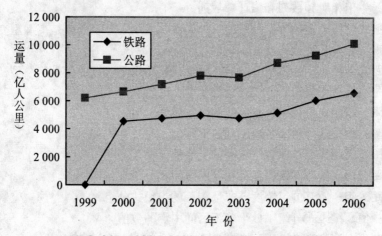

图2.21　1999—2006年铁路和公路客运量
资料来源：中国统计年鉴2006

以上所说的时间数据的观测变量指数据采集的调查项目，它们的汇总结果按时间顺序排列即形成绝对数时间数列。如果对观察变量数据进一步计算，将生成计算结果按时间顺序排列，产生新的时间数列。

在经济和商务数据分析中，为深入分析一些问题，有时还需要将截面数据按时间拼接起来，或者将不同观测变量的时间数据拼接起来。如持续的商务调查

（business research），每次都得到一套截面数据，由于这些数据采自纵向具有连续性的样本，并且其观测变量前后保持连续，就具备了拼接的基础。商务调查称这样的纵向具有连续性的样本为 panel，译为固定样组，把这样拼接得到的数列称为 panel data。而在计量经济分析中，把同一时间段的不同观察变量的数据拼接起来形成的数据也称为 panel data。目前对于这个词有多种译法，以纯粹按表面意思译为"面板数列"为多。本书按音译加意译的原则，称为拼纳数列，即是说它们是拼接而成的，将不同空间或时间的数据容纳在一起，用来泛指两种拼接途径得到的 panel data 数列。

本 章 要 点

分组：按一定的规则把数据拆分成若干组。

汇总：把数据中相应的数值配属到适当的组内。

计数型汇总：把个体数值的数目——频数配属到适当的组内。

计量型汇总：是把个体数值的合计值配属到适当的组内。

频数分布表：有两个基本列，左列是组别标识，右列是组频数。根据需要还可以派生出相对频数列和累计频数列。

单值式分组：定标数据分组的一种形式，适用于分组变量是离散型变量且数值表现为较少几个值的情况。

组距式分组：定标数据分组的一种形式，适用于分组变量是连续型变量或者虽然是离散型变量但数值表现为很多个值的情况。

组限：组距式分组中各组区间的两端值。

下限：组距式分组中各组区间的下端值。

上限：组距式分组中各组区间的上端值。

等距分组：所有的组跨度都相等的组距式分组。

异距分组：所有的组跨度并非都相等的组距式分组。

组中值：组距式分组中处于各组区间中点的数值。

单向表：定名数据和定秩数据只按一个变量进行分组和汇总所形成的表格。

交叉表：定名数据和定秩数据同时按两个变量进行分组和汇总所形成的表格。

条形图：在二维空间内由一组平行分立的狭长矩形组成的图形。横轴代表定名变量——组别，纵轴代表频数或组汇总计量值，长条的高度与其代表的数值成比例。

饼图：在整个圆由代表各组数据的若干个扇形组成的图形，各扇形面积与组的相对频数成比例。

直方图：在直角坐标系内由一组具有公共边的矩形组成的图形，每个矩形代表组距分组的一个组，其底边按组距或组中值标识定位于横轴，高度表示组频数。

频数多边形：在直角坐标系内由折线和横轴围成的图形，折线各点的横、纵坐标值分别是各组组中值与组频数。

截面数列：对同一时间限定上总体或样本中数值进行分组整理和汇总的结果。

时间数列：按时间顺序将某一变量的数值进行排列的结果。

与本章有关的 EXCEL 功能的实现途径

排序

"数据"条 → 排序 → 指定第一、第二、第三关键词；指定升序还是降序。

分组和汇总（单一变量分组）

"数据"条 → 数据透视表和图表报告→ 拖动分组变量到位，拖动计数或计量的变量到位，指明计数还是计量。

分组和汇总（交叉分组）

"数据"条 → 数据透视表和图表报告→ 拖动分组横向变量到位，拖动分组纵向变量到位，拖动计数或计量的变量到位，指明计数还是计量。

分组和汇总（组距分组）方法之一

使用排序方法：先待分组数据排序，然后按分组标识（即下限和上限）对各段数值的个数计数，得到频数。

分组和汇总（组距分组）方法之二

使用逻辑函数，先将待分组数据换成写有分组标识的文字变量，再使用分组和汇总（单一变量分组）的方法。

分组和汇总（组距分组）方法之三

直接使用"FREQUENCY"函数。需要注意的是该函数的分组数值点（BINS）与上限的区别。

条形图

"图表向导"→ 柱形图

饼图
"图表向导"→ 饼图
直方图
"图表向导"→ 柱形图→ 将矩形间距减至 0。
频数多边形
加设虚组（频数为 0）→"图表向导"→ 折线图
散点图
"图表向导"→ XY 散点图

习 题

2.1 特拉威公司生产割草机刀片所用时间（分）的样本数据如下：

65.1	56.9	53.7	51.8	50.2	49.4	48.3	47.6	46.7	46.3
62.3	57.0	53.2	51.5	50.0	49.1	48.2	47.4	46.6	46.0
60.4	56.5	52.8	51.3	49.7	49.0	48.1	47.1	46.5	45.8
58.7	55.1	52.5	50.9	49.5	48.8	47.9	46.9	46.5	45.7
58.1	54.3	52.1	50.5	49.3	48.5	47.7	46.8	46.2	45.6

（1）找到上列 50 个刀片生产时间的最大值和最小值，计算其跨越区间。

（2）考虑对上列 50 个刀片生产时间进行分组汇总，设计一个以上的分组方案。

（3）按所设计的分组方案进行分组汇总。

（4）根据分组汇总结果，你认为哪个分组方案最适宜？

2.2 接割草机刀片所用时间一题（♯2.1）。根据最适宜方案进行分组的所得结果，绘制直方图和频数多边形，并结合频数分布表，描述割草机刀片所用时间的样本数据的分布特征。

2.3 从两个电子计算器的电池生产厂家各抽取 10 个电池，令计算器进行无休止运算，直至电能耗尽为止。测得电池寿命数据如下（小时）：

甲厂商	11.80	11.95	12.02	12.04	12.13
	11.91	12.00	12.03	12.07	12.20
乙厂商	12.06	12.18	12.20	12.21	12.27
	12.14	12.19	12.20	12.23	12.33

要求：

（1）以 11.8 为首组组中值，以 0.1 为组距，对甲、乙两组数据分别进行分组整理，整理结果汇总入一份频数分布表；

（2）分别绘制甲、乙两组数据的直方图；

（3）将两组数据合并，绘制频数多边形；

（4）根据以上每一步的结果，对数据分布状况进行描述说明。

2.4　宏顺汽车租赁公司买进新车，使用 6 个月后再拍卖售出。为此，公司希望能够准确地估计目前车队中车辆的期货价格。一个咨询师开发出估计汽车期货价格的方法，将之用于样本。先对在用汽车进行期货估价，等其出售后再记录其实际拍卖价格。这个样本由 121 辆汽车构成，具体数据如下（单位：万元）：

拍卖价	估计价	拍卖价	估计价	拍卖价	估计价	拍卖价	估计价	拍卖价	估计价
10.22	10.55	10.66	10.88	11.91	11.05	12.10	12.33	10.85	10.44
9.03	8.84	9.79	10.93	12.70	12.95	13.11	14.04	10.23	10.61
11.03	10.91	10.04	9.76	8.94	9.40	9.53	9.53	11.07	11.15
9.74	9.45	11.01	11.10	12.56	12.00	14.11	13.85	10.72	10.66
7.78	7.70	7.97	7.94	10.72	10.87	10.76	10.73	10.40	9.87
9.17	8.88	12.56	12.95	12.07	12.52	8.63	8.42	10.75	10.80
9.62	9.75	9.04	8.62	12.27	12.74	12.13	12.28	9.47	9.43
8.42	8.33	13.23	13.07	14.82	14.53	11.97	12.39	10.27	10.20
9.48	9.79	11.61	12.13	10.24	10.35	12.00	12.75	9.63	9.14
12.91	12.68	7.96	8.23	11.30	11.40	10.76	10.82	8.12	8.33
9.45	9.62	12.39	11.51	10.59	10.59	8.56	8.33	14.96	15.23
9.42	9.52	10.84	10.79	12.75	12.21	10.94	10.92	8.58	8.79
11.87	11.82	9.77	10.11	13.19	13.24	10.47	10.00	13.58	13.57
13.49	13.92	12.65	13.16	12.04	11.26	9.01	9.10	11.47	10.59
12.00	12.75	12.33	12.86	13.56	14.64	9.62	9.22	12.87	12.62
9.09	9.35	10.52	10.63	11.80	11.43	11.06	11.29	12.36	11.93
9.81	9.77	12.32	12.66	10.37	10.38	10.94	11.29	13.52	13.31
11.84	11.77	8.67	8.43	13.30	12.57	11.98	12.40	10.38	10.38
12.17	12.33	12.29	12.13	14.27	14.41	9.28	9.14	12.15	12.08
14.22	14.6	12.71	13.12	10.83	11.28	12.64	12.73	12.68	13.33
12.36	12.21	12.87	13.00	10.24	9.85	12.56	12.33	8.33	8.37
13.23	12.93	11.12	11.18	9.59	10.11	12.64	11.92	12.35	12.84
11.15	11.31	9.32	9.74	8.45	8.51	11.54	11.49	12.12	11.77
11.39	11.53	10.56	10.35	8.50	8.50	10.22	10.11	10.49	9.79
9.90	9.74								

（1）计算每辆车的高估金额。

（2）在 121 辆车中，有几辆估价完全准确？几辆被低估？几辆被高估？各占多大比率？绘制饼图。

（3）按同样的相等组距（提示组距＝1.5）对 121 辆在用汽车的期货估价和

而后的实际拍卖价整理频数分布表，并绘制频数多边形，观察两个变量的分布态势。

（4）针对高估和低估两种情况，整理出高估金额和低估金额的频数分布表（提示组距＝0.20），并绘制直方图，观察两情况的分布态势。

2.5 咖啡公司继通常的磨制咖啡工艺之后，新开发了一种实验性的"粗磨"工艺。市场调研人员邀请到80名咖啡饮用者作为样本来鉴赏两种不同工艺的咖啡，先是参观烹煮过程，闻赏不同的咖啡香味，然后再坐下来品尝。每人就口感和香味打分。采用10分制，1代表最差，10代表最好。具体分数如下：

原工艺	新工艺	原工艺	新工艺	原工艺	新工艺	原工艺	新工艺
1	2	5	5	5	7	4	4
5	6	4	4	5	5	4	6
4	5	4	5	3	3	4	4
5	6	6	7	4	6	4	5
4	4	5	7	6	6	3	4
5	6	5	3	4	7	4	5
5	5	4	6	4	4	6	7
3	4	4	6	4	5	6	9
4	6	5	6	8	10	5	5
7	7	5	6	4	3	4	5
7	6	6	6	6	7	3	5
9	7	1	2	2	4	6	4
5	7	5	6	5	6	5	6
5	8	8	9	5	5	6	7
6	7	5	5	5	8	5	6
4	6	5	6	6	7	1	6
5	5	5	3	5	6	4	6
4	4	4	4	3	6	2	5
6	7	4	4	6	8	5	6
7	7	5	7	6	7	4	5

（1）整理原工艺和新工艺得分，形成一张频数分布表，进行对比，陈述发现。

（2）按1～3分为"差"，4～7分为"中"，8～10分为"优"的转换规则，将原工艺和新工艺得分分别转换为差、中、优3级。

（3）按原、新工艺和差、中、优3级整理交叉分组频数表，陈述发现。

2.6 金典粉丝厂生产龙口粉丝，按照粉丝生产工艺，湿粉丝在经过操作者人工握粉、定型、称重后，送入烘干流水线中，约10分钟后，干燥成型，由检验员检测重量。

　　30克圆粉是金典粉丝厂生产的一个品种，该品种单块重量在29～32.5克之间为合格。检验时抽取样本容量为420个，数据如下：

30.0	32.5	30.0	31.0	29.0	29.5	30.5	30.0	32.0	31.0
29.0	29.5	31.5	30.5	30.0	32.0	32.5	33.5	29.0	31.0
32.5	32.0	30.5	32.0	30.5	29.0	30.5	29.0	30.5	30.5
32.0	32.0	30.0	32.0	32.5	31.5	29.5	32.5	30.0	31.5
31.5	32.0	31.5	32.5	31.5	32.5	31.0	31.5	30.5	31.0
32.5	30.0	32.5	31.0	30.0	29.5	32.5	31.5	30.0	31.0
30.0	29.5	30.0	30.5	32.0	31.5	30.5	31.0	32.5	32.5
32.5	32.0	31.5	31.5	30.0	30.5	32.5	32.0	31.5	31.0
32.5	32.0	32.0	32.5	30.0	30.5	30.5	32.0	31.5	30.0
33.0	32.5	33.0	30.0	30.5	32.0	32.0	31.0	30.5	30.0
31.5	31.5	32.0	31.5	31.0	30.5	32.0	32.0	30.0	30.5
29.5	32.5	32.0	31.5	30.0	32.0	31.0	32.0	32.5	31.0
31.5	30.5	31.5	31.5	30.0	30.0	30.5	29.5	29.5	30.0
31.5	30.5	30.0	32.0	30.0	30.5	30.0	30.5	30.0	30.0
30.0	31.0	29.5	29.5	31.5	30.0	29.0	31.0	31.0	30.5
32.0	30.0	30.0	30.0	30.0	29.0	30.0	28.0	29.0	30.5
31.0	30.5	30.5	28.5	31.0	30.0	30.0	32.0	28.5	30.0
29.0	28.0	29.0	31.0	30.0	31.5	30.5	31.0	30.0	30.5
30.5	32.0	31.0	30.0	30.5	30.5	30.5	31.0	30.0	32.0
32.0	28.0	31.0	30.5	30.5	31.5	30.5	31.0	31.5	29.5
31.0	31.0	30.0	30.0	30.5	27.0	31.0	28.5	29.0	29.0
30.0	31.0	30.5	30.0	30.0	30.5	31.5	30.0	31.0	29.0
30.0	31.0	31.0	32.0	30.0	29.0	28.5	29.5	29.0	29.5
30.5	29.5	30.0	29.5	30.5	29.0	30.5	29.5	29.5	29.0
30.5	30.5	32.5	30.0	29.5	31.5	30.0	30.0	30.0	30.5
30.5	29.0	29.5	31.5	29.5	30.5	29.0	30.0	30.5	31.0
30.0	30.0	30.5	29.0	30.0	30.0	29.5	31.5	29.5	29.5
30.0	30.5	31.0	30.5	31.0	29.0	32.0	29.0	31.5	30.5
30.5	31.5	30.0	29.0	30.0	31.0	30.0	32.5	29.0	31.0
29.0	30.0	31.0	32.0	31.5	29.5	29.5	30.0	30.5	31.0
31.5	30.0	30.5	30.0	30.0	30.5	30.0	32.0	30.0	30.5

29.0	30.5	30.0	30.5	31.0	32.0	30.5	30.0	30.5	29.5
30.5	32.0	30.5	32.5	31.5	30.0	29.5	30.0	29.0	30.0
31.0	30.0	30.0	28.0	30.0	30.5	31.5	32.0	30.0	29.0
30.0	29.5	32.0	30.0	30.0	29.5	30.5	31.0	29.0	29.0
30.5	31.0	31.0	32.0	29.0	29.5	29.5	31.0	29.0	31.5
30.5	30.5	30.5	27.5	30.0	29.5	30.5	30.0	32.5	29.0
30.0	31.0	32.0	30.0	30.0	31.0	30.0	30.0	30.5	30.0
30.0	31.0	31.0	30.0	30.5	30.0	32.0	30.0	32.0	29.5
32.0	30.5	29.0	30.0	29.5	31.0	30.0	30.5	30.0	30.5
30.0	31.5	30.5	30.5	31.0	31.0	31.5	29.5	29.5	30.0
31.0	32.5	29.0	30.0	29.0	29.5	31.5	31.0	29.5	31.0

要求将 420 个单块重量在 27～33.5 克之间分为 10 组，构建频数分布表，并绘制直方图。

2.7 45 克圆粉是金典粉丝厂生产的另一个品种，单块重量要求 43～46 克即 44.5±1.5 克。操作者 10 位，每位抽取 30 个数据，测得 10 个样本的单块重量如下：

#1 操作工

44.5	43.0	42.0	42.5	46.0	46.5	44.0	47.0	47.0	49.0
44.5	46.0	45.0	44.5	46.5	41.5	42.5	43.5	44.0	43.5
45.5	43.5	45.0	45.0	45.0	44.0	46.0	43.0	44.0	46.0

#2 操作工

42.0	43.0	43.0	43.0	43.5	41.5	43.0	43.0	42.5	42.0
43.5	44.5	43.5	42.5	43.5	43.0	42.0	43.5	44.0	42.5
45.0	45.5	47.0	47.5	46.0	48.5	49.5	47.0	46.0	48.0

#3 操作工

42.5	44.5	44.0	46.0	46.0	47.5	45.0	48.5	45.0	42.0
45.5	45.5	44.5	47.0	47.5	40.0	44.5	44.5	45.0	48.5
44.0	44.5	44.5	43.5	42.0	43.0	43.5	45.0	45.5	45.5

#4 操作工

45.0	42.5	43.5	44.0	44.0	44.5	43.5	45.0	42.5	41.5
45.0	42.0	44.0	40.0	43.0	44.0	43.5	44.5	46.0	42.5
46.0	44.0	46.5	45.0	45.0	46.5	47.0	46.0	49.0	45.5

#5 操作工

| 48.0 | 44.5 | 44.0 | 45.0 | 48.5 | 48.5 | 46.0 | 45.5 | 47.0 | 45.5 |

46.5 47.0 45.5 43.0 45.5 45.0 45.5 46.0 44.5 44.5
44.5 45.5 46.0 44.0 44.5 49.5 45.0 45.0 44.0 44.5

#6 操作工

45.5 44.0 45.5 45.0 45.5 46.0 44.0 44.5 45.5 44.0
44.5 46.0 45.0 45.5 47.0 45.0 45.5 47.5 47.0 44.5
43.0 45.5 45.0 44.0 42.0 45.0 45.5 45.0 45.0 45.5

#7 操作工

46.5 46.5 47.5 48.0 47.0 47.0 47.5 47.0 48.0 47.0
45.5 44.5 45.0 45.0 42.5 45.0 45.5 44.5 45.0 46.0
45.0 45.5 45.5 44.5 46.5 45.5 46.0 44.5 45.0 45.0

#8 操作工

45.0 46.0 45.5 45.0 46.0 46.0 45.5 44.5 45.0 46.0
45.0 47.0 50.0 45.0 45.5 45.0 46.0 46.0 47.5 44.0
43.0 46.0 45.0 44.0 44.5 44.5 46.0 44.5 43.5 46.0

#9 操作工

46.5 47.0 46.5 48.0 46.0 46.0 45.0 45.5 48.0 47.0
42.5 44.5 43.0 43.0 45.5 46.0 43.0 43.0 43.5 45.5
44.0 44.5 44.0 46.0 47.5 43.0 42.0 44.0 43.0 47.5

#10 操作工

45.0 46.0 47.0 43.0 47.0 49.5 43.0 45.0 44.0 43.5
44.0 45.0 43.0 45.0 46.0 47.0 47.0 43.0 42.0 41.0
43.0 42.5 44.0 44.5 40.5 43.0 44.5 42.0 44.0 43.5

（1）计算各位操作工的合格率。

（2）计算各位操作工的不足重块数和超重块数。并据此绘制各位操作工不合格块数的分段条形图。

2.8 某市劳动与社会保障部门通过调查获得 100 名员工的年工资及其有关数据如下：

人员编号	现薪（元）	起薪（元）	工作经历（月）	受教育年数（年）
1	57 000	27 000	144	15
2	40 200	18 750	36	16
3	21 450	12 000	381	12
4	21 900	13 200	190	8
5	45 000	21 000	138	15
6	32 100	13 500	67	15

人员编号	现薪（元）	起薪（元）	工作经历（月）	受教育年数（年）
7	36 000	18 750	114	15
8	21 900	9 750	0	12
9	27 900	12 750	115	15
10	24 000	13 500	244	12
11	30 300	16 500	143	16
12	28 350	12 000	26	8
13	27 750	14 250	34	15
14	35 100	16 800	137	15
15	27 300	13 500	66	12
16	40 800	15 000	24	12
17	46 000	14 250	48	15
18	103 750	27 510	70	16
19	23 700	13 500	359	15
20	26 550	14 250	61	15
21	27 600	15 000	75	12
22	25 800	15 000	143	12
23	42 300	26 250	126	16
24	30 750	15 000	451	8
25	26 700	12 900	18	12
26	20 850	12 000	163	12
27	35 250	15 000	54	15
28	26 700	15 000	56	15
29	26 550	13 050	11	12
30	27 750	12 000	11	12
31	25 050	12 750	123	16
32	66 000	47 490	150	16
33	52 650	19 500	20	16
34	45 625	23 250	60	16
35	30 900	15 000	25	15
36	29 400	16 500	24	15
37	24 900	11 250	0	12
38	19 650	10 950	11	12
39	22 050	10 950	9	12
40	25 500	12 000	11	12
41	28 200	12 750	19	15
42	23 100	11 250	13	12

人员编号	现薪（元）	起薪（元）	工作经历（月）	受教育年数（年）
43	25 500	11 400	9	12
44	17 100	10 200	0	8
45	68 125	32 490	29	18
46	30 600	15 750	460	12
47	52 125	27 480	221	19
48	61 875	36 750	199	19
49	21 300	11 550	24	8
50	19 650	11 250	5	12
51	22 350	11 250	5	12
52	23 400	11 250	18	12
53	24 300	10 950	8	12
54	28 500	11 250	4	12
55	19 950	11 250	8	12
56	23 400	11 250	0	12
57	34 500	17 250	3	16
58	18 150	10 950	0	12
59	21 750	12 450	318	8
60	59 400	33 750	272	12
61	24 450	14 250	117	12
62	103 500	60 000	150	16
63	35 700	16 500	72	12
64	22 200	16 500	7	12
65	22 950	13 950	22	15
66	23 100	12 000	228	12
67	56 750	30 000	15	16
68	29 100	12 750	375	17
69	37 650	15 750	132	12
70	27 900	13 500	32	12
71	21 150	12 000	159	8
72	31 200	15 750	155	12
73	20 550	11 250	154	12
74	20 700	11 250	2	12
75	21 300	11 250	3	12
76	24 300	15 000	121	12
77	19 650	13 950	133	12
78	60 000	32 490	17	17

人员编号	现薪（元）	起薪（元）	工作经历（月）	受教育年数（年）
79	30 300	15 750	55	15
80	61 250	33 000	9	19
81	36 000	19 500	21	19
82	25 200	18 750	344	8
83	30 750	15 000	56	12
84	33 540	15 750	47	12
85	34 950	20 250	55	16
86	40 350	16 500	80	15
87	30 270	15 750	80	12
88	26 250	16 050	264	8
89	32 400	15 000	64	15
90	20 400	11 250	0	12
91	24 150	12 750	96	8
92	23 850	13 500	122	15
93	29 700	13 500	26	12
94	21 600	13 500	228	8
95	24 450	15 750	87	12
96	28 050	16 500	84	15
97	100 000	44 100	128	16
98	49 000	20 550	86	15
99	16 350	10 200	163	12
100	70 000	21 750	19	16

（1）对现薪递升排序，观察该变量的数据中有哪几个个别数值远离其他数值。

（2）将发现的远离其他数值的个别数值暂时从数据中排除，对余下的正常数值进行等距分组汇总（提示：以 10 000 元为组距）。

（3）在频数分布表基础上绘制现薪直方图。

（4）观察现薪的分布特征。

2.9 接 100 名员工的工资一题（♯2.8）。

（1）对起薪递升排序，观察该变量的数据中是否有个别数值远离其他数值。

（2）对起薪进行等距分组汇总（如果有个别数值远离其他数值，则暂时将其排除，对余下的正常数值进行等距分组汇总）（提示：以 10 000 元为组距）。

（3）在频数分布表基础上绘制起薪直方图。

（4）观察起薪的分布特征。

2.10 接 100 名员工的工资一题（♯2.8）。

（1）对工作经历递升排序，观察该变量的数据分布情况。如果对该数据进行分组，你认为等距分组和异距分组哪个更适宜？

（2）如果你认为等距分组更适宜，试进行之。

（3）如果你认为异距分组更适宜，试进行之。

2.11 接 100 名员工的工资一题（♯2.8）。

（1）对受教育年数递升排序，观察该变量的数据分布情况。如果对该数据进行分组，你认为单值式分组和组距式分组哪个更适宜？

（2）如果你认为单值式分组更适宜，试进行之。

（3）如果你认为组距式分组更适宜，试进行之。

2.12 接 100 名员工的工资一题（♯2.8）。

（1）分别绘制现薪与起薪的散点图、现薪与工作经历的散点图、现薪与受教育年数的散点图。

（2）第（1）步所绘的三个散点图能否展示出观察现薪与起薪之间、现薪与工作经历之间、现薪与受教育年数分布存在相关关系？如果存在相关关系，是线性相关还是非线性相关？

2.13 某省会计学会通过调查获得 27 名会计人员的有关数据如下：

雇员编号	性别	服务年资（年）	本专科学习年数	有无研究生学历	是不是注册会计师	年龄段
1	F	17	4	N	Y	5
2	F	6	2	N	N	2
3	M	8	4	Y	Y	3
4	F	8	4	Y	N	3
5	M	16	4	Y	Y	4
6	F	21	1	N	Y	7
7	M	27	4	N	N	7
8	F	7	4	Y	Y	2
9	M	8	4	N	N	3
10	M	23	2	N	Y	5
11	F	9	4	Y	Y	3
12	F	8	2	N	N	2
13	F	8	4	Y	N	2
14	M	26	2	N	Y	6
15	F	9	4	N	Y	2
16	F	9	2	N	N	2
17	M	19	2	Y	Y	4
18	M	5	4	N	N	4

雇员编号	性别	服务年资 （年）	本专科 学习年数	有无 研究生学历	是不是 注册会计师	年龄段
19	M	19	4	Y	N	7
20	M	20	4	N	N	6
21	F	14	4	Y	Y	4
22	M	31	4	N	N	7
23	F	10	0	N	N	7
24	F	10	4	N	Y	3
25	M	26	4	Y	Y	6
26	M	28	4	N	N	7
27	F	5	4	N	Y	1

表中年龄段的 1＝21～25 岁，2＝26～30 岁，3＝31～35 岁，4＝36～40 岁，5＝41～45 岁，6＝46～50 岁，7＝51～55 岁。

（1）按年龄（不是年龄段）对 27 名会计人员的人数进行分组汇总。

（2）在频数分布表中加列相对频数和正向累计频数两栏。

（3）绘制 27 名会计人员年龄分布直方图。

2.14　接 27 名会计人员一题（♯2.13）。

（1）按年龄段对男女会计人员人数分别进行分组汇总，其结果是否展示什么迹象？

（2）将服务年资按不足 10 年，10～20 年，超过 20 年切成 3 段，分别标写为"短、中、长"。再按是否是注册会计师与年资段交叉分组汇总，并绘制分段条形图。表和图是否展示什么迹象？

（3）按是否有研究生学历与本专科学习年数交叉分组汇总，其结果是否展示什么迹象？

2.15　美国某城市一条大街上 42 所房屋的市值及有关数据如下：

门牌号	房龄 （年）	面积 （平方英尺）	市值 （美元）	门牌号	房龄 （年）	面积 （平方英尺）	市值 （美元）
1357	33	1 812	90 000	1406	27	1 484	79 800
1358	32	1 914	104 400	1409	28	1 588	81 500
1361	32	1 842	93 300	1410	28	1 598	87 100
1362	33	1 812	91 000	1413	28	1 484	82 600
1365	32	1 836	101 900	1414	28	1 484	78 800
1366	33	2 028	108 500	1417	28	1 520	87 600
1369	32	1 732	87 600	1418	27	1 701	94 200

门牌号	房龄 （年）	面积 （平方英尺）	市值 （美元）	门牌号	房龄 （年）	面积 （平方英尺）	市值 （美元）
1370	33	1 850	9 6000	1421	28	1 484	82 000
1373	32	1 791	89 200	1425	28	1 468	88 100
1374	33	1 666	88 400	1426	28	1 520	88 100
1377	32	1 852	100 800	1429	27	1 520	88 600
1378	32	1 620	96 700	1430	27	1 484	76 600
1381	32	1 692	87 500	1434	28	1 520	84 400
1382	32	2 372	114 000	1438	27	1 668	90 900
1385	32	2 372	113 200	1442	28	1 588	81 000
1386	33	1 666	87 500	1446	28	1 784	91 300
1389	32	2 123	116 100	1450	27	1 484	81 300
1390	32	1 620	94 700	1453	27	1 520	100 700
1393	32	1 731	86 400	1454	28	1 520	87 200
1394	32	1 666	87 100	1457	27	1 684	96 700
1405	28	1 520	83 400	1458	27	1 581	120 700

（1）如果对房龄分组汇总，组距式分组和单值式分组哪个更适宜？试按你的选择对这 42 所房屋进行分组汇总。

（2）如果对面积作组距式分组汇总，有无必要设置开口组？理由是什么？试按你的选择对这 42 所房屋进行分组汇总。

（3）如果对市值作组距式分组汇总，有无必要设置开口组？理由是什么？试按你的选择对这 42 所房屋进行分组汇总。

2.16　接 42 所房屋一题（♯2.15）。绘制市值与房龄、市值与面积、房龄与面积的散点图，并对比观察 3 对变量两两关系的密切程度。

2.17　光机电公司第一车间共有员工 44 人，其工资及性别、岗位数据如下：

性别	岗位	工资（元）	性别	岗位	工资（元）
男	操作工	24 150	女	操作工	22 650
男	操作工	25 350	女	操作工	23 400
男	操作工	26 550	女	操作工	24 000
男	操作工	26 850	女	操作工	25 050
男	操作工	27 300	女	操作工	26 400
男	操作工	27 300	女	操作工	29 100
男	操作工	27 450	女	操作工	29 850
男	操作工	29 400	女	操作工	30 000
男	操作工	30 300	女	操作工	33 900

性别	岗位	工资（元）	性别	岗位	工资（元）
男	操作工	31 500	女	操作工	40 800
男	操作工	31 650	男	管理人员	61 875
男	操作工	35 250	男	管理人员	86 250
男	操作工	37 500	男	管理人员	100 000
男	操作工	39 600	男	技术人员	30 750
男	操作工	39 900	女	技术人员	30 750
男	操作工	40 200	男	技术人员	31 950
女	操作工	20 550	男	技术人员	66 750
女	操作工	20 700	男	技术人员	75 000
女	操作工	21 000	男	技术人员	82 500
女	操作工	21 900	女	技术人员	46 875
女	操作工	22 050	女	操作工	22 650
女	操作工	22 500	女	操作工	23 400

（1）按岗位类别对该车间人数进行分组汇总，并列出各类人员数目占比。

（2）按岗位类别对该车间职工工资进行分组汇总，并列出各类人员工资占比。

（3）按岗位类别和性别对该车间人数进行分组汇总，并列出各组人员数目的分岗位百分比、分性别百分比和总百分比。

（4）按岗位类别和性别对该车间职工工资进行分组汇总，并列出各组人员工资的分岗位百分比、分性别百分比和总百分比。

2.18 《中国商务年鉴·2008》载，2007年中国内地31个省（自治区、直辖市）的限额以上连锁餐饮业有关数据如下（西藏数据暂缺）：

地区	门店总数 （个）	营业面积 （千米²）	餐位数 （千个）	从业人员 （千人）	营业收入 （百万元）
北京	1 502	872	249	67	918
天津	928	283	48	14	247
河北	17	46	6	2	8
山西	58	42	15	4	58
内蒙古	1 052	577	612	88	777
辽宁	282	64	23	14	234
吉林	11	19	2	0.7	4
黑龙江	24	12	6	1	12
上海	732	266	104	439	483
江苏	1 269	275	89	34	386

地区	门店总数 （个）	营业面积 （千米²）	餐位数 （千个）	从业人员 （千人）	营业收入 （百万元）
浙江	755	446	14 036	36	426
安徽	109	170	25	7	44
福建	535	135	63	15	159
江西	51	45	13	4	45
山东	457	264	132	18	189
河南	504	81	31	6	71
湖北	221	255	76	26	221
湖南	50	31	10	3	72
广东	1263	499	332	60	786
广西	42	15	6	2	31
海南	2	2	1	0.2	2
重庆	2 088	1 501	653	136	891
四川	199	90	45	14	94
贵州	16	40	5	1	16
云南	165	69	31	5	57
陕西	338	156	71	20	136
甘肃	20	10	3	1	9
青海	11	3	0.8	0.2	2
宁夏	6	4	2	0.3	2
新疆	36	22	6	1	20

观察各省（自治区、直辖市）限额以上连锁餐饮业的营业收入情况，如果要做分组整理，当采用何种方式？试根据你的建议进行分组。

第3章 截面数据的分布态势描述

3.1 数据分布特征概述

对单一变量截面数据进行整理和汇总，得到频数分布表，再绘制成相应的统计图。这样的表和图能够展示出数据的分布态势，即其分布特征。

数据分布特征共有如下四种：

（1）集中趋势（central tendency）。频数分布数列中各观察值有一种向中心集中的趋势，在中心附近的观察值数目较多而远离中心的较少。

（2）离散趋势（dispersion）。频数分布数列中各观察值各相差异，表现出偏离中心的态势。

（3）偏态（skewness）。频数分布数列中各观察值是否对称地分布在中心两侧，亦或某一侧的观察值是否比另一侧的观察值对中心偏离得更远些。

（4）峰度（kurtosis）。频数分布数列中各观察值是较为均匀地分布，亦或侧重出现在中心附近。

对数据分布特征加以精确刻画的过程称为概略分析，刻画数据分布特征的数值称为量数（measurement）。量数有集中趋势量数、离散态势量数、偏态量数和峰度量数。而每一类量数都可能不止于一个。集中趋势量数可以从不同角度作为数据的代表数值，而离散态势量数则反映集中趋势量数代表性的强弱。

集中趋势和离散态势是基本特征，三个等级的数据都能显现。而偏态和峰度只是三个等级的某个或某两个才显现的特征。

3.2 算术平均数、方差与标准差：仅适于定标数据的量数

3.2.1 算术平均数

算术平均数（arithmetic mean），简称平均数（mean），是数列全部数值之和除以项数所得之商。它是初等数学中一个基本概念，也是应用统计最经常使用的概念。计算公式如下：

$$\overline{X} = \frac{\Sigma X}{n} \qquad\qquad\qquad （公式 3.1）$$

式中：

$\overline{X}$ 代表样本平均数；

X 代表样本中数据的个体值；

n 代表样本容量（样本中数据个体的数目）。

如果求分组数据的算术平均数，公式则是

$$\overline{X} = \frac{\Sigma fX}{\Sigma f} \qquad\qquad\qquad （公式 3.2）$$

式中：

X 代表单值式分组的标识（即该组值），或组距式分组的组中值；

f 代表组频数。

通常都是列表进行计算，以例 2—2 所述某企业在 30 天里每日接到的订单数目的平均数计算为例（见表 3.1）。

表 3.1　　　　　　　　　某企业 30 天订单日平均数的计算

订单数 X	天数 f	fX
0	4	0
1	3	3
2	4	8
3	7	21
4	6	24
5	6	30
合计	30	86

$$\overline{X} = \frac{86}{30} = 2.87$$

计算结果表明，该企业平均每天接到 2.87 份订单。

公式 3.2 的格式称为加权算术平均数（weighted arithmetic mean）。我们求的是变量 X 的平均数，但是需要让各组频数发挥权衡轻重的作用。若表 3.1 中订单数仍然是 0～5 份，但是各组的天数 f 发生变化，则必然影响到平均数。

例 2—3 的 62 人智商分数平均数计算表如下：

表 3.2　　　　　　　　　62 人智商分数平均数的计算

分数	组中值 X	人数 f	fX
70～80	75	2	150
80～90	85	7	595
90～100	95	10	950

分数	组中值 X	人数 f	fX
100～110	105	16	1 680
110～120	115	14	1 610
120～130	125	10	1 250
130～140	135	3	405
合 计	——	62	6 640

$$\overline{X} = \frac{6640}{62} = 107.1$$

计算结果表明，这 62 个人智商分数平均为 107.1 分。

总体平均数

以上是对样本数据求平均数，使用公式 3.1。当我们按 0.1 图上半部分的认识路线（普查）对总体特征进行概略分析时，就需要计算总体平均数，公式为：

$$\mu = \frac{\Sigma X}{N} \tag{公式 3.3}$$

式中：

μ 代表总体平均数；

X 代表总体中数据的个体值；

N 代表总体总量（总体中个体数据的数目）。

3.2.2　加权平均一般

公式 3.2 可以转化成：

$$\overline{X} = \frac{\Sigma f X}{\Sigma f} = \Sigma \frac{f}{\Sigma f} X \tag{公式 3.4}$$

上式表明权数实际体现为各组的相对频数。

事实上公式 3.2 只是下列加权平均计算公式的一个特例：

$$\overline{X} = \frac{\Sigma w X}{\Sigma w} = \Sigma \frac{w}{\Sigma w} X \tag{公式 3.5}$$

式 3.4 中的 w 为一般意义上的权数（weight），代表能够体现对变量 X 进行平均过程中够权衡每个 X 值轻重的量。

【例 3—1】　某企业集团下属有 3 个公司，其利润率分别是 7%，8% 和 9%，如果求简单算术平均数，结果是 8%。这个计算是把 3 个公司等量齐观，事实上它们在集团中的作用不同，具体体现在销售额上，所以需要以销售额为权数进行加权平均计算，具体见表 3.3。

表 3.3   **某企业集团平均利润计算表（一）**

公司	利润率（%）X	销售额（亿元）w	利润（亿元）wX
A	7	100	7
B	8	100	8
C	9	200	18
合计	——	400	33

该集团平均利润应该是 $\overline{X} = \dfrac{利润总额}{总销售额} = \dfrac{33}{400} = 8.25\%$。这是因为利润率高的

C 公司在总盘子中占有"半壁江山"，它将平均数向上拉动。

3.2.3 方差与标准差

使用离差平方和（sum of square of deviation）来计量数据中个体数值与其某一量数的差距。所谓离差平方和，就是数据中所有个体数值与其某一量数的差量的平方项之和。计算方差时需要先计算所有个体数值与其平均数的离差平方和，公式如下：

$$离差平方和 = \sum (X - \mu)^2 \qquad\qquad (公式 3.6)$$

为剔除数据个体数目对离散趋势的影响，用个体数目 N 去除离差平方和，即得到离散趋势量数——方差（variance）。

$$\sigma^2 = \frac{\sum (X - \mu)^2}{N} \qquad\qquad (公式 3.7)$$

式中：σ^2 代表总体方差，其余符号用法同公式 3.3。

尽管方差是一个很好的离散趋势量数，但它给变量的计量单位乘了二次方，不好解释，因此许多场合又使用方差的算术平方根——标准差（standard deviation）。

$$\sigma = \sqrt{\frac{\sum (X - \mu)^2}{N}} \qquad\qquad (公式 3.8)$$

式中：σ 代表总体标准差，其余符号用法同公式 3.3。

公式 3.7 和 3.8 是针对总体数据测度其离散趋势，如果是测度样本数据的离散趋势，则需计算样本方差和标准差。

$$S^2 = \frac{\sum (X - \overline{X})^2}{n - 1} \qquad\qquad (公式 3.9)$$

式中：S^2 代表总体方差，其余符号用法同公式 3.1。

$$S = \sqrt{\frac{\sum (X - \overline{X})^2}{n - 1}} \qquad\qquad (公式 3.10)$$

式中：S 代表总体标准差，其余符号用法同公式 3.1。

对于分组数据，样本方差和标准差的公式分别是：

$$S^2 = \frac{\sum f(X-\overline{X})^2}{\sum f - 1} \qquad \text{(公式 3.11)}$$

和
$$S = \sqrt{\frac{\sum f(X-\overline{X})^2}{\sum f - 1}} \qquad \text{(公式 3.12)}$$

公式 3.11 和 3.12 中符号的用法与公式 3.2 相同。

样本（标准差）与总体方差方差（标准差）公式的分母，形式不同，前者是个体数值的数目减去 1，而后者不减 1。本书后面章节将阐述，这样做是为了前者能够作为后者的无偏估计量。

下面用例表 3.4 和表 3.5 的数据说明方差和标准差的列表解法。

表 3.4　　　　　　　　　某企业 30 天订单方差的计算

订单数 X	天数 f	$X-\overline{X}$	$f(X-\overline{X})^2$
0	4	−2.87	32.8711
1	3	−1.87	10.4533
2	4	−0.87	3.0044
3	7	0.13	0.1244
4	6	1.13	7.7067
5	6	2.13	27.3067
合计	30	——	81.4667

$$S^2 = \frac{81.4667}{30-1} = 2.8092; \qquad S = \sqrt{2.8092} = 1.68$$

计算结果表明，该企业 30 天订单日方差为 2.8092（份）[1]，标准差是 1.68 份。

表 3.5　　　　　　　　　62 人智商分数平均数的计算

分数	组中值 X	人数 f	$X-\overline{X}$	$f(X-\overline{X})^2$
70～80	75	2	−32.10	2 060.4058
80～90	85	7	−22.10	3 417.8720
90～100	95	10	−12.10	1 463.3195
100～110	105	16	−2.10	70.3434
110～120	115	14	7.90	874.4537
120～130	125	10	17.90	3 205.2549
130～140	135	3	27.90	2 335.7700
合计	——	62	——	13 427.4194

————————

① 本书凡方差的计量单位，一律按原单位加括弧，而标准差的计量单位不加括弧。

$$S^2 = \frac{13\ 427.4194}{62-1} = 220.1216; \qquad S = \sqrt{220.1216} = 14.84$$

计算结果表明，这 62 人的智商分数方差为 220.1216（分），标准差是 14.84 分。

3.2.4 变异系数

由于一些因素如数据计量单位不同，数据规模相差较大，对两个数列的离散程度不便于直接使用标准差进行对比。此时需要比较相对变异程度，于是有变异系数（coefficient of variation），公式是：

$$V = \frac{S}{\overline{X}} \qquad\qquad (公式 3.13)$$

表 3.6 是对例 2—4 装配车间新老部件装配耗时的集中趋势和离散趋势比较。就平均数而言，新部件的 29.34 小于老部件的 37.95，说明新部件装配时间缩短了。再看离散趋势，若光从标准差看，老部件装配时间的离散程度大，这与从图 2.11 得到的直观印象是矛盾的。须知老部件装配时间的数值水平较高（以 37.95 为代表值），而新的水平较低（以 29.34 代表值），两者的标准差不好直接对比，而应该比较变异系数。新部件的变异系数大于老部件，说明老部件装配时间离散程度小，这可能因为工人操作较为熟练，而新部件尽管从设计本身会节约装配时间，但新工人加入不久，装配时间长短相异，差别较大。

表 3.6   新老部件装配时间集中趋势和离散趋势比较

	人数	平均数（分）	标准差（分）	变异系数
新部件	59	29.34	4.57	0.156
老部件	22	37.95	4.78	0.126

3.3　中位数和四分位距：适于定标数据和定秩数据的量数

3.3.1 中位数

将定标数据和定秩数据的各观察值按自小到大的顺序排列，可以确定一个数值，它将全部观察值组成的数列切成项数相等的前后两段，该数值就是中位数（median），用来刻画定标数据和定秩数据的集中趋势。

如果数列所含数值数目为奇数 n，则中位数是数列中的一个数值，其位置排在第 $\frac{n+1}{2}$ 项。如果数列所含数值数目为奇数 n，则数列中的任何一个数值都不满足上述定义，而只能以第 $\frac{n}{2}$ 与第 $\left(\frac{n}{2}+1\right)$ 项的平均值为中位数。

根据中位数处于数列中间位置的特点，确定一个变量数列的中位数，关键是找到中间项的项次——即在数列中处于第几项的位置上。

（1）未分组数据中位数的确定

若未分组资料中含有奇数 n 项，则中位数的项次为 $\frac{n+1}{2}$。若未分组资料中含有偶数 n 项，则中位数取第 $\frac{n}{2}$ 与第 $\left(\frac{n}{2}+1\right)$ 项的平均值。鉴于 $\frac{n}{2}$ 与 $\left(\frac{n}{2}+1\right)$ 的平均值是 $\frac{n+1}{2}$，可以说无论对于奇数项还是偶数项，中位数一律处于 $\frac{n+1}{2}$ 项次上。

（2）分组数据中位数的确定

首先确定中位数的项次。仍然以 f 表示频数，则中位数的项次定为 $\frac{1}{2}$ $(\Sigma f+1)$。

对于单值式分组，可以在通过累计频数表找到第 $\frac{1}{2}$ $(\Sigma f+1)$ 项所在组，直接确定中位数。例 2—2 所述某企业在 30 天里每日接到的订单数目，中位数项次是 $(30+1)$ /2 = 15.5。该项在第 4 组，中位数是 3 份（见表 3.7）。

表 3.7　　　　　　　某企业 30 天订单中位数的确定

订单数 X	天数 f	累计频数 Σf
0	4	4
1	3	7
2	4	11
3	7	18
4	6	24
5	6	30
合计	30	——

中位数所在组

对于组距式分组，在通过累计频数表找到第 $\frac{1}{2}$ $(\Sigma f+1)$ 项所在组后，然后用插值法确定中位数，公式如下：

$$Me=L_{Me}+\frac{(\Sigma f+1)\ /2-F_{Me-1}}{f_{Me}}i \qquad \text{（公式 3.14）}$$

式中：Me 表示中位数；

L_{Me} 表示中位数组下限；

f_{Me} 表示中位数组的频数；

F_{Me-1} 表示中位数组前一组的累积频数；

i 表示组距。

70

从表 3.8 的 62 人智商分数频数分布表找到中位数的项次是（62＋1）／2＝31.5，中位数所在组是"100～110"一组，该组下限是 100，频数是 16，前一组的累计频数是 19，组距是 10，代入公式 3.14。

$$Me=100+\frac{31.5-19}{16}\times10=107.81$$

表 3.8   **62 人智商分数中位数的确定**

分数 X	人数 f	累计频数 Σf
70～80	2	2
80～90	7	9
90～100	10	19
100～110	16	35
110～120	14	49
120～130	10	59
130～140	3	62
合计	62	——

中位数所在组

3.3.2 四分位距

（1）四分位数

有 3 个数值将数列划分为项数相等 4 部分，此 3 个数值即是四分位数（quartile），分别称为下四分位数、中四分位数和上四分位数，记作 Q_1，Q_2 和 Q_3。而中四分位数即是中位数。它们的项次分别是：

$$Q_1:\frac{n+1}{4}$$

$$Q_2:\frac{2\,(n+1)}{4}=\frac{n+1}{2}$$

$$Q_3:\frac{3\,(n+1)}{4}$$

对于不分组数据，可以直接确定 3 个四分位数。

对于单值分组数据，分别依 3 个四分位数的项次，找到对应的标识数值。

对于组距数列，在依确定项次后，使用插值的方法确定 3 个四分位数，其公式形式与公式 3.12 相同。就例 2—3 的 62 人智商分数而言，前面已确定：

$$Me=100+\frac{31.5-19}{16}\times10=107.81$$

现在确定 $Q_1=90+\frac{(32+1)\,/4-9}{10}\times10=96.75$

$$Q_3=110+\frac{(62+1)\,\times3/4-35}{14}\times10=118.75$$

71

（2）四分位距

上、下四份位数之差为四分位距（inter-quartile range），它用来刻画定标数据和定秩数据的离散趋势。

$$Q_r = Q_3 - Q_1 \qquad \text{（公式 3.15）}$$

就例 2—3 的 62 人智商分数而言，四分位距 = 118.75 - 96.75 = 22。

上、下四份位数和中位数，再加上最小值 X_{Min} 和最大值 X_{Max}，合称为五大位势量数，它们都是根据其在数列中的位次确定的。它们单独使用或结合使用，可以描述数据的集中趋势和离散趋势，还可以描述偏态。

最大值与最小值之差称为全距（range），在一定意义上也可以作为离散量数使用，唯其易受两端极端值的干扰，对离散趋势或有歪曲之嫌。而四分位距则排除了两端极端值的干扰。

3.4　众数和异众比率：对三个等级数据都适用的量数

3.4.1　众数

作为最容易理解也最容易确定的集中趋势量数，众数（mode）指数列中出现次数最多的数值。按此定义，确定一组数据众数的公式是：

$$M_O = X_{Max(f_i)} \qquad \text{（公式 3.16）}$$

对于定名数据而言，众数是唯一的集中趋势量数，它表明哪一个类别最多。而对于定秩数据和定标数据，可以使用众数刻画其集中趋势，也可以选择其他集中趋势量数。

对于不分组数据，可以直接确定众数。对于单值式分组数据，也可以凭最大频数确定众数。需要指出的是：以上定义中"出现次数最多"应理解为显著地多，而不是多出一两次。如表 3.7 中最大频数是 7，该组标识数值是 3。然而标识数值是 4 和 5 的两组的频数都是 6，此时以 3 作为众数显得牵强。若按文化水平分组，大专有 16 人，中专有 4 人，以大专为众数，则属当然。

对于组距式分组数据，再次使用插值的方法。公式是：

$$Mo = L_{Mo} + \frac{f_{Mo} - f_{Mo-1}}{(f_{Mo} - f_{Mo-1}) + (f_{Mo} - f_{Mo+1})} i \qquad \text{（公式 3.17）}$$

式中：Mo 为表示众数；

L_{Mo} 表示众数组下限；

f_{Mo} 表示众数组的频数；

f_{Mo-1} 表示众数组前一组的频数；

f_{Mo+1} 表示众数组后一组的频数；

i 表示组距。

以表 3.8 的 62 人智商分数分布为例，最大频数即 $f_{Mo}=16$，众数组是"100～110"。$f_{Mo-1}=10$，$f_{Mo}=14$，$i=10$。带入公式 3.17，有：

$$Mo=100+\frac{16-10}{(16-10)+(16-14)}\times 10=107.5$$

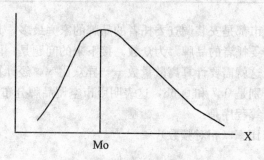

图 3.1 众数的位置

图 3.1 展示众数在定标数据分布曲线下的位置，它与曲线高峰相对应，表示为它是最大频数对应的 X 值。

需要指出的是，对有些数据在整理后发现，它们不是向一个数值集中，而是分别集中于两个数值上。某高校全体学生的身高数据，某航空公司对于乘客所经历的飞行里程的调查数据，都会出现这种情况。这就是所谓双峰分布型数据（见图 3.2）。凡是这种情况出现，都应该存在着两个次总体。全体学生可以分为男生和女生两个次总体，乘客可以分为商务出差者和自费旅行者两个次总体。这时往往需要按次总体分别进行研究。

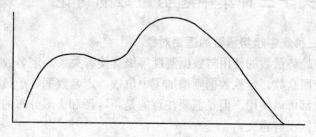

图 3.2 双峰分布

3.4.2 异众比率

异众比率是非众数组所占比率，或者说是众数组以外其他各组的相对频数之和，用来刻画定名数据的离散趋势。譬如在甲乙两市对居民主卧室空调品牌进行调查，结果列入表 3.9。

表 3.9　　　　　甲乙两市被访家庭主卧室空调品牌调查数据

	甲市	乙市
访问户数（样本容量）	300	250
调查委托者的品牌	90	80
非调查委托者的品牌	210	170

结果标明，两市都是安装调查委托者的品牌的家庭最多，其余品牌是五花八门。因此以"调查委托者的品牌"为众数。接下来的问题是：两市空调品牌哪个更集中或更分散？这就需要计算离散量数——异众比率。经计算，甲乙两市空调品牌的异众比率分别是 0.7 和 0.68，这表明甲市空调品牌分布离散性稍强。

异众比率的计算程序是：

（1）计算各组比率（相对频数）

$$p_i = \frac{f_i}{\sum f_i} \qquad\text{（公式 3.18）}$$

（2）找出众数组比率

$$p_{M_0} = \frac{f_{M_0}}{\sum f_i} \qquad\text{（公式 3.19）}$$

（3）计算异众比率

$$\overline{p_{M_0}} = 1 - p_{M_0} = 1 - \frac{f_{M_0}}{\sum f_i} \qquad\text{（公式 3.20）}$$

无论是定名数据，还是定秩数据和定标数据，都可以用众数刻画集中趋势，用异众比率刻画离散趋势。

3.5　关于三种集中趋势量数的讨论

3.5.1　三种集中趋势量数的适用对象

三种集中趋势量数的使用与数据测度等级直接有关系。定名数据处于最低层次，只可以使用众数。定秩数据则增加了中位数。定名数据处于最高层次，三种集中趋势量数都可以使用。但是需要注意的是，U 形和 J 形分布的数据，计算其中位数和平均数没有意义。

3.5.2　三种集中趋势量数的优缺点

众数和中位数的是按位势确定的量数，不受极端值的干扰；而平均数是全部个体数值都投入运算得到的，易受极端值的干扰。反之，由于全部个体数值都投入运算，平均数较众数和中位数含有更丰富的信息；由于平均数是严格运算得到的，也适于做进一步推导和运算。众数和中位数则不具有这样的优点。

在明显存在极端值的情况下，一般使用众数或中位数刻画集中趋势。如果需要使用平均数，得变通计算：从两端各去掉一个数值，对其余数值进行平均，所得结果称为变通平均数；从两端各去掉 5% 的数值，对其余数值进行平均，所得结果称为截尾平均数。

以上关于三种集中趋势量数适用对象和优缺点的讨论，同样也可以用于标准差、四分位距和异众系数的比较。

3.5.3 三种集中趋势量数的位置关系

在理论上，对称分布的数据的三种集中趋势量数位置重合。实际观测到的数据若没有明显的偏斜，三种集中趋势量数在数值上出入不大，其相互位置关系不明确。

分布偏斜较为强烈的数据，平均数总是被极端值拉向长尾一方，众数总是出现在高峰处，而中位数总是处于平均数和众数之间，大致位于靠近平均数的 1/3 分点。

3.6 偏态系数和峰度系数

3.6.1 偏态的刻画

偏态系数是对分布偏斜方向和程度的刻画。通常使用 α 偏态系数——离差立方和除以 n 倍的标准差立方，即：

$$\alpha = \frac{\sum (X - \overline{X})^3}{ns^3} \qquad (公式 3.21)$$

当分布对称时，$\alpha = 0$。分布为右偏时，$\alpha > 0$。分布为左偏时，$\alpha < 0$。

还可以通过四分位数来刻画分布数列的偏态，保利偏斜系数的公式是：

$$Sk = \frac{(Q_3 - Me) - (Me - Q_1)}{Q_3 - Q_1} \qquad (公式 3.22)$$

公式等号左边表示保利偏态系数，右边符号用法同前。保利偏态系数的含义与 α 偏态系数一样，但同一套数据两个系数数值不等。

α 偏态系数和保利偏斜系数对定标数据都适用。对定秩数据，只能使用保利偏斜系数。定名数据不刻画偏态。

3.6.2 峰度的刻画

峰度的刻画通常使用 β 峰度系数——离差 4 次方和除以 n 倍的标准差 4 次方，即：

$$\beta = \frac{\sum (X - \overline{X})^4}{ns^4} \qquad (公式 3.23)$$

当 $\beta = 3$ 时，属中常峰度；$\beta > 3$ 时，属尖顶分布；$\beta < 3$ 时，属平顶分布。峰度的刻画只用于定标数据。

表 3.10 给出例 2—4 的装配时间的偏态系数和峰度系数。

表 3.10　　　　　　新、老部件装配耗时分布的 4 种态势比较

	新部件	老部件
装配工人数 n	59	22
算术平均数 $\overline{X}$	29.39	38
标准差 s	4.57	4.78
变异系数 V	0.155	0.126
偏态系数 α	−0.082	−0.716
峰度系数 β	2.67	2.00

以上量数表明：第二车间扩产并改进设计后，单位部件装配耗时由 38 分下降到 29.39 分，分布中心前移。从标准差由 4.78 分降低到 4.57 分看，工人装配耗时的平均差距似乎是缩小了，其实不然。在扩产前后装配工人数有很大变化的情况下，变异系数更能刻画离散趋势，该量数由 12.6％上升到 15.5％，说明离散趋势增大了，这和一批新工人加入装配作业的因素有关。偏态系数表明尽管两者都是略显左偏，但老部件装配耗时的分布偏态稍强。峰度系数表明尽管两者都是略微偏离中常状态倾向平顶，但老部件装配耗时的分布这种倾向稍强。

3.7　相关系数

变量间在分布态势上大致对应的关联关系称为相关（correlation）。仅涉及两个变量的相关是简单相关（simple correlation），涉及两个以上变量复合关联的是复相关（multiple correlation）。通常相关仅指两个定标变量间的关系，如果研究两个定秩变量间的关系，则称为秩相关。当我们从相关角度研究变量之间的关联关系时，变量无所谓主动变化和被动变化的问题。因此在绘制展示两变量相关的散点图时，并不刻意追求用横轴表示哪个变量。

3.7.1　皮尔逊积矩相关系数

散点图只能大致地展示两变量间的相关，而皮尔逊积矩相关系数（通常简称为"相关系数"）则是刻画两个定标变量间线性相关方向和程度的量数，公式是：

$$r=\frac{n\sum XY-(\sum X)(\sum Y)}{\sqrt{n\sum X^2-(\sum X^2)}\sqrt{n\sum Y^2-(\sum Y)^2}} \qquad \text{（公式 3.24）}$$

或：
$$r=\frac{\sum XY-n\overline{X}\,\overline{Y}}{\sqrt{(\sum X^2-n\overline{X}^2)(\sum Y^2-n\overline{Y}^2)}} \qquad \text{（公式 3.25）}$$

r 值的全距是 −1 至 +1，即 $-1 \leqslant r \leqslant +1$。当 r 为正时，变量间有正相关；当 r 为负，变量间有负相关。$|r|$ 越大，说明相关越强，反之，相关越弱。

$|r|=1$,变量间 100％ 地相关，即为函数关系。$|r|=0$，变量间绝对不相关。在实际中，以上两种极端情况都不会发生。在 $|r|$ 接近于 0 时，即视变量间不相关。

列表计算相关系数，先得计算 5 个中间数值：X 和、Y 和、X 平方和、Y 平方和、XY 交叉乘积和。下面以例 2—5 中本企业销售额与广告投入额的相关系数计算为例，说明列表计算的过程。

表 3.11　　　　　企业销售与本企业广告投入相关系数的计算

公司	年销售额 （百万元） Y	广告投入 （百万元） X	X^2	Y^2	XY
HT	101.8	1.3	1.69	10 363.24	132.34
KY	44.4	0.7	0.49	1 971.36	31.08
WT	108.3	1.4	1.96	11 728.89	151.62
FT	85.1	0.5	0.25	7 242.01	42.55
XD	77.1	0.5	0.25	5 944.41	38.55
WL	158.7	1.9	3.61	25 185.69	301.53
HH	180.4	1.2	1.44	32 544.16	216.48
HD	64.2	0.4	0.16	4 121.64	25.68
MT	74.6	0.6	0.36	5 565.16	44.76
TD	143.4	1.3	1.69	20 563.56	186.42
WS	120.6	1.6	2.56	14 544.36	192.96
ST	69.7	1.0	1.00	4 858.09	69.70
CX	67.8	0.8	0.64	4 596.84	54.24
TG	106.7	0.6	0.36	11 384.89	64.02
JL	119.6	1.1	1.21	14 304.16	131.56
合　计	1 522.4	14.9	17.67	174 918.50	1 683.49

$$r=\frac{15\times14.9-17.67\times1\,522.4}{\sqrt{15\times17.67-(14.9)^2}\sqrt{15\times174\,918.50-(1\,522.4)^2}}$$

$$=\frac{2\,568.59}{\sqrt{43.03\times30\,6075.1}}$$

$$=0.71$$

再将例 2—5 和例 2—6 的四对变量关系的相关系数一并列入表 3.12，以便比较和说明。

表 3. 12

算例出处	变量对子	相关系数
例 2—5	本企业销售额与广告投入额	0.71
例 2—5	本企业销售额与竞争企业销售额	−0.64
例 2—6	银行利润与存款余额	0.88
例 2—6	银行利润与贷款余额	0.44

将四个相关系数的计算结果与第二章的散点图相对照，不仅可以印证对散点图所展示的相关关系走向和密切程度，而且有了进一步的定量刻画概念。

3.7.2 斯别尔曼秩相关系数

用斯别尔曼秩相关系数（Spearman coefficient of rank correlation，通常简称为秩相关系数）来测定两个定秩变量间的关联关系，公式如下：

$$R_s = 1 - \frac{6\sum d_i^2}{n\ (n^2-1)} \qquad \text{（公式 3.26）}$$

式 $d=X-Y$ 中叫做秩差，它由 X 和 Y 对应的变量值相减得到。而定秩变量，以 X 为升序排列，则 Y 依照数据点的对应关系呈现非排序状态。X 和 Y 共同构成二元截面数据。

【例 3—2】广源公司在各地有许多分销商，分销商负责当地的销售并提供售后服务。公司抽取 15 个分销商的资料，从销量、市场份额、销售增长、利润等多方面考察分销商的销售能力。另外，公司从顾客投诉、售后服务登记卡等方面对各分销商的售后服务工作也进行了考察，并就服务水平、销售能力分别做出排序。数据见表 3.13。公司希望了解销售能力与售后服务水平两者间是否存在关联关系（见表 3.14）。

表 3. 13 　　　　　　　　各分销商服务水平、销售能力表

分销商代号	服务水平秩（X）	销售能力秩（Y）
1	6	8
2	2	4
3	13	12
4	1	2
5	7	10
6	4	5
7	11	9
8	15	13
9	3	1
10	9	6
11	12	14

分销商代号	服务水平秩（X）	销售能力秩（Y）
12	5	3
13	14	15
14	8	7
15	10	11

表 3.14　　　　　　按分销商服务水平排序并计算秩差

分销商代号	服务水平秩（X）	销售能力秩（Y）	秩差 d	d^2
4	1	2	-1	1
2	2	4	-2	4
9	3	1	2	4
6	4	5	-1	1
12	5	3	2	4
1	6	8	-2	4
5	7	10	-3	9
14	8	7	1	1
10	9	6	3	9
15	10	11	-1	1
7	11	9	2	4
11	12	14	-2	4
3	13	12	1	1
13	14	15	-1	1
8	15	13	2	4
合计	——	——	——	52

$$r_s = 1 - \frac{6 \times 52}{15\,(15^2 - 1)} = 0.907$$

秩相关系数对于 0.907，表明销售能力与售后服务水平两者间存在很强的关联关系。

本 章 要 点

集中趋势：频数分布数列中各观察值有一种向中心集中的趋势，在中心附近的观察值数目较多而远离中心的较少。

离散态势：频数分布数列中各观察值各相差异，表现出偏离中心的态势。

偏态：频数分布数列中各观察值是否对称地分布在中心两侧，或者说某一侧的观察值是否比另一侧的观察值对中心偏离得更远些。

峰度：频数分布数列中各观察值是较为均匀地分布，亦或侧重出现在中心附近。

四种趋势量数的适用对象和公式

量数类别	公式	适用与否 定名数据	定秩数据	定标数据
集中趋势量数	（样本）算术平均数 $\overline{X}=\dfrac{\sum X}{n}$; $\overline{X}=\dfrac{\sum fX}{\sum f}$	√	×	×
	中位数第 $\dfrac{n+1}{2}$ 项的数值　$Me=L_{me}+\dfrac{(\sum f+1)\ /2-F_{me-1}}{f_{me}}i$	√	√	×
	众数 $Mo=X_{Max(fi)}$　$Mo=L_{Mo}+\dfrac{f_{Mo}-f_{Mo-1}}{(f_{Mo}-f_{Mo-1}+(f_{Mo}-f_{Mo+1}))}i$	√	√	√
离散趋势量数	（样本）标准差 $S=\sqrt{\dfrac{\sum\ (X-\overline{X})^2}{n-1}}$　　$S=\sqrt{\dfrac{\sum f\ (X-\overline{X})^2}{\sum f-1}}$	√	×	×
	变异系数 $V=\dfrac{\sigma}{\overline{X}}$	√	×	×
	四分位距 $Q_e=Q_3-Q_1$	√	√	×
	异众比率 $\overline{p_{Mo}}=1-p_{Mo}=\dfrac{\sum f_i-f_{Mo}}{\sum f_1}$	√	√	√
α 偏态量数	α 偏态系数 $\alpha=\dfrac{\sum\ (X-\overline{X})^3}{ns^3}$	√	×	×
	保利偏斜系数　$Sk=\dfrac{(Q_3-Me)-(Me-Q_1)}{Q_3-Q_1}$	√	√	×
峰度系数	β 峰度系数 $\beta=\dfrac{\sum\ (X-\overline{X})^4}{ns^4}$	√	×	×

三种集中趋势量数的优缺点

众数和中位数不受极端值的干扰，平均数易受极端值的干扰。平均数较众数和中位数含有更丰富的信息，适于做进一步推导和运算，众数和中位数则不具有这样的优点。

在明显存在极端值的情况下，一般使用众数或中位数刻画集中趋势。如果需要使用平均数，得变通计算。

以上关于三种集中趋势量数适用对象和优缺点的讨论，同样也可以用于标准差、四分位距和异众系数的比较。

三种集中趋势量数的位置关系

对称分布实际观测数据三种集中趋势量数在数值上出入不大。

分布偏斜较为强烈的数据，平均数总是被极端值拉向长尾一方，众数总是出现在高峰处，而中位数总是处于平均数和众数之间。

相关系数： 刻画两个定标变量间线性相关方向和程度的量数。

$$r=\frac{n\sum XY-(\sum X)(\sum Y)}{\sqrt{n\sum X^2-(\sum X)^2}\sqrt{n\sum Y^2-(\sum Y)^2}}$$

秩相关系数： 刻画两个定秩变量间线性相关方向和程度的量数。

$$r_s=1-\frac{6\sum d_i^2}{n\,(n^2-1)}$$

与本章有关的 EXCEL 功能的实现途径

算术平均数　粘贴函数 f_x——average（数据向量）

总体方差　粘贴函数 f_x——varp（数据向量）

总体标准差　粘贴函数 f_x——stdevp（数据向量）

样本方差　粘贴函数 f_x——var（数据向量）

样本标准差　粘贴函数 f_x——stdev（数据向量）

众数　粘贴函数 f_x——mode（数据向量）

最小值　粘贴函数 f_x——min（数据向量）

　　　　　　　　　　　quartile（数据向量，0）

下四分位数　粘贴函数 f_x——quartile（数据向量，1）

中位数　粘贴函数 f_x——median（数据向量，2）

　　　　　　　　　　　quartile（数据向量）

上四分位数　粘贴函数 f_x——quartile（数据向量，3）

最大值　粘贴函数 f_x——quartile（数据向量，4）

　　　　　　　　　　　max（数据向量）

数列求和　粘贴函数 f_x——sum（数据矩阵）

相关系数　粘贴函数 f_x——correl（数据向量1，数据向量2）

多变量数据质别分组计算量数

"数据"条 → 数据透视表和图表报告 → 拖动分组变量到位，拖动计量的变量到位，指明量数名称（平均数/标准差/方差/最大值/最小值）。

习　　题

3.1　捷瑞汽车总装厂26个班次每班生产的汽车数量如下：

547　679　688　656　625　700　688　688　694　664　688　699
703　703　708　711　677　701　702　667　691　630　688　697
667　703

要求：（1）找到以上数据的众数和中位数；

（2）计算以上数据的平均数；

（3）以什么集中趋势量数作为各班次汽车产量代表数值较为妥善？理由是什么？

3.2　电话公司对电话查号业务的处理主要依靠自动检索和回复，但也需要操作员人工介入。每班可以处理大量业务。抽取60个班次作为样本，它们处理的查号业务数目如下：

797	837	800	798	794	805
794	804	771	797	792	817
817	790	794	788	786	804
813	796	805	802	808	807
817	807	797	792	808	800
793	801	724	779	844	785
762	805	820	803	790	796
719	811	601	801	763	789
804	835	817	789	784	842
811	787	801	787	739	829

要求：（1）找到60笔业务数据的最小值和最大值；

（2）找到60笔业务数据的中位数和第1、第3四分位数；

（3）根据前两步的结果判断数据是否存在明显偏态？如果有，偏向何方？

（4）从60笔业务数据寻求众数？结果怎样？说明什么问题？

（5）60笔业务数据的算术平均数是多少？

（6）60笔业务数据中是否存在极端值？如果有，将其排除，再计算算术平均数，结果如何？

3.3　接宏顺汽车租赁一题（#2.4）。根据前面整理的期货估价和实际拍卖价的频数分布表计算两种价格的：（1）平均数；（2）中位数；（3）众数。比较同一价格的3个集中趋势量数之间的差异。你是否认为三者间差异很明显？如果答

"是"，你认为哪个更适合刻画该分布的集中趋势？

3.4　接宏顺汽车租赁一题（♯2.4）。根据前面整理的高估金额和低估金额的频数分布表计算两种情况的：(1) 平均数；(2) 中位数；(3) 众数。比较同一情况下的 3 个集中趋势量数之间的差异。你是否认为三者间差异很明显？如果答"是"，你认为哪个更适合刻画该分布的集中趋势？

3.5　接宏顺汽车租赁一题（♯2.4）。根据前面整理的期货估价和实际拍卖价整理的频数分布表计算两种价格的方差和标准差。你是否认为方差和标准差适合刻画该分布的离散趋势？为什么？如果答"否"，请给出更适合的离散量数。

3.6　接宏顺汽车租赁一题（♯2.4）。根据前面整理的高估金额和低估金额的频数分布表计算两种情况的方差和标准差。你是否认为方差和标准差适合刻画该分布的离散趋势？为什么？如果答"否"，请给出更适合的离散量数。

3.7　接宏顺汽车租赁一题（♯2.4）。根据以上的计算结果，进一步计算和比较：(1) 期货估价和实际拍卖价分布的偏态系数；(2) 高估金额和低估金额分布的偏态系数。

3.8　接宏顺汽车租赁一题（♯2.4）。

(1) 绘制期货估价和实际拍卖价的散点图，观察两变量是否相关，若存在相关，其相关类型和密切程度如何？

(2) 计算期货估价和实际拍卖价的相关系数，验证第（1）步的观察认识。

3.9　工人使用丝锥在音箱上面攻丝，以便安装螺钉。丝锥报废不但自身造成损失，也因为影响生产造成额外的损失。因此，如何延长丝锥的使用寿命（按其可实现的 1000 个孔的倍数计）就是降低成本的一个关键。工程师使用 4 个丝锥变换 5 种旋转速度进行攻丝，以探索最佳工艺。以下是实验记录：

寿命	速度	寿命	速度	寿命	速度	寿命	速度
4.6	60	5.8	80	3.2	100	3.8	120
3.8	60	5.5	80	4.8	100	3.6	140
4.9	60	5.4	80	4.1	120	3.0	140
4.5	60	5.0	100	4.5	120	3.5	140
4.7	80	4.5	100	4.0	120	3.4	140

(1) 绘制丝锥使用寿命和攻丝速度的散点图，观察两变量是否相关，若存在相关，其相关类型和密切程度如何？

(2) 计算丝锥使用寿命和攻丝速度的相关系数，验证第（1）步的观察认识。

3.10　为一新产品在 10 个测试城市发起广告攻势。自变量 X 为广告强度，用每晚电视黄金时段的曝露次数计量，在 10 座城市各设计有不同水平。因变量 Y 为知悉率（％），由广告攻势后调查采集数据。具体数据如下：

X: 4.0 4.5 5.0 5.5 6.0 6.5 7.0 7.5 8.0 8.5

Y: 10.1 10.3 10.4 21.7 36.7 51.5 67.0 68.5 68.2 69.3

（1）绘制广告强度和知悉率的散点图，观察两变量是否相关，若存在相关，其相关类型和密切程度如何？

（2）计算 ΣX，ΣY，ΣX^2，ΣY^2 和 ΣXY。

（3）根据上一步的结果，计算广告强度和知悉率的相关系数。该系数能否很好地刻画广告强度和知悉率的相关关系？为什么？

3.11　接咖啡品尝一题（♯2.3）。计算原工艺得分和新原工艺得分的秩相关系数。

3.12　美国某州当局从失业登记中随机抽取 50 条记录。问从中能否得出失业者年龄与失业时间长度（周）存在关联的结论？

年龄	周	年龄	周	年龄	周	年龄	周	年龄	周
22	7	20	17	24	6	22	7	31	11
22	11	27	17	27	7	21	9	31	4
25	5	23	3	21	13	26	8	39	7
25	12	29	14	23	14	35	19	35	12
25	1	27	14	27	7	33	13	31	16
30	10	48	6	44	38	42	4	59	39
33	23	48	22	45	25	56	22	51	31
32	8	40	20	42	33	57	37	51	12
38	5	49	26	45	16	59	33	50	16
40	18	45	17	44	12	56	15	55	35

3.13　接金典粉丝一题（♯2.6）。

（1）找到该样本 420 个单块重量的最小值和最大值，计算极差。

（2）重量在 29 克～32.5 克之间为合格，计算该样本的合格率。

（3）计算该样本重量的平均数和标准差。

（4）计算该样本重量上下 3 倍标准差的边界。

3.14　接 100 名员工的工资一题（♯2.8）。

如果观察到现薪与其余三个变量中的某个（些）变量存在线性相关，计算相关系数，比较哪对关系更强些。与 2.12 题所绘制的散点图相印证。

3.15　美国 44 个州每百人中因膀胱癌、肺癌、肾癌和细胞癌致死人数和人均出售香烟盒数统计数据如下（其他州数据暂缺）：

州别	香烟售出量	死于膀胱癌	死于肺癌	死于肾癌	死于细胞癌
AL	18.20	2.90	17.05	1.59	6.15
AZ	25.82	3.52	19.80	2.75	6.61
AR	18.24	2.99	15.98	2.02	6.94
CA	28.60	4.46	22.07	2.66	7.06
CT	31.10	5.11	22.83	3.35	7.20
DE	33.60	4.78	24.55	3.36	6.45
DC	40.46	5.60	27.27	3.13	7.08
FL	28.27	4.46	23.57	2.41	6.07
ID	20.10	3.08	13.58	2.46	6.62
IL	27.91	4.75	22.80	2.95	7.27
IN	26.18	4.09	20.30	2.81	7.00
IA	22.12	4.23	16.59	2.90	7.69
KS	21.84	2.91	16.84	2.88	7.42
KY	23.44	2.86	17.71	2.13	6.41
IA	21.58	4.65	25.45	2.30	6.71
ME	28.92	4.79	20.94	3.22	6.24
MD	25.91	5.21	26.48	2.85	6.81
MA	26.92	4.69	22.04	3.03	6.89
MI	24.96	5.27	22.72	2.97	6.91
MN	22.06	3.72	14.20	3.54	8.28
MS	16.08	3.06	15.60	1.77	6.08
MO	27.56	4.04	20.98	2.55	6.82
MT	23.75	3.95	19.50	3.43	6.90
NB	23.32	3.72	16.70	2.92	7.80
NE	42.40	6.54	23.03	2.85	6.67
NJ	28.64	5.98	25.95	3.12	7.12
NM	21.16	2.90	14.59	2.52	5.95
NY	29.14	5.30	25.02	3.10	7.23
ND	19.96	2.89	12.12	3.62	6.99
OH	26.38	4.47	21.89	2.95	7.38
OK	23.44	2.93	19.45	2.45	7.46
PE	23.78	4.89	12.11	2.75	6.83
RI	29.18	4.99	23.68	2.84	6.35
SC	18.06	3.25	17.45	2.05	5.82
SD	20.94	3.64	14.11	3.11	8.15
TE	20.08	2.94	17.60	2.18	6.59
TX	22.57	3.21	20.74	2.69	7.02
UT	14.00	3.31	12.01	2.20	6.71

州别	香烟售出量	死于膀胱癌	死于肺癌	死于肾癌	死于细胞癌
VT	25.89	4.63	21.22	3.17	6.56
WA	21.17	4.04	20.34	2.78	7.48
WI	21.25	5.14	20.55	2.34	6.73
WV	22.86	4.78	15.53	3.28	7.38
WY	28.04	3.20	15.92	2.66	5.78
AK	30.34	3.46	25.88	4.32	4.90

数据表明,癌变是人致死的最重要疾病,其中又以肺癌为甚。

要求:(1)以每百人中因肺癌致死人数为关键变量,填充下表空格:

	州名	膀胱癌	肺癌	肾癌	细胞癌	4 种癌症合计	其他死因
最小值所在州							
中位数所在州							
最大值所在州							

(2)绘制最适合展现这 3 个州每 100 人因癌症死亡原因分布的统计图。

3.16 接 42 所房屋一题(#2.15)。

计算市值与房龄、市值与面积、房龄与面积的相关系数。这 3 个系数各表明什么?与 2.16 题所绘制的散点图相印证。

3.17 接 27 名会计人员年龄一题(#2.13)。

(1)按所给的年龄段数据构建会计人员年龄等距分组频数分布表;

(2)由频数分布表的数据列表计算 27 名会计人员年龄的平均数和标准差。

3.18 为了解大学生每月生活费用支出情况,某省教育厅在全省高校中随机抽取 250 名大学生进行调查,所得数据整理结果如下:

月生活费支出额(元)	人数
150 以下	10
150~200	20
200~250	110
250~300	90
300~350	15
350 以上	5
合 计	250

(1)使用什么集中趋势量数刻画这 250 名大学生月生活费支出额分布的集中趋势较为妥当?

（2）确定这 250 名大学生月生活费支出额分布的众数。

（3）确定这 250 名大学生月生活费支出额分布的中位数和四分位距，并据此说明数据的偏斜情况。

（4）如果要计算这 250 名大学生月生活费支出额分布的算术平均数，当作何假定？试计算之。

3.19　接连锁餐饮业一题（＃2.18）。将数据表按营业收入降序排列，观察门店总数的排列情况。计算两者间秩相关系数。

第4章 从经验分布到理论分布

4.1 概率和概率分布

现场采集到的数据，是实际发生过或正在发生的事物、现象的记录，这样的数据可以称为经验数据。统计描述就是围绕着经验数据的分布特征进行描述，这是本书第 2 章至第 3 章的内容。相对于经验数据的频数分布，从理论上把握数据一般分布规律，就引出了总体数据理论分布模型的概念。

4.1.1 概率

从理论上讲，统计活动所观察研究的变量，其个体取值受各种条件影响不尽相同，谓之曰随机变量（random variable）。随机变量取值落入某个范围是一随机事件。概率（probability）是描述随机事件出现可能性大小的数值。以 X 表示一随机变量，x_i 表示该随机变量的各种可能发生的事件（$i=1, 2, \cdots, k$），$P(X=x_i)$ 表示事件 X 的某一结果 x_i 出现的概率。作为随机变量的 X，可以是定标变量，也可以是定名变量或定秩变量，它们也可以按离散型和连续型进行区分（参见绪论 0.3.2 小节）。连续型随机变量的概率是该变量取值落入特定区间的可能性大小，连续型随机变量取单一值无意义，其概率等于零。

4.1.2 概率分布

随机变量取值 x_i 与其相应概率 $P(X=x_i)$ 的对应关系构成概率分布（probabilistic distribution）。从相当大的有限总体乃至无限总体中抽取的若干个体的观察值，其出现的相对频数的理论值，就是该随机事件的概率。在这种情况下，随机变量频数分布的理论模型，就是该变量的概率分布模型。与经验数据的频数分布一样，概率分布也有分布表和分布图的表述方式，但是由于是理论分布模型，它还有数学函数式的表述方式。

（1）离散型随机变量的概率分布

离散型随机变量的概率分布可以表列成单值概率的形式 $P(X=x_i)$，也可以表列成累计概率的形式 $P(X\leqslant x_i)$。这一概率分布可以列成与频数分布表类似的概率分布表，其格式见表 4.1。

表 4.1   随机变量的概率分布一般模型

随机变量 X	概率 $P(X=x_i)$	累计概率 $P(X \leqslant x_i)$
x_1	$P(X=x_1)$	$P(X \leqslant x_1)$
x_2	$P(X=x_2)$	$P(X \leqslant x_2)$
x_k	$P(X=x_k)$	$P(X \leqslant x_k)$

离散型随机变量的概率分布具有如下性质：

$$0 \leqslant P(X=x_i) \leqslant 1 \qquad \text{（公式 4.1）}$$

$$\sum_{i=1}^{k} P(X=x_i) = 1 \qquad \text{（公式 4.2）}$$

累积概率基本性质是：

$$0 \leqslant P(X \leqslant x_i) \leqslant 1 \qquad \text{（公式 4.3）}$$

（2）连续型随机变量的概率分布

由于连续型随机变量取值可以充满一个或一个以上区间，甚至整个实数域，所以只能列出其累计概率分布表，不能列出其单值概率分布表。

连续型随机变量的概率分布具有如下性质：

$$f(x) \geqslant 0 \qquad \text{（公式 4.4）}$$

$$\int_{-\infty}^{+\infty} f(x)\, dx = 1 \qquad \text{（公式 4.5）}$$

连续型随机变量的图像可以看成是无数条垂直线段集成的一条曲线与横轴围成的图形。根据上述第（2）条性质，这个图形的总面积恒为 1。X 落在任意区间内的概率，相当于曲线与这个区间所围成的曲边梯形的面积，总是小于 1。连续型随机变量的累积概率函数，它相当于在无穷区间（$-\infty$，$+\infty$）上的广义积分。

X 取任何特定值的概率等于零（一条直线无面积可言）。X 在任何区间的概率与区间的开、闭无关。设 a 和 b 连续型随机变量的两个任意取值（$a<b$），有下式成立。

$$P(a \leqslant X \leqslant b) = P(a<X \leqslant b) = P(a \leqslant X<b) = P(a<X<b)$$

$$\text{（公式 4.6）}$$

4.1.3 概率分布参数：期望值和方差

如同频数分布有集中趋势量数和离散趋势量数一样，概率分布也有其集中趋势量数和离散趋势量数。

（1）离散型随机变量概率分布的期望值和方差

由于随机变量表示的是出现不同的可能结果，所以它的平均数一般称为期望值。一个随机变量 X 的期望值是 X 的所有可能取值的加权算术平均数，记为 $E(X)$ 或 μ，其权数就是 X 取值的概率，即：

$$E(X) = \mu = \frac{\sum X \cdot P(X)}{\sum P(X)}$$

由于 $\sum P(X) = 1$，所以得到：

$$E(X) = \mu = \sum X \cdot P(X) \qquad \text{（公式 4.7）}$$

通常将期望值解释成在相同条件下，进行长期重复试验、观察结果的平均水平。

随机变量的方差就是变量与期望值差距平方和的期望值，记为 $V(X)$ 或 σ^2，即：

$$V(X) = \sigma^2 = E[X - E(X)]^2 = \sum [X - E(X)]^2 P(X)$$

（公式 4.8）

随机变量 X 的标准差为：

$$\sigma = \sqrt{V(X)} \qquad \text{（公式 4.9）}$$

将例 2—2 所说某企业 30 天订单分布的频数改算成相对频数，再从相对频数转化成概率。在此基础上计算该企业订单的期望值和方差，列于表 4.2。

表 4.2　　　　　　　　某企业每日订单数目频数分布

X（件）	f（天）	P(X)	X·P(X)	$(X-\mu)^2$	$(X-\mu)^2 \cdot P(X)$
0	4	0.13	0.00	8.2178	1.0957
1	3	0.10	0.10	3.4844	0.3484
2	4	0.13	0.27	0.7511	0.1001
3	7	0.23	0.70	0.0178	0.0041
4	6	0.20	0.80	1.2844	0.2569
5	6	0.20	1.00	4.5511	0.9102
合计	30	1.00	2.87	——	2.7156

计算结果企业订单的期望值是 2.87 件，方差是 2.72 件。进一步计算出标准差是 1.65 件。这里 2.87 件并不是未来某天实际到来的订单数。期望值是一个平均值，它表示如果需求量长期按这样一个概率分布变化，那么该企业可望每天接到 2.87 件。标准差 1.65 件，表示根据这样的规律长期下去，每天接到的订单数围绕期望值各有不同，整体离散的差异为 1.65 件。

（2）连续型随机变量概率分布的数学期望值和方差

设连续型随机变量 X 的取值区域为 $[a, b]$，则其数学期望值 $E(X)$ 是：

$$E(X) = \mu = \int_a^b X f(X) \, dX \quad (a \leqslant X \leqslant b) \qquad \text{（公式 4.10）}$$

连续型随机变量 X 的方差是：

$$V(X) = \sigma^2 = \int_a^b [X - E(X)]^2 f(X) \, dX \quad (a \leqslant X \leqslant b)$$

$$= \int_a^b X^2 f(X) \, dX - [E(X)]^2$$

$$=E\ (X^2)\ -\ [E\ (X)]^2 \qquad \text{（公式 4.11）}$$

4.1.4　样本统计量与总体参数

至此，我们已经讲述了实测数据经验分布的集中趋势和离散趋势量数与总体数据理论分布的集中趋势和离散趋势量数，现在需要对之进行明确的区分。凡刻画样本数据分布特征的量数均称为样本统计量，简称统计量（statistic）；凡刻画总体数据分布特征的量数均称为总体参数，简称参数（parameter）。在以后的统计推断内容中，用 $\overline{X}$ 推断 μ，需要用到 σ，在 σ 未知情况下，可以用 S 代替 σ。下面将有关统计量和参数的一一对应关系和计算公式列于表 4.3 内。

表 4.3　统计量和参数的对应

量数	统计量	参数
平均数	$\overline{X}=\dfrac{\sum X}{n}$	$\mu=\dfrac{\sum X}{N}$
方差	$S^2=\dfrac{\sum\ (X-\overline{X})^2}{n-1}$	$\sigma^2=\dfrac{\sum\ (X-\mu)^2}{N}$
标准差	$S=\sqrt{\dfrac{\sum\ (X-\overline{X})^2}{n-1}}$	$\sigma=\sqrt{\dfrac{\sum\ (X-\mu)^2}{N}}$
比率	$p=\dfrac{n_A}{n}$	$\pi=\dfrac{N_A}{N}$

对表中公式说明如下：

（1）统计量一律用拉丁字母表示，参数一律用希腊字母表示。

（2）样本容量用 n 表示，总体总量用 N 表示。

（3）计算方差和标准差的公式，总体公式的分母是 N，样本公式的分母是 $(n-1)$。因为只有这样，统计量才是相应参数的无偏估计量。

（4）比率的概念和公式将在下一小节阐述，这里先列于表内。

4.2　二项分布

【例 4—1】10 名手机持有者中有 4 名持的是山寨机。从这 10 人中进行随机抽样，研究手机持有情况。以 6 个白球和 4 个红球分别代表 6 个非山寨机持有者和 4 个山寨机持有者。将球放入暗箱，再随机摸出。在游戏开始前，摸到红球的概率是 0.4。每次摸出球后，无论是红球与否，都将球放回暗箱。这样使得每次摸到红球的概率都保持为 0.4。连摸 3 次，摸到红球的个数设为变量 X，X 分别为 0，1，2，3。则 X 的出现机会服从二项分布。

4.2.1 0—1分布

在理论上，二项分布以 0—1 分布为基础。

0—1 分布又称双值分布或贝努里分布，指定名变量仅取"是"与"非"两个数值时的概率分布。

在定名变量的多个取值中，可以将当事者侧重关心其中某个事件定为"是"，变量值取"1"；而将其余事件合并为另一类"非"，变量值取"0"。这样就形成了 0—1 分布，见表 4.4。将多值分布转化为 0—1 分布在商务管理应用上事例很多，如空调厂家驻店代表侧重关心顾客购买本公司品牌的概率，而将购买其他品牌的事件统归为一类。又如质量检查员关注一件产品是否为不合格品，而将各种级次的合格品统归为一类。

以 N_A 表示总体中"是"的数目，总体的"是"比率则为：

$$\pi = \frac{N_A}{N} \qquad\qquad （公式 4.12）$$

0—1 分布的列表形式如下：

表 4.4 　　　　　　　　　0—1 分布

变量值 x	概率 $P(X=x)$
1	π
0	$1-\pi$
合计	1.00

以 n_A 表示样本中"是"的数目，样本的"是"比率则为：

$$P = \frac{n_A}{n} \qquad\qquad （公式 4.13）$$

4.2.2 二项分布的基本模型

二项分布是对服从 0—1 分布的总体进行有返回抽样情况下"是"数目的概率分布。如例 4—1，10 名手机持有者中山寨机的持有比率是 0.4。从 10 人中连续随机抽取 1 人，每次抽取后都将抽中者返回，3 次抽取中山寨机持有者数目的概率服从二项分布。二项分布的参数是 0—1 分布的"是"比率 π 和实验次数 n。

X 出现的概率可以用下式计算：

$$P(X=x) = C_n^x \cdot \pi^x \cdot (1-\pi)^{n-x} \quad (x=0,1,2,\cdots,n)$$

$$（公式 4.14）$$

式中 n 和 π 为参数，它们决定二项分布的具体形态；X 为变量。

对于例 4—1 的问题，有 $n=3$，$\pi=0.4$，将 $X=0$，1，2，3 分别代入上式，得：

$P(X=0)=0.216$，$P(X=1)=0.432$，$P(X=2)=0.288$，$P(X=3)$

$=0.064$，且有 $P(X=0)+P(X=1)+P(X=2)+P(X=3)=1$。

二项分布的单值概率记为 $b(X=x \mid n, \pi)$，另以 $B(X \leqslant x \mid n, \pi)$ 表示二项分布的累计概率。二项分布是最重要，也是最常用的离散型概率分布之一。为方便应用，书后附表列有 n 在 30 以内和 π 等于 0.05 倍数的二项分布的累计概率值。EXCEL 还可以查找 n 和 π 任意组合下二项分布的累计概率值及单值概率值。

【例 4—2】某空调厂家驻店代表侧重关心顾客购买该厂家产品的概率。若任何一名购买空调的顾客都有 30% 的可能性购买该厂家空调，那么前来购买空调的 5 名顾客购买该厂家品牌空调台数及其概率可以查二项分布累计概率表得到，填入表 4.5。

表 4.5　　　　　　　　5 人购买该厂家产品的概率分布

x	$P(X=x)$
0	0.1681
1	0.3602
2	0.3087
3	0.1323
4	0.0284
5	0.0024
合计	1.0000

二项分布"是"次数 X 的期望值和方差分别是：

$$E(X)=n\pi \tag{公式 4.15}$$

$$V(X)=n\pi(1-\pi) \tag{公式 4.16}$$

二项分布的期望值的含义是，尽管二项变量的各种取值不等，但是进行大量的实验，二项变量的取值趋向稳定在 $n\pi$ 水平上。二项分布方差则刻画二项变量各种取值的离散程度。例如上述空调购买数量一例，其期望值是 $5 \times 0.3=1.5$，方差是 $5 \times 0.3 \times (1-0.3)=1.05$，标准差是 1.02。

4.2.3　二项分布：由"是"数目转化为"是"比率

如果所关注的不是 n 次实验中"是"的绝对次数，而是相对次数——"是"比率 $p=X/n$，则模型表示为：

$$P\left(p=\frac{X}{n}\right)=C_n^x \cdot \pi^X \cdot (1-\pi)^{n-X} \quad (X=0, 1, 2, \cdots, n)$$

$$\tag{公式 4.17}$$

二项分布比率 p 的期望值和方差分别是：

$$E(p)=\pi \tag{公式 4.18}$$

$$V(p)=\frac{\pi(1-\pi)}{n} \tag{公式 4.19}$$

4.2.4 比率的抽样分布的概念及其期望值和方差（抽自无限总体）

如果我们把一个连续实验看做是从一个无限的总体中进行抽样，其样本容量是 n，这个总体的成功比率 π 恒定，可以抽取无数多个（$C_\infty^n = \infty$）样本，每个样本的"是"比率不尽相等，该比率数值与其出现的概率就服从一个二项分布。该分布的期望值和方差分别由公式 4.18 和公式 4.19 确定。我们把从一个总体中抽取的所有可能样本的比率的概率分布称为比率的抽样分布（sampling distribution）。例如，一个有着数以百万计人口的市场，在总体上每一顾客购买该公司品牌的概率均为 0.3。按有返还原则，以 $n=300$ 的容量，抽取全部可能的样本，则样本的顾客购买该公司品牌的比率 p 是个二项随机变量。

将这个概念扩大到一般，从一个总体中抽取的所有可能样本的特定统计量的概率分布称为该统计量的抽样分布。本章后面将讨论平均数的抽样分布规律。

统计量的概率分布的标准差又称做抽样标准误（sampling standard error）。比率 p 抽样标准误是：

$$\sigma_p = \sqrt{\frac{\pi(1-\pi)}{n}} \qquad \text{（公式 4.20）}$$

4.3 超几何分布

4.3.1 超几何分布的基本模型

超几何分布是对服从 0—1 分布的总体进行无返回抽样情况下"是"数目的概率分布。在例 4—1 中，如果每次摸出球后不再放回暗箱，那么每次摸球前红球被摸到的概率就不再恒为 0.4，具体是多少，当受前次摸球结果的影响。

超几何分布的"是"数目的概率按下式计算：

$$P(X=x) = \frac{C_k^X \cdot C_{N-k}^{n-X}}{C_N^n} \qquad \text{（公式 4.21）}$$

式中：N 代表总体总量；

n 代表样本容量（实验次数）；

k 代表总体中"是"个体数目；

X 代表样本中"是"个体数目。

将 $N=10$，$n=3$，$k=4$，$X=0$，1，2，3 分别代入公式 4.20，得：

$P(X=0)=0.17$，$P(X=1)=0.50$，$P(X=2)=0.30$，$P(X=3)=0.03$，且有 $P(X=0)+P(X=1)+P(X=2)+P(X=3)=1$。

超几何分布"是"次数 X 的期望值和方差分别是：

$$E(X) = n \cdot \frac{k}{N} = n\pi \qquad \text{（公式 4.22）}$$

$$V(X) = n \cdot \frac{k}{N} (1-\frac{k}{N}) (\frac{N-n}{N-1}) = n\pi (1-\pi) \cdot \frac{N-k}{N-1}$$

（公式 4.23）

式中 k/N 即是抽样开始时"是"比率 π。将公式 4.22 和公式 4.23 与公式 4.15 和公式 4.16 对照，发现超几何分布与二项分布的期望值完全一致，而前者的方差相当于后者方差乘以 $\frac{N-n}{N-1}$，它体现无返回抽样对"是"概率分布的离散带来的影响。$\frac{N-n}{N-1}$ 称为有限校正因子。

4.3.2 超几何分布：由"是"数目转化为"是"比率

如果所关注的不是 n 次实验中"是"的绝对次数，而是相对次数——"是"比率 $p = X/n$，则模型表示为：

$$P(p=\frac{X}{n}) = \frac{C_k^X \cdot C_{N-k}^{n-X}}{C_N^n}$$

（公式 4.24）

超几何分布比率 p 的期望值和方差分别是：

$$E(p) = \frac{k}{N} = \pi$$

（公式 4.25）

$$V(p) = \frac{k}{N} (1-\frac{k}{N}) (\frac{N-n}{N-1}) \frac{1}{n} = \frac{\pi(1-\pi)}{n} \cdot \frac{N-n}{N-1}$$ （公式 4.26）

将公式 4.25 和公式 4.26 与公式 4.18 和公式 4.19 对照，也会有与上一段相同的发现。

4.3.3 比率的抽样分布（抽自有限总体）的期望值和方差

比率的抽样分布（抽自有限总体）的期望值，用公式 4.25 计算，这与公式 4.18 一致。

下面集中讨论比率的抽样分布方差问题。

在讨论比率抽样分布时，我们关注是抽自无限总体还是有限总体，而讨论概率分布模型时我们是对有返回抽样和无返回抽样做出区别。那么，这两对概念是什么关系呢。从暗箱摸球的模型看，总体总量是有限的，因为二项分布要求每次抽样的"是"比率恒定，所以使用有返回抽样；当使用无返回抽样时，后一次抽样的"是"比率与前一次抽样结果有关，因而服从超几何分布。然而从无限总体中抽样，无论是否返回抽样，都能确保每次抽样的"是"比率恒定，故而用公式 4.19 来计算比率抽样分布的方差。

在商务应用中，涉及人和社会单位的总体总是有限总体，抽样也必然是无返回的，从理论上说不可以再用公式 4.19，而应当用公式 4.26 来计算比率抽样分布的方差。然而在实践上，只要 N 超过 n 的 20 倍，即 $\frac{n}{N} < \frac{1}{20}$，有限校正因子接

近于1，也可以使用公式4.19。

4.4 正态分布

正态分布是最重要的连续型概率分布，是整个推断统计的认识基础。

许多自然现象数据和工程数据的分布态势都呈现中央对称、峰度适当的特征，即个体数值围绕其平均数呈左右对称分布，并且与平均数距离越近出现概率越大，与平均数距离越远出现概率越少。这些数据分布的理论模型就是正态分布。商务数据和社会经济数据其本身分布往往是偏斜的，但是其统计量的抽样分布还是离不开正态分布，因此正态分布也是商务统计应用最广泛的分布模型。

4.4.1 正态分布模型及特征

正态分布模型是：

$$f(X) = \frac{1}{\sigma\sqrt{2\pi}} e^{-\frac{1}{2}\left(\frac{X-\mu}{\sigma}\right)^2} \quad (-\infty < X < \infty) \qquad （公式4.27）$$

式中：X 是正态变量；μ 和 σ 分别是该正态分布的期望值和标准差；π 和 e 都是数学常数。

正态分布曲线的特征是：

（1）以期望值 μ 为对称轴左右对称。

（2）曲线下面积集中在中央部分，向两侧逐渐减少，过拐点后面积减少的速率变小，曲线两尾向两端无限延伸。

（3）正态分布曲线中央两侧面积减少的速率的快慢，或者说正态分布变量的离散程度，由方差和标准差决定。

形象地说，正态分布曲线有如一口悬在地平面上方的大钟，因此可称之为钟形曲线；期望值决定钟的横向悬挂点坐标；标准差描绘钟形体的高矮胖瘦。

用 $N(\mu, \sigma^2)$ 表示期望值为 μ，标准差为 σ 的正态分布。

正态变量 X 落入 $[a, b]$ 区间的概率，相当于公式4.27所表达的函数在 a，b 两点间的定积分。

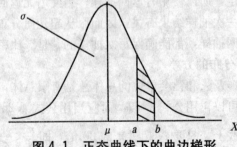

图4.1　正态曲线下的曲边梯形

4.4.2 标准正态分布

对每个特定的 $N(\mu, \sigma^2)$ 求 X 落入任意 $[a, b]$ 区间的概率，是非常繁琐的。在应用中需要将各个参数不同的特定正态分布归一化，具体转换途径就是以 σ 为标准尺度去测度 X 变量值与 μ 的差幅，即按如下公式将 X 值标准化

$$Z = \frac{X - \mu}{\sigma} \qquad \text{（公式 4.28）}$$

这相当于将原正态分布曲线的对称轴由 μ 移至 0，将 X 在原轴上的位置用 Z 标出。于是各个特定的正态分布 $N(\mu, \sigma^2)$ 就转换成统一的标准正态分布 $N(0, 1)$，其模型是：

$$f(X) = \frac{1}{\sqrt{2\pi}} e^{-\frac{1}{2}z^2} \qquad \text{（公式 4.29）}$$

式中 Z 称为标准正态单位，Z 值落入一区间的概率，由区间割定的标准正态曲线下曲边梯形面积确定。

无论原来的参数如何不同，X 取值区间端点如何差异，只要 Z 值相同，它们的概率就相等（见图 4.2）。

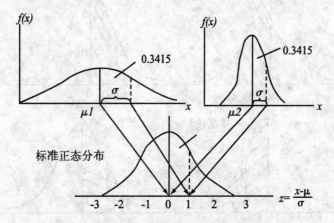

图 4.2 正态分布变量的标准化及其概率

附表 3 "标准正态分布"列出了以 0 为下端点，0.00～3.99 间精确到小数点后两位的任意 Z 值为上端点的标准正态曲线下曲边梯形面积。利用这张表，可以便捷地查找和计算 Z 落入两个标准正态单位间的概率。下面分几种情况说明表的用法。

第一种情况：求 Z 落入 $(0, z)$ 间的概率（z 为正数），做法是直接查表。例如 $P(0 < Z < 1.00) = 0.3413$。

第二种情况：求 Z 落入 $(z, 0)$ 间的概率（z 为负数），做法是查 Z 落入

（0，｜－Z｜）间的概率。例如 $P（-1.00<Z<0）=P（0<Z<1.00）$ $=0.3413$

第三种情况：求 Z 落入（z_1，z_2）间的概率（$z_2>z_1>0$），做法是两次查表，以大面积减小面积。例如：

$P（1.00<Z<2.00）=P（0<Z<2.00）-P（0<Z<1.00）=0.4772-$ $0.3413=0.1359$

第四种情况：求 Z 落入（z_1，z_2）间的概率（$z_1<z_2<0$），做法也是两次查表，以大面积减小面积。例如：

$P（-2.00<Z<-1.00）=P（0<Z<2.00）-P（0<Z<1.00）=0.4772$ $-0.3413=0.1359$

第五种情况：求 Z 落入（z_1，z_2）间的概率（$z_1<0$，$z_2>0$），做法还是两次查表，将两个面积相加。例如：

$P（-2.00<Z<1.00）=P（0<Z<2.00）+P（0<Z<1.00）=0.4772+$ $0.3413=0.8185$

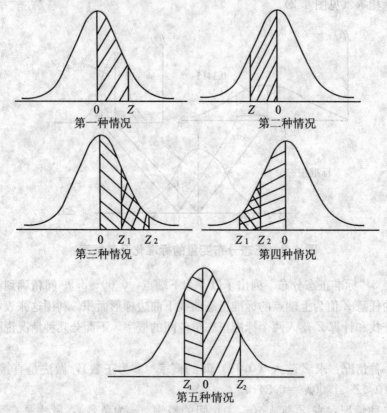

图4.3　Z 落入正态曲线下两点间的概率

有三个居中面积很能说明正态分布的特征（见图4.4）。

$P\ (-1.00<Z<1.00)\ =0.6827$

$P\ (-2.00<Z<2.00)\ =0.9545$

$P\ (-3.00<Z<3.00)\ =0.9973$

以上三个数值表明：居中覆盖曲线下±1个标准差间的面积约占70%，±2个标准差间的面积约占95%，±3个标准差间的面积逼近100%。

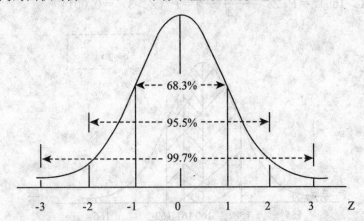

4.4 三对绝对值相等的整数Z值与标准正态曲线下居中面积

另外，还有三个居中面积在以后的统计推断中很有用处：截取居中面积90%的$Z=\pm1.65$，截取居中面积95%的$Z=\pm1.96$，截取居中面积99%的$Z=\pm2.98$。

【例4—3】超市出售的一种调料总体重量服从正态分布，平均重量是160克，标准差是2克。问随机抽取一包，其重量在下列区间的概率各是多少：

（1）小于155克；

（2）在160克与161克之间；

（3）在158克与162克之间；

（4）大于166克。

解：每包重量X服从正态分布，$\mu=160$，$\sigma=2$。

（1）一包重量小于155克的概率

$$P\ (X<155)\ =P\ (Z<\frac{155-160}{2})\ =P\ (Z<-2.5)\ =0.0062$$

（2）一包重量在160克与161克之间的概率

$$P\ (160<X<161)\ =P\ (\frac{160-160}{2}<Z<\frac{161-160}{2})\ =P\ (0<Z<0.5)$$

99

=0.1915

（3）一包重量在 158 克与 162 克之间的概率

$$P\ (158 < X < 162) = P\left(\frac{158-160}{2} < Z < \frac{162-160}{2}\right) = P\ (-1 < Z < 1) =$$

0.3413+0.3413=0.6826

（4）一包重量大于 166 克的概率

$$P\ (X > 166) = P\left(Z > \frac{166-160}{2}\right) = P\ (Z > 3) = 0.0014$$

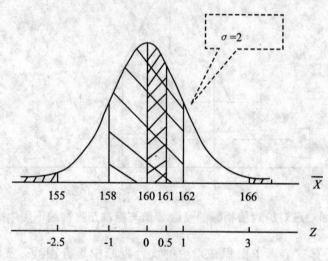

图 4.5　调料重量的正态分布

4.4.3　样本平均数和比率的抽样分布

从一个总体中抽取的所有可能样本的平均数的概率分布称为平均数的抽样分布。有两个定理对平均数的抽样分布的形态做了阐述。根据正态分布再生定理，从正态总体中抽样，其平均数的抽样分布服从 $N\left(\mu, \frac{\sigma^2}{n}\right)$。根据中心极限定理，从任意分布形态的总体中抽样，只要样本容量足够大，其平均数的抽样分布逼近 $N\left(\mu, \frac{\sigma^2}{n}\right)$。在商务应用中，当 $n > 30$ 时即可按正态分布处理。这就是说，从正态总体中抽样，或者以 30 以上的样本容量从任意总体中抽样，样本平均数 $\overline{X}$ 是随机变量，它服从正态分布，其期望值和方差及标准差分别由下式决定：

$$\mu_{\overline{x}} = \mu \qquad\qquad\qquad (公式 4.30)$$

$$\sigma^2_{\overline{x}} = \frac{\sigma^2}{n} \qquad\qquad\qquad (公式 4.31)$$

$$\sigma_{\bar{x}} = \frac{\sigma}{\sqrt{n}} \qquad \text{（公式 4.32）}$$

另外，自有限总体抽样，若样本容量与总体总量之比不大于 1/20，$\overline{X}$ 的方差及标准差需要进行有限校正，即：

$$\sigma_{\bar{x}}^{2} = \frac{\sigma^{2}}{n} \cdot \frac{N-n}{N-1} \qquad \text{（公式 4.33）}$$

$$\sigma_{\bar{x}} = \frac{\sigma}{\sqrt{n}} \sqrt{\frac{N-n}{N-1}} \qquad \text{（公式 4.34）}$$

样本平均数是对总体平均数进行统计推断中的统计量，它的标准化公式是：

$$Z = \frac{\overline{X} - \mu_{\bar{x}}}{\sigma_{\bar{x}}} = \frac{\overline{X} - \mu}{\sigma / \sqrt{n}} \qquad \text{（公式 4.35）}$$

接续例 4—3，调料总体重量服从以 160 克为期望值，2 克为标准差的正态分布。如果自一个总量很大的总体中随机抽取一个 20 包的样本，其平均重量在 161 克以上的概率有多大？

解：自正态总体中抽样，样本平均数的抽样分布仍服从正态分布，期望值 $\mu_{\bar{x}} = 160$，抽样标准误 $\sigma_{\bar{x}} = \dfrac{2}{\sqrt{20}} = 0.45$。

样本平均数在 161 克以上的概率是：

$$P\,(\overline{X} > 161) = P\left(Z > \frac{161 - 160}{0.45}\right) = P\,(X > 2.22) = 0.0139$$

商务应用中调查比率问题，往往采用大样本。若 $n\pi$ 和 $n\,(1-\pi)$ 都大于 5，则原为二项分布的比率的抽样分布，逼近于正态分布。即：从一个总体中抽取的所有可能样本比率 p，在前述条件下服从正态分布，该分布的期望值和方差分别由公式 4.18 和公式 4.19 决定。这两个公式也进一步写成：

$$\mu_{p} = E\,(P) = \pi$$

$$\sigma_{p}^{2} = V\,(P) = \frac{\pi\,(1-\pi)}{n}$$

p 抽样标准误的公式（公式 4.20）重抄如下：

$$\sigma_{p} = \sqrt{\frac{\pi\,(1-\pi)}{n}}$$

样本比率是对总体比率进行统计推断中的统计量，它的标准化公式是：

$$Z = \frac{p - \mu_{p}}{\sigma_{p}} = \frac{p - \pi}{\sqrt{\dfrac{\pi\,(1-\pi)}{n}}} \qquad \text{（公式 4.36）}$$

【例 4—4】设某市 1 200 万人口中支持汽车限号行驶规定的比率是 55%。如果从其中随机抽取 300 人，样本中支持汽车限号行驶规定的比率超过 65% 的概率是多少? 不足 50% 的概率又是多少?

解: 此问题系从有限总体中抽样, $\frac{n}{N} = \frac{300}{1\,200\,0000} < \frac{1}{20}$, 因此无须对抽样标准误进行校正。

由得 $\pi = 0.55$, $n = 300$ 得:

$$\sigma_p = \sqrt{\frac{0.55\,(1-0.55)}{300}} = 0.029$$

样本比率超过 0.65 的概率是 $P\,(P > 0.65) = P\left(Z > \frac{0.65 - 0.55}{0.029}\right) = P\,(Z > 3.49) \approx 0$。

样本比率不足 0.5 的概率是 $P\,(P < 0.5) = P\left(Z > \frac{0.5 - 0.55}{0.029}\right) = P\,(Z < -1.72) = 0.0427$。

本 章 要 点

概率: 描述随机事件出现可能性大小的量。

概率分布: 随机变量取值与其相应概率的对应关系。

期望值: 概率分布集中趋势量数。

$$\sum\,(X) = \mu = \sum X \cdot P\,(X)$$

方差: 概率分布离散趋势量数。

$$V\,(X) = \sigma^2 = E\,(X - \overline{X})^2 = \sum\,(X - \overline{X})^2 P\,(X)$$

0—1 分布: 定名变量仅取 "是" 与 "非" 两个数值时的概率分布。

二项分布: 对服从 0—1 分布的总体进行有返回抽样情况下 "是" 数目的概率分布。

$$P\,(X = x) = C_n^x \cdot \pi^x \cdot (1-\pi)^{n-x}$$

超几何分布: 对服从 0—1 分布的总体进行无返回抽样情况下 "是" 数目的概率分布。

$$P\,(X = x) = \frac{C_k^x \cdot C_{N-k}^{n-x}}{C_N^n}$$

正态分布 $N\,(\mu,\ \sigma^2)$

曲线的特征是:

(1) 以期望值 μ 为对称轴左右对称。

(2) 曲线下面积集中在中央部分, 向两侧逐渐减少, 过拐点后面积减少的速率变小, 曲线两尾向两端无限延伸。

(3) 正态分布曲线中央两侧面积减少的速率的快慢, 或者说正态分布变量的离散程度，由方差和标准差决定。

标准正态分布 N（0，1）

$$Z = \frac{X - \mu}{\sigma}$$

抽样分布：从一个总体中抽取的所有可能样本的特定统计量的概率分布。

平均数的抽样分布：从一个总体中抽取的所有可能样本的平均数的概率分布。

$$\mu_{\bar{x}} = \mu$$

$$\sigma_{\bar{x}} = \frac{\sigma}{\sqrt{n}}$$

统计推断中样本平均数的标准化

$$Z = \frac{\overline{X} - \mu_{\bar{x}}}{\sigma_{\bar{x}}} = \frac{\overline{X} - \mu}{\sigma / \sqrt{n}}$$

比率的抽样分布：从一个总体中抽取的所有可能样本的比率的概率分布。

$$\mu_p = E（P）= \pi$$

$$\sigma_P = \sqrt{\frac{\pi（1-\pi）}{n}}$$

统计推断中样本比率的标准化

$$Z = \frac{\overline{X} - \mu_p}{\sigma_p} = \frac{\overline{X} - \pi}{\sqrt{\frac{\pi（1-\pi）}{n}}}$$

与本章有关的 EXCEL 功能的实现途径

二项分布　　　　粘贴函数 f_x——

binomdist：number _ s　　　（输入 Xs）

trials　　　　　　（输入 n）

probability _ s　　（输入 π）

cumulative　　　　（求单值概率，输入 false）

（求累计概率，输入 true）

标准正态分布

由 Z 值查（左起累计）概率

normsdist：Z（输入 Z）

由（左起累计）概率查 Z 值

normsinv：probability（输入左起累计概率）

习 题

4.1 一承建商完成某一项工程所用的时间（天）及相应的概率如下：

时间	1	2	3	4	5
概率	0.05	0.20	0.35	0.30	0.10

求：

（1）该承建商在三天内完成工程的概率；

（2）求出完成工程所需时间的期望值及方差；

（3）该工程的费用由两部分构成，20 000 元加工期内每天的 2 000 元，计算总成本期望值和标准差。

4.2 通发汽车销售中心销售 20 种不同型号的国产和进口小轿车，其中 10 种是现货交易，而另外 10 种是期货交易。

（1）如果从中随机抽选了 8 种，按超几何公式求其中有 6 种是期货交易的概率。

（2）用二项分布公式求上述概率，问计算结果作为超几何分布公式计算的近似值是否合适？为什么？

4.3 特拉威公司生产的除草机每台零件失灵的概率是 2%。某草坪养护公司购买了 30 台特拉威公司生产的除草机，总共有 0～5 个零件失灵的概率各是多少？

4.4 特拉威公司生产的除草机的叶片重量服从以 5 为期望值，0.12 为标准差的正态分布。问随机抽查 1 只叶片，其重量在 4.8 以下和 5.2 以上的概率各是多少？

4.5 航班时常会遇到起飞前仍有旅客已购票而"不到位"的问题。买正价票的基本是公务出差者，他们由于公务日程变动造成"不到位"。出于竞争的考虑，航空公司会允许未"不到位"的乘客改乘另外航班，或者予以退票。但这只是对正价票持有者的优惠。对于购买特价票的旅客，则不允许改乘或退票，即使给予退票也得加收一定的退票费。买特价票的几乎都是自费旅行者，他们极少有"不到位"情况。

由于乘客"不到位"坐席空白造成公司损失。为此，公司使出了"超量订票"的主意，即故意允许订票数超过飞机坐席数。但这样也有风险：如果"到位"的乘客数量超过了飞机容纳能力，就得有人改飞其他班次，而这会给航空公司带来金钱和名誉损失。如果某一航班有大量的特价票售出，就极可能出现这种

"超员"的麻烦。某航空公司的记录表明,往往有 8% 的正价票持有者"不到位",特价票购买者则都按班按点就位。

一个航班可以卖出多少张正价票是可以调节的。

(1) 若为某航班一共卖出 10 张正价票,那么最多有 1 名正价票持有者"不到位"的概率是多少?

(2) 若为某航班一共卖出 15 张正价票,那么最多有 1 名正价票持有者"不到位"的概率是多少?

(3) 若为某航班一共卖出 20 张正价票,那么最多有 1 名正价票持有者"不到位"的概率是多少?

4.6 接航班售票一题(♯4.5)。现在讨论"到位"人数及其概率问题。

(1) 若为某航班一共卖出 10 张正价票,"到位"几人其累计概率不超过 0.05?

(2) 若为某航班一共卖出 15 张正价票,"到位"几人其累计概率不超过 0.05?

4.7 接航班售票一题(♯4.5)。

假定某航班飞机坐席是 156 座,且 80% 的坐席作为特价票售出。公司希望"超员"概率不大于 10%。他们应该最多卖出多少张全价票?

4.8 接航班售票一题(♯4.5)。

假定某航班飞机坐席是 156 座,不出售特价票。下列人数"不到位"的概率各是多少?

(1) 10 人以内;   (2) 10~20 人;   (3) 超过 20 人。

4.9 一员工群体的年薪呈右偏分布,总体平均数是 32 000 元,标准差是 12 500 元。如果从其中随机抽取 36 人为样本,其年薪平均数在下列区间的概率各是多少?

(1) 28 000 元以下;   (2) 29 000~31 500 元;

(3) 30 000~34 000 元;   (4) 35 000 元以上。

4.10 某市区有 25 500 家注册个体企业。税务部门根据近两年的情况认为有 10% 的个体企业存在偷漏税行为。

(1) 总体 25 500 家个体企业中,估计有多少家存在偷漏税行为?

(2) 如果平均漏税额为 1 500 元,估计漏税总额为多少?

4.11 接个体企业一题(♯4.10)。最近税务官员决定对个体企业的销售发票采取抽样的方法进行调查,以了解有关情况。若抽查 150 户:

(1) 其中有漏税行为的不足 20 家的概率是多少?

(2) 其中有漏税行为的在 30 家以上的概率是多少?

（3）有漏税行为的户数作为一个随机变量，其期望值和标准差是多少？表示什么意义？

4.12　某旧货店处理一批晶体管，外表无差别，但可使用的只占 15%。卖主只能随机抽取，不得挑选。设处理价为每元 5 只，其中可用的每个值 1.6 元，废品值 0 元。

（1）从这批晶体管中购买 5 只，其中可用个数 X 服从何种概率分布？列出概率分布表。

（2）求 X 的期望值和标准差是多少？

（3）列出购买 5 只晶体管损益值的期望值，并说明该批处理品是否值得购买。

4.13　冬梅罐头厂生产的鲜片蘑菇罐头，规定净重是 184 克，标准差是 2.5克。假定罐头的实际净重服从正态分布，求下列事件的概率：

（1）随机抽选 1 罐，其实际净重超过 184.5 克；

（2）随机抽选 16 罐，其平均实际净重超过 184.5 克（视该批罐头为无限总体）；

（3）若实际净重的平均数高于某一重量限度的概率为 0.70，求此重量限度。

4.14　一批苹果共 1 万箱，自陕西某地运到珠三角某市销售，苹果的重量在途中因水分蒸发会减轻。

（1）若对该批苹果进行样本容量为 100 箱的连续抽样，其平均数的抽样分布是否服从正态分布？为什么？

（2）要计算抽样分布的标准误差，却又不知道总体标准差，应如何处置？

（3）在计算抽样分布的标准差时，有无必要使用有限总体校正系数？为什么？

4.15　接苹果途耗一题（♯4.14），若 1 万箱苹果平均每箱因水分蒸发减轻800 克，标准差为 50 克。

（1）计算样本容量为 100 箱时，平均途耗不超过 770 克的概率。

（2）计算样本容量为 100 箱时，平均途耗在 780 克与 820 克之间的概率。

（3）在多次重复抽样中，样本平均途耗围绕总体平均途耗左右对称出现。仍按 100 箱为样本容量，问样本平均途耗围绕总体平均途耗上下各 45% 的范围是多少克？

（4）如果要求上述样本平均途耗围绕总体平均途耗出现的上下各占 45% 的概率的重量范围缩短一半，问样本容量应增加到多少箱？

4.16　2 000 家百货商场的流动资金周转天数服从正态分布，平均数为 50天。若从这些商场随机抽选 16 家进行调查，被抽查的商场实际流动资金周转天数如下：

55，49，52，49，48，55，53，55，51，49，52，53，53，55，54，49。

（1）求样本平均周转天数超过 52 天的概率。

（2）求样本平均周转天数在 48 与 52 天之间的概率。

4.17 凯声无线电厂生产某种型号的电容器，其使用寿命服从正态分布。厂方声称其产品平均使用寿命为 5 000 小时，标准差为 220 小时。

（1）随机抽查 10 只电容器，其平均使用时间不低于 5 200 小时的概率是多少？

（2）随机抽查 100 只电容器，其平均使用时间不低于 5 050 小时的概率是多少？

4.18 2007 年 8 月 17 日～20 日，北京市为 2008 奥运试验汽车单双号隔天出行制度。当时有人主张"奥运后单双号限行应该成为常态"。设 80%的无车族对此持肯定态度。

（1）如果对 300 个无车的人进行随机调查，对此议持肯定态度的比率服从什么分布？

（2）300 个被调查者的肯定比率有多大可能上到 90%？

（3）300 个被调查者的肯定比率有多大可能低于 50%？

第5章 参数估计

5.1 点估计与区间估计

在统计实践中，由于调查时间、调查资金的局限，或是调查对象本身的特点，往往是通过采集到的样本数据来认识总体，这就需要使用一定的方法根据样本数据的分布特征推断总体数据的分布特征。对总体进行推断的方法有两种：参数估计和假设检验。本章介绍参数估计（parameter estimation），就是用样本统计量来推断相应的总体参数。

5.1.1 点估计

用样本统计量的单一数值作为总体参数的估计值称为点估计（point estimation）。比如以样本平均数 $\overline{X}$ 作为总体平均数 μ 的估计值；以样本比率 p 作为总体比率 π 的估计值；以样本标准差 S 作为总体标准差 σ 的估计值。1998 年郑州市某销售纯净水的公司欲知道郑州市居民消费桶装纯净水的市场容量，抽取了 800 个居民家庭户，调查得知：这个由 800 户组成的样本中有 66 户在过去的 3 个月里使用了纯净水，比率为占 8.3%；而这 66 户过去 3 个月每户月平均用水量是 3.26 桶。我们可以用样本比率 8.3% 作为郑州市全体居民家庭户中使用纯净水的户数比率的估计值，还可以用样本平均数 3.26 桶作为全市居民家庭户 3 个月每户月平均用水量的估计值，这就是点估计。

5.1.2 区间估计

以点估计值为基础，以一定的可靠程度给出一个可能包含总体参数真值的区间范围，称为区间估计（interval estimation）。在郑州市居民消费桶装纯净水的市场容量调查一例中，以 8.3%±1.9% 这个区间对郑州市全体居民家庭户中使用纯净水的户数比率进行估计，就是区间估计。即是说，按保守的观点郑州市全体居民家庭户中使用纯净水的户数比率估计为 6.4%，按乐观的观点郑州市全体居民家庭户中使用纯净水的户数比率估计为 10.2%。这样的估计方法对于公司的市场营销策略的制定，较只以 8.3% 这个单一比率更为稳妥。同样，还可以用 3.26±0.71（桶）这个区间对郑州市全体居民家庭户中使用纯净水户均数量进行估计。

点估计的局限性在于无法了解估计的可靠程度，区间估计弥补了点估计的不足。区间估计以点估计量为中心构造了总体参数可能出现的一个范围，同时说明了这一估计结果包容总体参数的概率大小，即估计的可靠程度，我们称这种概率为置信系数（confidence coefficient）或置信水平（confidence level）。本例户数比率估计的±1.9％和户均消费数量估计的±0.71，就是由置信系数等因素决定的，其原理将在5.2节阐述。

5.1.3 估计量的评价标准

一个总体参数可能有几个不同的样本统计量作为其估计量。这些估计量与总体参数真实值的接近程度不同，估计效果也不同，存在优劣之分。一个好的估计量应具有如下几个特性。

（1）无偏性（unbiasedness）

从平均意义上讲，一个估计量的数值应该等于所估计的总体参数。因为估计量本身是一个随机变量，所谓无偏性是指估计量的期望值应该等于总体参数。设统计量$\hat{\theta}$为参数θ的估计量，则：

$$E(\hat{\theta}) = \theta$$

这是好的估计量的一个重要条件，它说明用这样的估计量去估计相应的总体参数没有系统偏差，即没有倾向性的偏高或偏低，只有随机抽样误差。

可以证明，样本平均数的数学期望等于总体平均数，样本比率的数学期望等于总体比率，按公式3.10计算的样本方差的期望等于总体方差，即：

$$E(\overline{X}) = \mu, \quad E(p) = \pi, \quad E(S^2) = \sigma^2$$

（2）有效性（efficiency）

对于任一总体参数θ，若存在两个无偏估计量$\hat{\theta_1}$和$\hat{\theta_2}$，则方差较小者较为有效，即若有$Var(\hat{\theta_1}) < Var(\hat{\theta_2})$，则估计量$\hat{\theta_1}$比$\hat{\theta_2}$有效。

（3）一致性（consistence）

估计的一致性指，如果样本容量增大时，估计量可以以较大的概率接近所要估计的总体参数。换言之，尽管具有一致性的估计量与参数间总是存在误差，但随着样本容量的增大误差随之缩小，当样本容量趋近无穷大时，误差趋近于0。

5.2 总体平均数区间估计的原理

正态分布再生定理和中心极限定理表明样本平均数$\overline{X}$的抽样分布等于或趋近于正态分布$N(\mu, \frac{\sigma^2}{n})$，这一特征是对总体参数进行区间估计的重要基础。如果我们以$1-\alpha$表示在一次随机抽样中$\overline{X}$落入距期望值μ左右距离相等的两数值之间的概率，则有：

$$P\left(\mu-Z_{\alpha/2}\frac{\sigma}{\sqrt{n}}\leqslant\overline{X}\leqslant\mu+Z_{\alpha/2}\frac{\sigma}{\sqrt{n}}\right)=1-\alpha$$

式中 $Z_{\alpha/2}$ 表示标准正态曲线下左右两尾各截掉 $\alpha/2$ 的 Z 值，$\frac{\sigma}{\sqrt{n}}$ 为样本估计量的标准误差，简称标准误。此式可转写成：

$$P\left(\overline{X}-Z_{\sigma/2}\frac{\sigma}{\sqrt{n}}\leqslant\mu\leqslant\overline{X}+Z_{\alpha/2}\frac{\sigma}{\sqrt{n}}\right)=1-\alpha$$

这体现了对总体平均数进行区间估计的原理。

这种从点估计值和抽样标准误出发，按给定的概率值建立起来的估计总体参数的区间，称为置信区间（confidence interval）。这个给定的概率值（$1-\alpha$）即置信水平。由此总体参数的置信区间可以表示为：

$$\overline{X}-Z_{\sigma/2}\frac{\sigma}{\sqrt{n}}\leqslant\mu\leqslant\overline{X}+Z_{\alpha/2}\frac{\sigma}{\sqrt{n}} \qquad\text{（公式 5.1）}$$

置信区间的两端数值称为置信限（confidential limits），具体分为置信下限（lower limit）和置信上限（upper limit）。μ 的置信下限和置信上限分别用 LCL（μ）和 UCL（μ）表示，有：

$$LCL\ (\mu)=\overline{X}-Z_{\sigma/2}\frac{\sigma}{\sqrt{n}} \qquad\text{（公式 5.2）}$$

$$UCL\ (\mu)=\overline{X}+Z_{\sigma/2}\frac{\sigma}{\sqrt{n}} \qquad\text{（公式 5.3）}$$

$2\times Z_{\sigma/2}\dfrac{\sigma}{\sqrt{n}}$ 是区间宽度。由公式 5.1 知：置信水平越高，置信区间就越宽。而过宽的置信区间则在一定程度上降低了估计的准确程度。因而，在样本容量一定的前提下，我们需要在估计的可靠程度和准确程度之间掌握平衡，指定一个较为合适的置信系数。

5.3　总体平均数的区间估计（大样本）

由中心极限定理可知，在大样本（$n>30$）的情况下进行抽样，无论总体是否服从正态分布，样本平均数的抽样分布均可视为正态分布，这是本节讨论的基础。下面将针对总体方差已知和总体方差未知两种情况进行讨论。

5.3.1　总体方差已知的大样本区间估计

当总体方差 σ^2 已知时，样本平均数 $\overline{X}$ 服从 $N\left(\mu,\dfrac{\sigma^2}{n}\right)$ 的正态分布，经过标

准化后则服从标准正态分布 N（0，1）。即：

$$Z=\frac{\overline{X}-\mu}{\sigma/\sqrt{n}}\sim N（0，1）$$

根据正态分布的特点可知置信系数为（$1-\alpha$）时，由公式 5.1 确定，即

$$\overline{X}-Z_{\alpha/2}\frac{\sigma}{\sqrt{n}}\leqslant\mu\leqslant\overline{X}+Z_{\alpha/2}\frac{\sigma}{\sqrt{n}}$$

【例 5—1】为估计一批袋装绵白糖的平均重量，随机抽取了 50 袋，测得样本平均数为 502 克。根据以往经验知总体标准差为 15 克，假设每袋白糖的重量服从正态分布。试构造这批白糖平均重量的置信区间（置信系数为 95%）。

解：根据已知条件可知 $\overline{X}$ 服从 $N\left(\mu，\frac{15^2}{50}\right)$。

$1-\alpha=0.95$，$Z=1.96$，$\overline{X}=502$ 元

这批白糖平均重量 95% 的置信区间为：

$$502-1.96\times\frac{15}{\sqrt{50}}\leqslant\mu\leqslant502+1.96\times\frac{15}{\sqrt{50}}，$$

$$502-1.96\times2.12\leqslant\mu\leqslant502+1.96\times2.12$$

497.85 克 $<\mu<$ 506.15 克

结论：在 95% 的概率保证下可认为这批白糖平均重量的置信区间为 497.85 克至 506.15 克。

5.3.2 总体方差未知的大样本区间估计

在大样本下，当总体方差 σ^2 未知时，总体方差可由样本方差 S^2 代替，这时总体参数在置信系数为（$1-\alpha$）时的置信区间为：

$$\overline{X}-Z_{\alpha/2}\frac{S}{\sqrt{n}}\leqslant\mu\leqslant\overline{X}+Z_{\alpha/2}\frac{S}{\sqrt{n}}\qquad（公式 5.4）$$

【例 5—2】为了解某高校学生生活费用支出情况，从该校学生中随机抽取了 100 名学生进行调查，得到这 100 名学生月平均生活费用支出为 630 元，标准差为 80 元，试构造该高校学生生活费用支出 95% 的置信区间。

解：由于 n=100 是大样本，由中心极限定理可知样本平均数的概率分布近似服从正态分布，即：$\overline{X}$ 服从 $N\left(\mu，\frac{80^2}{100}\right)$

$1-\alpha=95\%$，$Z=1.96$，$\overline{X}=630$ 元，$S=80$ 元，

由此可得该高校学生生活费用支出 95% 的置信区间为：

$$630-1.96\frac{80}{\sqrt{100}}\leqslant\mu\leqslant630+1.96\frac{80}{\sqrt{100}}，$$

$$630-1.96\times8\leqslant\mu\leqslant630+1.96\times8$$

614.32 元＜μ＜645.68 元

结论：在 95％的概率保证下可认为该高校学生生活费用支出在 614.32 元至 645.68 元之间。

5.4　总体平均数的区间估计（小样本）

5.4.1　总体方差已知的小样本区间估计

对于小样本，若其总体服从正态分布且方差已知，则其样本平均数经过标准化后依然服从正态分布，在置信系数为（1－α）时，置信区间仍然由公式 5.1 决定。

5.4.2　总体方差未知的小样本的区间估计

对于小样本，若其总体服从正态分布但方差未知，则样本平均数经过标准化后服从自由度为的（n－1）的 t 分布，即：

$$t=\frac{\overline{X}-\mu}{S/\sqrt{n}}\sim t_{(n-1)}$$

t 分布也是一种对称分布，它比正态分布平坦和分散。t 分布的分布特征依赖于自由度（n－1）。随着自由度的增大，t 分布越来越趋近于正态分布。

根据 t 分布可得总体平均数在置信系数为（1－α）时的置信区间：

$$\overline{X}-t_{\alpha/2}\frac{S}{\sqrt{n}}\leqslant\mu\leqslant\overline{X}+t_{\alpha/2}\frac{S}{\sqrt{n}}$$ （公式 5.5）

式中 $t_{\alpha/2}$ 为自由度为（n－1）时，分布中右侧面积为 α/2 时的 t 值。该值可通过查附表 5"t 分布表"获得。

【例 5—3】从一批手机中抽取了 10 部，测得平均待机时间为 130 小时，标准差为 9.42 小时，假设手机的平均待机时间为正态分布，试构造该批手机待机时间 95％的置信区间。

由于该样本是小样本且总体方程未知，故需使用 t 分布进行区间估计。在置信系数为 0.95 的条件下，查 t 分布表得自由度为 $t_{(9,0.05)}$＝2.26。

该批手机平均待机时间的置信区间为：

$$130-2.26\times\frac{9.42}{\sqrt{10}}\leqslant\mu\leqslant130+2.26\times\frac{9.42}{\sqrt{10}}$$

（130－6.74）小时≤μ≤（130＋6.74）小时，即：

123.26 小时≤μ≤136.74 小时

这表明在 95％的可靠程度之下，可认为该批手机平均待机时间在 123.26 小时至 136.74 小时之间。

5.5 比率的区间估计

由第四章关于样本比率的抽样分布理论可知，在大样本条件下，只要 $n\pi>5$ 且 $n(1-\pi)>5$，样本比率 p 近似服从数学期望为总体比率 π、方差为 $\frac{\pi(1-\pi)}{n}$ 的正态分布，二项分布问题转换成正态分布问题近似的来求解。样本比率可以用下式化成标准正态单位：

$$Z=\frac{p-\pi}{\sqrt{\dfrac{\pi(1-\pi)}{n}}}\sim N(0,1)$$

再用类似于大样本情形下总体平均数区间估计的方法来对总体比率进行区间估计。由此可得在置信系数 $1-\alpha$ 下的总体比率 π 的置信区间为：

$$LCL(\pi)=p-Z_{\alpha/2}\sqrt{\frac{p(1-p)}{n}}$$

$$UCL(\pi)=p+Z_{\alpha/2}\sqrt{\frac{p(1-p)}{n}} \qquad (公式5.6)$$

【例5—4】在一项新家电产品的市场调查中，随机抽选 400 位顾客为样本，询问他们是否喜欢此产品，其中 72.1％的顾客表示喜欢该产品，试在 95％置信水平下，估计该产品在顾客中的受欢迎率。

解：$n=400$，$p=0.721$，$np=400\times0.721=288.4>5$，$n(1-p)=400\times0.279=111.7>5$

当 $1-\alpha=0.95$ 时，查得 $Z_{\alpha/2}=1.96$

所以，$p\pm Z_{\alpha/2}\sqrt{\dfrac{p(1-p)}{n}}=0.721\pm1.96\sqrt{\dfrac{0.721(1-0.721)}{400}}=0.721\pm0.044$

即产品在顾客中的受欢迎率的置信区间为 (0.677，0.765)。

结论：我们能用 95％的概率保证新家电产品的市场占有率约在 67.7％～76.5％之间。

5.6 总体总量的推断

商务调研中往往要在用样本统计量推断总体参数基础上，进一步对总体总量进行推算，方法是用估计值（总体平均数或总体比率）乘以总体单位数。

总体定标变量值置信区间公式是：

$$LCL\ (N\mu)\ =N\left(\overline{X}-Z_{a/2}\frac{\sigma}{\sqrt{n}}\right)$$

$$UCL\ (N\mu)\ =N\left(\overline{X}+Z_{a/2}\frac{\sigma}{\sqrt{n}}\right) \qquad (公式5.7)$$

以上公式适用于总体方差已知情况，其他情况可以参照公式5.4和公式5.5变通处理。

总体中"是"数目置信区间公式是：

$$LCL\ (N\pi)\ =N\left(p-Z_{a/2}\sqrt{\frac{p\ (1-p)}{n}}\right)$$

$$UCL\ (N\pi)\ =N\left(p+Z_{a/2}\sqrt{\frac{p\ (1-p)}{n}}\right) \qquad (公式5.8)$$

在例5—2中，假设所调查的高校学生总人数为10 000人，则由此可得该高校学生总生活费用支出95%的置信区间为：

614.32元×10 000＜μ＜645.68元×10 000

即在6 143 200元～6 456 800元之间。

【例5—5】对某地区一商品知悉率进行抽样调查，其置信区间是25.6%～28.4%。已知该地区人口有2 000万人，按同样的置信水平估计，该地区知悉所关注商品的总人数最少和最多各是多少？

解：2 000万×25.6%＝512万人，2 000万×28.4%＝568万人。

结论：该地区知悉所关注商品的总人数最少为512万人，最多为568万人。

5.7　必要样本容量的确定

5.7.1　估计总体平均数时必要样本容量的确定

在进行参数估计时，必须首先确定需要抽取的样本容量。如果样本容量过大，就会增加抽样成本，如果样本容量过小，就会导致误差增大。如何确定适当的样本容量是抽样调查的关键问题。

前面已指出，总体平均数的置信区间是在样本平均数$\overline{X}$基础上$\pm Z_{a/2}\frac{\sigma}{\sqrt{n}}$构成的。对于一个确定的总体，$Z_{a/2}$的值和样本容量共同决定了上式第二项的大小。在设计必要样本容量时，需要确定调查的最大允许误差。如果用e来表示最大允许的抽样误差，有：

$$e=Z_{a/2}\frac{\sigma}{\sqrt{n}}$$

对上式进行简单的变形，得到确定必要样本容量的公式：

$$n = \frac{(z_{a/2})^2 \sigma^2}{e^2}$$ （公式 5.9）

需要指出的是，在调查工作尚未进行时，总体标准差的数值往往是不知道的，实际工作中可以借鉴以往的调查数据进行估算，或是先做一次小型调查（pilot survey），求出样本标准差用其替代总体标准差。

这一公式适用于从无限总体中返回简单随机抽样抽样的情况，若从有限总体抽样无返回简单随机抽样，须对上式计算结果加以校正，公式为：

$$n_{adj} = \frac{nN}{n + (N-1)}$$ （公式 5.10）

在计算样本容量时，为了保证所指定的最大允许误差，无论 n 所求结果的小数位是多少，习惯上总是将 n 向上进位到个位数。

【例 5—6】一房地产开发商拟在某城市投资开发居民住宅，为了确定所投资建设住宅的档次和规模，该开发商拟先对该城市居民家庭的平均年人均收入调查。该城市的居民户约有 30 万户，以往数据表明，家庭年人均收入的标准差约为 8 000 元。若要求在 95% 的置信系数下，该城市居民家庭平均年人均收入的抽样误差不超过 700 元，问需要抽取多少户居民家庭进行调查？

解：$n = \frac{(z_{a/2})^2 \sigma^2}{e^2} = \frac{(1.96)^2 (8\ 000)^2}{(700)^2} = 501.76 \approx 502$ （户）

由于本例是在有限总体中的不放回简单随机抽样，因此需要对必要样本量进行调整：

$$n_{adj} = \frac{nN}{n + (N-1)} = \frac{502 \times 300\ 000}{502 + (300\ 000 - 1)} = 502$$ （户）

结论：需要抽取 502 户居民家庭进行调查。

从上例可以看出，在总体总量相对于样本容量很大时，有限校正其实是不必要的。

5.7.2 估计总体比率时必要样本量的确定

估计总体比率时所需样本量的方法与估计总体平均数确定样本量的方法基本相同，公式为：

$$n = \frac{(Z_{a/2})^2 \hat{p} (1-\hat{p})}{e^2}$$ （公式 5.11）

式中 $\hat{p}$ 表示通过各种简易途径获得的总体比率的初始估计值。如果实在难以给出初始估计值，则取 $\hat{p} = 0.5$，于是公式 5.11 化成：

$$n = \frac{0.25 (Z_{a/2})^2}{e^2} = \frac{(Z_{a/2})^2}{4e^2}$$

【例 5—7】收视率调查公司拟调查某市电视台播出的一部电视剧的收视率。

该地区有 100 000 户居民。若置信系数为 95%，要求对收视率估计的误差不超过 4%，问需要抽取多少居民家庭进行调查？

解：本题对总体比率没有取得任何简易信息，遂取 $\hat{p}=0.5$，代入公式 5.9，可得：

$$n=\frac{1.96^2}{4\times 0.04^2}=600.25\approx 601$$

由于本例为有限总体中的不放回简单随机抽样，则必需的样本容量为：

$$n_{adj}=\frac{601\times 100\ 000}{601+(100\ 000-1)}=598（户）$$

本 章 要 点

样本统计量：描述样本数据分布的特征的量数称为样本统计量。

总体参数：描述总体数据分布的特征的量数称为总体参数。

参数估计：用描述样本分布特征的量数（样本统计量）来推断总体的未知参数。

点估计：用样本统计量的某一定值作为总体参数的估计值。

区间估计：以样本统计量的一个取值范围作为总体参数的估计值。

置信系数：亦称置信水平，指估计的可靠程度，即区间估计中所构建的区间包容总体参数的概率。

置信区间：从点估计值和抽样标准误出发，按给定的概率值建立起来的估计总体参数的区间。

习　题

5.1　接汽车租赁一题（＃2.4）。

（1）计算实际拍卖价对期货估价的比值——实估比。

（2）计算实估比的平均数和标准差。

（3）以 0.95 为置信系数，建立实估比总体平均数的置信区间。

（4）根据实估比总体平均数置信区间的范围，你认为咨询师的估价行为倾向高估、低估还是基本无出入？

5.2　瑞赛克公司从事循环经济，回收铝质易拉罐，熔炼再生铝。它通过抽样考察两个不同回收渠道所回收的铝品的杂质含量（单位：克/百克），得到如下数据：

渠道一　3.8　3.5　4.1　2.5　3.6　4.3　2.1　2.9　3.2　3.7　2.8　2.7
渠道二　1.8　2.2　1.3　5.1　4.0　4.7　3.3　4.3　4.2　2.5　5.4　4.6

以 0.95 为置信系数，建立两回收渠道所回收的铝品的杂质含量总体差异的置信区间。

5.3　接单双号限行一题（♯4.17）。有媒体开展了一项调查，这项有 3 000 名北京市民参与的调查显示，在"单双号限行是否应该成为常态"这个问题上，有车者和无车者态度迥异：没车的受访者中 78.2% 的人赞同长期继续下去，有车族则有 61.9% 的人对此表示明确反对。

· 以 0.95 为置信系数，分别构建无车族和有车族对"单双号限行应该成为常态"的总体支持率的置信区间。

5.4　欲估计一员工总体的年薪平均数，从中抽取容量为 100 人的随机样本，算得其平均数是 33 630 元，标准差是 17 300。要求以 95% 为置信系数构建员工总体年薪平均数置信区间。

5.5　欲估计一员工总体的受雇起薪平均数，从中抽取容量为 100 人的随机样本，算得其平均数是 17 000 元，标准差是 8 500。要求以 95% 为置信系数构建员工总体受雇起薪平均数置信区间。

5.6　接金典 30 克圆粉一题（♯3.13）。视 420 个单块组成随机样本，按 95% 置信水平构建其相应总体平均重量的置信区间。

5.7　接金典 30 克圆粉一题（♯3.13）。视 420 个单块组成随机样本，按 95% 置信水平构建其相应总体重量合格率的置信区间。

5.8　接捷瑞汽车班次产量一题（♯3.1）。视此 26 班的产量为随机样本，试以 95% 置信系数构建该厂汽车班次产量总体平均数的置信区间。

5.9　为促进内需，某中等城市政府向居民派发 2 000 元购物券用于新年春节期间消费（含购物和购买服务）。商务局委托某市场调查公司进行调查，抽取样本容量为 300 户的样本，结果显示受访家庭在节日期间拟用于消费的金额平均数为 6 500 元，标准差为 500 元。

（1）按下列置信水平分别取下列数值时全市居民家庭节日期间计划消费金额平均数的置信区间：① 90%；②95%；③99%。

（2）该市有 25 万个居民家庭，按第（1）步的计算结果，在 3 种不同情况下，全市居民家庭可望投放于消费的货币额最多和最少各是多少？

5.10　2003 年甲、乙两城市进行了居民家计调查，都是用随机抽样方法抽取样本户。调查结果是：甲城市抽取 400 户，每户平均购买耐用消费品的开支为 14 000 元，标准差为 1 200 元；乙城市抽取了 900 户，每户平均购买的耐用消费品的开支为 15 000 元，标准差为 1 250 元。根据以上资料，按置信系数 95% 计算，甲、乙两城市职工每户平均购买耐用消费品支出平均数间差异的置信区间。

5.11　某产品组装生产线中某一部件的组装时间设计为 15 分钟，现根据随机抽选的 8 名工人的工作时间进行观察结果进行时间研究，观察结果为：15.8 分钟，15.4 分钟，13.6 分钟，15.3 分钟，18.6 分钟，15.8 分钟，14.5 分钟，13.8 分钟。假设工人的组装时间服从正态分布，求工人组装该部件的平均时间的 90% 的置信区间。

5.12　某超级市场的经理欲通过抽样的方法来估计顾客用于付款的平均时间。由以往经验可知付款时间（包括排队等候）的标准差为 2.5 分钟，且经理希望这种估计的平均误差为 ±0.5 分钟。

（1）若要求置信系数为 99%，所需样本容量为多大？

（2）在第（1）步的基础上，若抽样结果为平均付款时间为 5.2 分钟，求置信区间。

5.13　海星公司为了解其生产的免用洗衣粉的洗衣机在北京的受欢迎程度，委托一个市场调查公司进行调查，主要调查指标是北京居民对此产品的知悉率。要求置信区间系数为 95%，所估计的误差在 4 个百分点之内，应当取多大的样本量？

5.14　某市商务局拟对市府派发的新年春节 2 000 元购物券对居民消费的拉动效应进行调查，主要调查项目是居民家庭节日期间消费品计划购买额。该项调查委托一市场调查公司进行，预调查获知最多消费额可达 30 000 元。如果希望对总体消费额平均数进行估计的最大允许误差为 500 元，按 95% 置信系数计，应该抽取多大的样本？

第6章 假设检验原理

6.1 假设检验引入

商务研究中往往要考察变量间的差异和关联。例如考察具有不同经济—社会特征的两个消费者群体在消费行为上是否存在差异,考察具有不同经济—社会特征的两个公民群体对某一公共管理问题的支持率是否存在差异;考察消费者群体对某一公共管理问题的态度是否与他们的某一经济—社会特征有关联,考察消费者群体的消费支出是否与央行的利率信号有关联。

这类问题的统计解决之道是:先假设总体上变量间不存在差异和关联,然后判别样本数据与假设的总体状态呈现的差异是随机误差还是显著差别。如果是后者,则否定原来的假设,承认总体上变量间存在差异和关联;如果是前者,则不能否定原来的假设,还是得承认总体上变量间不存在差异和关联。关键问题是如何判定样本数据与假设的总体状态呈现的差异是显著差别。

这类问题即属于假设检验(testing hypotheses)。假设检验是根据抽样分布规律,依据样本信息对关于总体的差异状态或关联的假设进行判断。为了阐明其原理,我们先从最简单的模型——总体平均数与特定值是否存在显著差异开始。

6.2 总体平均数特定值的检验 (σ 已知)

【例6—1】接续例4—3的调料包重量问题。厂家保证每包净重的总体平均数是160克,有人对此提出质疑,认为重量不准。面对此争议,采用随机抽样60包检测的办法给予评判。

本例的出发点是厂家保证每包净重的总体平均数是160克,即 μ 与160克无差异。根据关于样本平均数抽样分布的知识,调料包重量本身服从 $\mu=160$ 的正态分布,在此情况下,样本平均数仍然服从的正态分布,以160克为期望值。具体到各个样本的平均数则与160克有一定差异,差异较小的机会较多,而差异较大的机会较少,具体概率取决于差异的数值。

先明确每包净重的总体标准差是2克。样本平均数 $\overline{X}$ 服从 $N\left(160, \frac{2^2}{60}\right)$。以 0.05 为小概率,将其平分在标准正态曲线两尾的 Z 值是 ± 1.96。那么下列事件为小概率事件，其发生可能只有 5%：$\overline{X} < 160 - 1.96 \times \dfrac{2}{\sqrt{60}}$ 或者 $\overline{X} > 160 +$

$1.96 \times \dfrac{2}{\sqrt{60}}$，即：

$P\ (\overline{X} < 159.5\ 或 > 160.5)\ = 0.05$。

这样的小概率事件每抽样 100 次，大约会发生 5 次；若只抽样 1 次，则很不可能发生。倘使真发生了，只能反推样本所抽自的总体其平均数不是所设。

上面的讨论体现出假设检验的基本逻辑：小概率事件在一次观察中几乎不可能发生。如果一旦发生，就反过来否定关于总体状况的初始假设。

假设检验中，关于总体上变量间不存在差异或关联的初始陈述，称为零假设（null hypothesis）。本章考察的是总体平均数 μ 是否与特定值 μ_0 存在差异，零假设记作：

$H_0：\mu = \mu_0$。

把与零假设的表述相对立的假设称为备择假设（alternate hypothesis），记作：

$H_1：\mu \neq \mu_0$。

因为小概率被分配在正态曲线两尾，使得划分随机差异和显著差异的数值有左右对称的两个，这种类型的假设检验称为双尾检验（two-tailed test）。

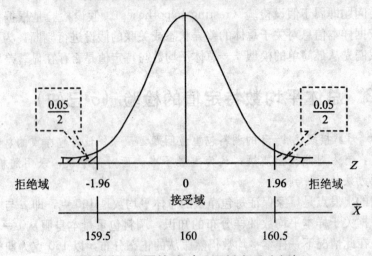

图 6.1 双尾检验（以调料净重为例）

如图 6.1 所示，在调料净重总体平均数双尾检验中，小概率 0.05 平分在曲线下两尾，分别由 -1.96 和 $+1.96$ 两个标准正态单位割下左尾 0.025 和右尾 0.025。而 $\overline{X}$ 轴上的 159.5 和 160.5 分别与 Z 轴上的 -1.96 和 $+1.96$ 相对应。

120

如果 $\overline{X}$ 小于 159.5 或者大于 160.5，就判定 $\overline{X}$ 与 $\mu_\circ$ 有显著差异，从而得出零假设 $\mu=160$ 不成立的结论；如果 $159.5 \leqslant \overline{X} \leqslant 160.5$，就判定 $\overline{X}$ 与 $\mu_\circ$ 只是随机差异，从而得出零假设 $\mu=160$ 成立的结论。像 159.5 和 160.5 这样的用于判定 $\overline{X}$ 与 $\mu_\circ$ 差异性质的数值，称为临界值（critical value），而决定临界值的小概率（本例为 0.05）称为显著水平（significant level），用 α 表示。显然，双尾检验有两个临界值。而稍后将指出，单尾检验只有一个临界值。

有了这些认识，就可以给假设检验建立一套判定法则。单一总体平均数检验双尾检验的判定法则是：

若 $\overline{X} < \mu_0 - Z_{\alpha/2} \dfrac{\sigma}{\sqrt{n}}$ 或者 $\overline{X} > \mu_0 + Z_{\alpha/2} \dfrac{\sigma}{\sqrt{n}}$，就拒绝 H_0。

$\overline{X}$ 落入 $\left(\mu_0 - Z_{\alpha/2} \dfrac{\sigma}{\sqrt{n}}, \ \mu_0 + Z_{\alpha/2} \dfrac{\sigma}{\sqrt{n}} \right)$ 区间之内，导致接受 H_0，因此称该区间为接受域（acceptance region）。$\overline{X}$ 落入该区间之外的两侧导致拒绝 H_0，因此称其为拒绝域（rejection region）。

判定法则也可以围绕标准正态单位的形式提出——计算检验统计量，即将 $\overline{X}$ 标准化

$$Z^* = = \frac{\overline{X} - \mu_0}{\sigma/\sqrt{n}} \qquad\qquad \text{（公式 6.1）}$$

若 $|Z^*| > Z_{\alpha/2}$，就拒绝 H_0。

对于例 6—1，如果抽样结果是 $\overline{X}=160.33$，落入接受域，导致接受 H_0。下面写出按 Z 进行检验的规范表达格式。

解：本题为总体特定值差异性双尾检验（大样本，视同无限总体）。

H_0：$\mu=160$；

H_1：$\mu \neq 160$。

已知 $\sigma=2$，$n=60$。指定 $\alpha=0.05$，查标准正态分布表有 $Z_{\alpha/2}=1.96$。判定法则是：若 $|Z^*| > 1.96$，就拒绝 H_0。

由 $\overline{X}=160.33$，得 $Z^* = \dfrac{160.33-160}{2/\sqrt{60}} = 1.28$。

因为 $|Z^*| < 1.96$，所以接受 H_0。

结论：不能认为调料净重总体平均数不是 160 克。

某些场合要判断的是总体平均数是否超过某特定值。例如某市全体居民平均收入为一特定值，拟考察该市某一特殊社会群体的平均收入是否高于该特定值。这种类型的假设检验就是右尾检验（right-tailed test），其一对假设是：

H_0：$\mu \leqslant \mu_0$；

H_1：$\mu > \mu_0$。

从零假设成立出发，确定一次抽样几乎不可能发生的小概率事件在以 μ_0 为期望值的正态曲线右尾下面。如果 $\overline{X}$ 落入小概率事件范围，则反过来认定零假设不成立。

另外一些场合要判断的是总体平均数是否不及某特定值。例如某市全体居民平均收入为一特定值，拟考察该市另一特殊社会群体的平均收入是否低于该特定值。这种类型的假设检验就是左尾检验（left-tailed test），其一对假设是：

H_0：$\mu \geqslant \mu_0$；

H_1：$\mu < \mu_0$。

从零假设成立出发，确定一次抽样几乎不可能发生的小概率事件在以 μ_0 为期望值的正态曲线左尾下面。如果 $\overline{X}$ 落入小概率事件范围，则反过来认定零假设不成立。

左尾检验和右尾检验合称单尾检验（one-tailed test）。图 6.2 和图 6.3 分别展示左尾检验和右尾检验的临界值、拒绝域和接受域。

左尾检验的判定法则是：

若 $Z^* < -Z_\alpha$，就拒绝 H_0。

右尾检验的判定法则是：

若 $Z^* > Z_\alpha$，就拒绝 H_0。

【例6—2】一制造商从供应商那儿采购超薄金属板，该供应商长期以来所供产品总体平均厚度不低于 15 密尔[①]，标准差 1 密尔。作为例行检验，制造商从来货中随机抽取 50 张构成样本，进行检验，以此判断来货总体平均厚度是否不低于 15 密尔（取显著系数 0.05）。

要求写出一对假设，确立判定规则。

若测得样本平均厚度是 14.982 密尔，制造商当做何结论？

解：本题为总体平均数特定值差异性左尾检验（大样本，视同无限总体）。

H_0：$\mu \geqslant 15$；

H_1：$\mu < 15$。

已知 $\sigma = 1$，$n = 50$。指定 $\alpha = 0.05$，查标准正态分布表有 $Z_\alpha = 1.65$。判定法则是：若 $Z^* < -1.65$，就拒绝 H_0。

由 $\overline{X} = 14.982$，得 $Z^* = \dfrac{14.982 - 15}{1/\sqrt{50}} = -0.12$。

因为 $Z^* > -1.65$，所以接受 H_0。

---

① 1 密尔（mil）＝0.001 英寸

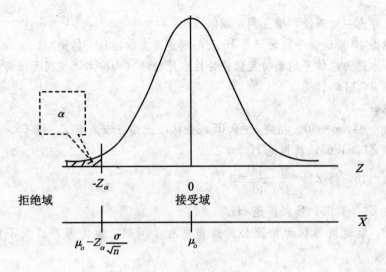

图6.2 左尾检验

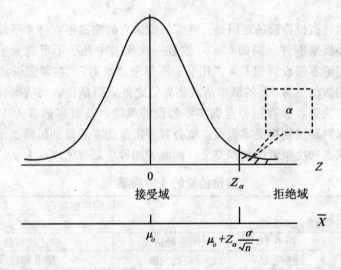

图6.3 右尾检验

结论：制造商不能认为来货总体平均厚度不低于15密尔。

【例6—3】一家具制造商委托物流公司给客户交运所订购的家具。物流公司长期确保运达时间平均为14天，标准差4天。近来有的客户向家具制造商抱怨不能按时收到货物。制造商决定进行检测，于是从众多运送记录中随机抽取40票，看客户抱怨是极偶然情况还是物流公司操作发生了问题（取显著系数0.05）。

123

要求写出一对假设，确立判定规则。

若测得 40 票送货平均时间是 16 天，制造商当做出什么结论？

解：本题为总体平均数特定值差异性右尾检验（大样本，视同无限总体）。

$H_0：\mu \leqslant 14$；

$H_1：\mu > 14$。

已知 $\sigma=4$，$n=40$。指定 $\alpha=0.05$，查标准正态分布表有 $Z_\alpha=1.65$。判定法则是：若 $Z^* > 1.65$，就拒绝 H_0。

由 $\overline{X}=16$，得 $Z^*=\dfrac{16-14}{4/\sqrt{40}}=3.16$。

因为 $Z^* > 1.65$，所以拒绝 H_0。

结论：制造商当认为物流公司操作发生了问题，致使客户订货不能及时送达。

6.3　假设检验中的双向风险和两类错误

前已述明，假设检验的逻辑是：在零假设成立的前提下，样本平均数落入临界值之外是小概率事件（例如 5%），这在一次实验中几乎不可能发生。如果一旦发生，就拒绝零假设。但是，"几乎"不等于"绝对"。在零假设成立的前提下，样本平均数仍然有 5% 的概率落入临界值之外。即是说，当依据判断法则拒绝零假设时，决策者冒有犯否定真实零假设的风险，其概率最多为 5%。反之，若决策者依据判断法则接受零假设，也会冒肯定虚伪零假设的风险。于是，由零假设的自然状态和决策者的判断交叉，构成了四种后果（见表 6.1）。

表 6.1　　　　　　　　　　　　假设检验的 4 种后果

		H_0 的自然状态	
		真	伪
决策者	拒绝 H_0	第 I 种错误	正确判断
的判断	接受 H_0	正确判断	第 II 种错误

第 I 种错误，即拒真错误，是 H_0 真前提下的拒绝它的错误。第 II 种错误，即取伪错误，是 H_0 伪前提下的接受它的错误。由于 H_0 的自然状态不为决策者所知，决策者无论做出何种判断，都冒有犯错误的风险。显著水平 α 规定了临界值和拒绝域，因而也就是犯拒真错误的最大概率，因此在这个意义上 α 又称为第 I 种错误风险系数，即：

P（拒绝 $H_0 \mid H_0$ 真）$=\alpha$。

取伪错误的概率在总体平均数真值 H_A 明确时可以计算出来。对于例 6—1，所划定的接受域（159.5，160.5），根据 $\overline{X}=160.33$ 下了接受 H_0 的结论。此时，如果 $H_A=160.8$ 克，$\overline{X}$ 有多大可能性落入接受域是不难计算的。

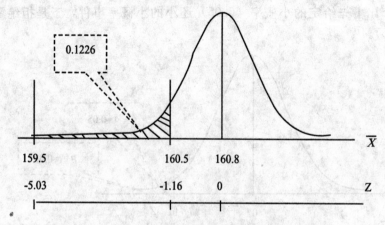

图 6.4　总体平均数确定前提下的取伪错误概率

以 β 表示取伪错误的概率，则有：

$\beta=P$（接受 H_0 | H_0 伪）。

本例中：

$\beta=P\ (159.5\leqslant\overline{X}\leqslant160.5\ |\ \mu_A=160.8)$

　　$=P\ (-5.03\leqslant Z\leqslant-1.16)\ =0.1226$

在决策中总是先指定 α，即指定甘冒的拒真风险的概率。

假设检验的出发点是提出一对假设。对于是否存在差异的问题，总是把无差异设为零假设，使其处于无据而立的位置。如果样本数据提供足够的信息质疑，则拒绝零假设。对于单尾检验，通常的掌握原则是不轻易怀疑一种常态，亦不轻易肯定一种新论。如例 6—2 那样，将保持长期合作关系的供货商来货的合规性设为零假设。

6.4　P 值决策法

P 值检验法从另外一个角度看待零假设是否可以被拒绝。以右尾检验为例（见图 6.5），算得检验统计量 $Z^*=\dfrac{\overline{X}-\mu_0}{\sigma/\sqrt{n}}$，可以进一步求出概率 $P\ (Z\geqslant Z^*)$，这就是任何一次抽样中 $\overline{X}$ 不小于本次抽样实际 $\overline{X}$ 的概率。此概率称为 P 值。如果 P 值小于指定的 α，即小于事先给定的小概率，那么就意味着在零假设为真的前提下发生了一个比事先给定的小概率还小的小概率事件，这当然是不可能的，

125

因此就可以拒绝 H_0。反之，如果 P 值不小于指定的 α，则不能拒绝 H_0。例如某一右尾假设检验问题的 P 值是 0.02，而设定的显著水平是 0.05，决策者认定 0.02 是个比事先给定的小概率（0.05）还小的小概率事件，于是拒绝零假设（见图 6.5）。

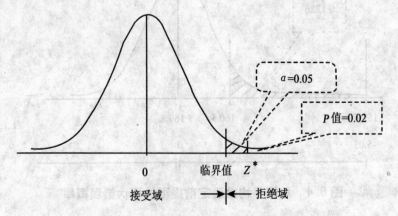

图 6.5 右尾检验的 P 值及其意义

以上关于右尾检验中 P 值运用的逻辑也适用于左尾检验和双尾检验。在左尾检验中，P 值在临界值截掉的区域以左，方可决绝 H_0。在双尾检验中，必须考虑到根据一次抽样的 $\overline{X}$ 算得检验统计量 Z^* 或为正值或为负值，而 α 是一分为二后对称地分布在两尾，这一模型就使得调整 P 值的计算方法成为必要。三种不同情况下 P 值的计算方法如下：

$$左尾检验：P 值＝P（Z \leqslant Z^*）\qquad （公式 6.2）$$
$$右尾检验：P 值＝P（Z \geqslant Z^*）\qquad （公式 6.3）$$
$$双尾检验：P 值＝2P（Z \geqslant |Z^*|）\qquad （公式 6.4）$$

总之，一个小的 P 值，表明该样本统计量提供足够的信息支持备择假设；而一个大的 P 值，表明该样本统计量不能提供足够的信息支持备择假设；P 值越小，则支持备择假设的信心越强。至于所说 P 值的"小"和"大"，要和决策者愿意指定的 α 相比较。统计软件只给出一个假设检验模型的 P 值，拒绝还是接受 H_0，留待决策者判定。

P 值检验法与临界值决策法内涵原理一致，但前者比后者包含更多的信息。以例 6—3 为例，按临界值决策法，$Z_a=1.65$，而检验条件量 $Z^*=3.16$，因而拒绝零假设。如果按 P 值检验法，P 值＝0.008，决策者不但知道应该拒绝零假设，而且还知道：他不但可以在 0.05 显著水平上拒绝零假设，还进一步知道可以在 0.01 显著水平上拒绝零假设，因而对确认"物流公司操作发生了问题"有更强的信心。

6.5 总体平均数特定值的检验 (σ 未知)

第 5 章已阐明，当总体服从正态分布且总体方差未知时，若以样本标准差代替未知的总体标准差计算抽样标准误，则样本平均数的标准化单位服从自由度为 $n-1$ 的 t 分布。于是，在假设检验中，检验统计量按下式计算：

$$t^* = \frac{\overline{X} - \mu_0}{S/\sqrt{n}}$$

（公式 6.5）

在 t 分布下，也同样有临界值决策法和 P 值决策法两种方法。

【例 6—4】一项用于招聘的智力测验被设计成使一般应聘者所得分数服从以 100 分为期望值的正态分布。20 名应聘者组成随机样本，经测验，平均分是 121 分，标准差是 14 分。按 0.05 显著水平，这是否意味这些人来自一个非寻常的群体？

解：本题为总体特定值差异性双尾检验。

H_0：$\mu = 100$；

H_1：$\mu \neq 100$。

由于 σ 未知，且 $n = 20$，检验统计量服从 t 分布，$\upsilon = 20 - 1 = 19$。

由 $\overline{X} = 121$，$S = 14$，得 $t^* = \dfrac{121 - 100}{14/\sqrt{20}} = 6.708$。

使用 $EXCEL$ 可以查到，P 值 $= 2 \times P\ (t > 6.706) = 2.06 \times 10^{-6}$。这是一个非常小的概率，所以拒绝 H_0。

结论：可以认为这 20 名应聘者的总体智商平均分数与 100 分显著不同，即他们来自一个非寻常的群体。

有两点需要说明：（1）尽管 t 分布的应用前提在理论上要求总体服从正态分布，在商务管理上，只要总体分布不是偏斜很强，仍然可以适用 t 分布。（2）尽管在理论上只要以 s 代替未知 σ 就得按 t 分布检验，但是在商务管理上，当 $n > 30$ 时，可以按 Z 分布检验。这就是通常所说"小样本"与"大样本"的分野。

【例 6—5】电视机显像管制造商长期以来采用的工艺所生产的显像管平均寿命值是 4 700 小时。开发出了新工艺以期提高显像管寿命，随机抽取新产品 100 只，测得平均寿命是 5 000 小时，标准差 1 460 小时。

问：在 1% 的显著水平上可否得出新工艺优于原工艺的结论？

又问：在 5% 的显著水平上可否得出新工艺优于原工艺的结论？

解：本题为总体平均数特定值差异性右尾检验。

H_0：$\mu \leqslant 4\ 700$；

H_1：$\mu > 4\ 700$。

已知 $n = 100$，为大样本。

由 $\overline{X} = 5\,000$，$s = 1460$，得 $Z^* = \dfrac{5\,000 - 4\,700}{1\,460 / \sqrt{100}} = 2.05$。

使用 *EXCEL* 可以查到，P 值 $= P(Z > 2.05) = 0.02$。

在 1% 的显著水平上，0.02 个不是小概率，所以接受 H_0。

结论是不能认为新工艺优于原工艺的结论。

又：在 5% 的显著水平上，0.02 个小概率，所以拒绝 H_0。

结论是可以认为新工艺优于原工艺的结论。

从例 6—5 也可以看出，如果增大拒真风险概率，意味着将临界值向靠近零假设值方向移动，就有可能改变对问题的判断。这就是说：基于同样的样本信息，α 的变化可能导致结论的逆转。

本章要点

假设：事先提出的关于总体的差异性或关联状态的陈述，有待检验。

假设检验：统计推断方法的一种。它根据抽样分布规律，依据样本信息，对关于总体的差异性或关联状态的假设真伪进行判断。

零假设：含有总体不存在差异或关联意义的假设。它处于检验程序中第一选择位置，没有充分的样本信息就不能拒绝它。

备择假设：与零假设陈述内容相对立的假设。如果有充分的样本信息否定零假设，则认为备择假设成立。

假设检验的基本逻辑：小概率事件在一次观察中几乎不可能发生。如果一旦发生，就反过来否定零假设的真实性。

显著水平（α）：按假设检验的基本逻辑设定的"小概率"，通常取 0.10，0.05，0.01。

拒真风险最大概率（α）：在零假设为真前提下，拒绝零假设是犯拒真错误（第 I 类错误）。犯这种错误的概率是 α，也就是确定的显著水平。

取伪错误（第 II 种错误）：在零假设为伪前提下，接受零假设。其概率用 β 表示。

显著差异：样本统计量计算值超过了基于真实零假设的随机误差范围，称样本统计量与总体参数存在显著差异。

拒绝域：导致拒绝零假设的统计量取值区间。

接受域：导致接受零假设的统计量取值区间。

临界值：划分拒绝域和接受域的统计量值。在分布模型确定后，它由显著水平决定。

Z 检验：总体平均数特定值差异性检验中总体标准差已知，检验统计量的分布形态。

t 检验：总体平均数特定值差异性检验中总体标准差未知，以样本标准差估计之，检验统计量的分布形态。

t 检验的大样本逼近 Z 检验：若样本容量超过 30，即便总体标准差未知，也可以使用 Z 检验。

检验统计量：在假设检验中用于判断是否提供足够信息以否定零假设的统计量。总体平均数特定值差异性检验的检验统计量公式是：

$$Z^* = \frac{\overline{X} - \mu_0}{\sigma/\sqrt{n}}; \quad t^* = \frac{\overline{X} - \mu}{S/\sqrt{n}};$$

双尾检验：拒真风险概率出现在检验统计量分布曲线两尾部分的假设检验类型。差异性检验中表达其备择假设的符号是"$\neq$"。

左尾检验：拒真风险概率出现在检验统计量分布曲线左尾部分的假设检验类型。差异性检验中表达其备择假设的符号是"$<$"。

右尾检验：拒真风险概率出现在检验统计量分布曲线右尾部分的假设检验类型。差异性检验中表达其备择假设的符号是"$>$"。

临界值决策法：以实际样本检验统计量是否落在拒绝域来决定是否拒绝零假设的决策方法。总体平均数特定值差异性检验的具体判定法则是

双尾检验判定法则：若 $Z^* < -Z_{\alpha/2}$ 或者 $Z^* > Z_{\alpha/2}$，就拒绝 H_0。

左尾检验判定法则：若 $Z^* < -Z_\alpha$，就拒绝 H_0。

右尾检验判定法则：若 $Z^* > Z_\alpha$，就拒绝 H_0。

P 值：在检验统计量分布曲线下由实际样本检验统计量划定的尾部面积。

左尾检验 P 值：$P(Z \leq Z^*)$

右尾检验 P 值：$P(Z \geq Z^*)$

双尾检验 P 值：$2P(Z \geq |Z^*|)$

P 值决策法：以 P 值是否足够小来决定是否拒绝零假设的决策方法。

习　题

6.1　某公司向航天部门推销一种新电池，供通讯卫星在空中使用。目前所使用的电池的平均寿命为 550 小时，新电池的寿命只有超过此值才可以使用。对新电池抽样 100 只，测得其平均寿命为 565 小时，标准差为 200 小时。航天部门需要对厂家推出的新电池进行寿命检验以最终决定是否订货购买新电池。

（1）本例的零假设和备择假设各如何表述？理由何在？

（2）对新电池进行寿命检验，样本平均寿命的标准化值服从何种分布？理由何在？

（3）若确定显著水平5%，本例的判定法则是什么？

（4）在计算检验统计量时需要作何替代？试计算之。

（5）根据计算结果决定对零假设的态度。

（6）由第（5）步的态度写出最终结论意见。

（7）最终结论是否绝对可靠？如果不是，其可能具有多大风险？

6.2 接大学生生活费一题（♯3.18）。如果有其他信息来源说该省大学生每月生活费用支出总体平均数是230元，按5%显著水平判断前述抽样调查结果所代表的实际情况是否支持与此信息？

6.3 龙化公司是是专门从事防腐工程施工和防腐材料研究、开发、制造的专业化工程公司。公司承担了西部原油成品油管道防腐管的制造工程。原生产线生产的防腐管的防腐层厚度在2.5毫米之内。从国外引进一条3PE的专用生产线。技术人员对该生产线进行了现场调试。以检验防腐层的厚度是否能够超过原生产线生产标准。测试结果取得如下30个数据：

2.65	2.86	2.57	2.68	2.76	2.78	2.86	2.68
2.76	2.69	2.78	2.65	2.74	2.86	2.63	2.62
2.78	2.67	2.76	2.70	2.77	2.71	2.74	2.56
2.76	2.68	2.59	2.73	2.12			

问：在5%的显著水平上能否得出引进生产线所生产的防腐管的防腐层厚度超过2.5毫米的结论？

6.4 泰民是专门生产灭蟑螂药械，其蟑螂杀灭效果在90%左右。泰民系列产品中有一种杀蟑粉剂，对蟑螂起到触杀的作用，是泰民组合杀虫防治方案的关键一环。因此对该产品质量的检验就成为生产工序的关键环节。最近销售部门反馈：有的老顾客反映药品重量好像比标准重量160克/瓶轻了，因而不经使了。质检部门随即对近期杀蟑粉剂的生产情况进行复检。现调出对上月10日、20日、30日产品系统抽样得到的3箱共60瓶粉剂的检测报告，数据如下：

161	160	162	159	158	160	159	159	159
161	160	161	157	158	160	162	160	158
160	160	159	158	161	158	162	161	160
159	158	157	159	159	160	158	159	157
161	158	161	157	160	159	162	157	159
158	160	163	160	159	161	161	162	161

158	158	160	160	157	161

问：样本数据是否支持顾客的怀疑意见？

6.5 接割草机刀片所用生产时间一题（♯2.1）。若特拉威公司设定生产割草机刀片所用时间（分）总体平均数是 50 分，标准差是 4.5 分。根据 2.1 题给出的样本数据，在 0.05 的显著水平上，能否判定该样本所抽自的总体生产时间平均数大于公司所设。

6.6 接金典制粉一题（♯2.7）。公司规定 45 克圆粉的每块重量总体平均数为 44.5 克，标准差是 0.5 克。以 10 位操作工的产品为样本，对他们各自生产的圆粉重量总体平均数是否与公司规定有差异分别进行假设检验。

要求：（1）使用 P 值检验法，检验 10 个样本中在 0.01 的显著水平上有几个与总体平均数存在差异；

（2）使用 P 值检验法，检验 10 个样本中在 0.05 的显著水平上有几个与总体平均数存在差异。

6.7 接航班售票一题（♯4.5）。某航空公司的记录表明，往往有 8％的正价票持有者"不到位"。现有一班卖出 70 张正价票，事后确知 9 位持票人"未到位"。问：按 5％显著水平，能否认为目前总体"不到位率"已经超过原有比率？

6.8 接除草机零件一题（♯4.3）。已知特拉威公司生产的除草机每台零件失灵概率是 2％。公司推出新型号，改进设计并改用新材料力图降低零件失灵概率。现有对售出的新型号的特拉威除草机 300 台进行跟踪，发现有 5 台发生零件失灵事故。视此 300 台为随机样本，按 5％显著系数，能否得出新型号的特拉威除草机零件失灵概率有所降低的结论？

6.9 3 年前某企业人力资源部对员工的智商进行测定，平均智商为 105 分。3 年来人员流动的总趋势是整体素质在提高。人力资源部想知道现在员工智商平均分是否比 3 年前有所提高。他们从员工中随机抽取了一个 62 人的样本，测得智商数据如下：

107	115	98	95	129	125	106	101	102
117	132	94	84	109	111	105	124	112
107	90	82	99	110	102	86	87	108
86	123	122	99	104	107	105	102	110
129	135	114	104	103	115	78	120	131
100	113	90	118	86	91	80	111	124
117	119	88	83	110	128	79	125	

问：样本数据是否支持人力资源部关于平均智商比 3 年前有所提高的假设？

6.10 万里橡胶制品厂生产的"FC 型"汽车轮胎的寿命平均为 40 000 公

里，标准差为 7 500 公里，该厂经过技术革新试制了"FC-A 型"汽车轮胎。技术人员拟抽样试验 100 只"FC-A 型"轮胎，以判断新型号的寿命是否显著地超过老型号。

(1) 若技术人员规定只有当新型号轮胎的抽样平均数超过 41 500 公里才能认为新型号的寿命是超过老型号，问这种情况下 I 型错误的概率是多大（即 α 是多大）？

(2) 若"FC-A 型"轮胎寿命实际为 42 000 公里，而抽检结果却低于第 (1) 步中所确立的临界里程，从而导致技术人员作出错误判断，这意味着哪种类型的错误？其概率是多大？

第7章 假设检验应用（上）

第六章通过总体平均数与特定值之间的比较阐述假设检验基本原理。本章将假设检验这一原理应用于总体平均数之间是否存在显著差异的检验，这些内容在经济和管理中得到广泛应用。

7.1 两总体平均数差量的检验（配对样本）

本节的检验方法，通过对研究对象进行配对，事前对可能干扰实验手段效果的各种因素加以控制，专门测定作用于实验对象的两种不同处置类型或级次能否产生不同的效果。配对有两种设计：一种是横向配对，另一种是纵向配对。横向配对即按着多项因素基本相同的原则将样本单元分成相匹配的两个子样本，然后对它们施以不同的处置，检验两个子样本的受刺激变量的平均数是否存在显著差别，以此判断处置的有效性。此一情况下，我们把两个子样本看做是分别抽自两个接受不同处置的次总体。常见的事例有按基础素质和学科水平等因素大致相同，把学生分成实验班和对照班，对前者试用新的教学方法，对后者仍采用惯常教学方法，经过一段时间教学，统一测试两班的成绩，以此比较两种教学方法的效果。纵向配对即比较样本平均数在处置前后是否存在显著差别。此一情况下，我们把处置前后的样本看做是分别抽自没接受和接受处置的两个次总体。常见的事例有某减肥中心对来该中心接受治疗的顾客其治疗前后的体重进行比较，以了解这种治疗是否有显著效果。

配对检验的思路是先求出各对观察值之差 d_i。记 X_i 和 Y_i （$i=1, 2, \cdots, n$）分别表示成对的观察值，一共有 n 对。则 $d_i=X_i-Y_i$。将 d 视为一个新的随机变量，检验 d 的总体平均数 μ_d 是否为 0。配对检验双尾模型的一对假设是：

H_0：$\mu_d=0$；

H_1：$\mu_d\neq0$。

配对检验单尾模型的一对假设是：

H_0：$\mu_d\leqslant0$；

H_1：$\mu_d>0$。（右尾检验）

H_0：$\mu_d\geqslant0$；

$H_1 : \mu_d < 0$。（左尾检验）

配对检验的具体方法还是比较样本统计量与零假设参数值是否存在显著差异。在这当中需要用 d 的样本标准差作为其总体标准差的无偏估计量。

d 的平均数 $\bar{d}$ 和标准差 S_d 分别由下面两式算出：

$$\bar{d} = \frac{\sum d_i}{n}$$

$$S_d = \sqrt{\frac{\sum (d - \bar{d})^2}{n-1}}$$

配对检验的检验统计量（自由度为 $n-1$）

$$t^* = \frac{\bar{d} - 0}{S_d / \sqrt{n}}。 \tag{公式 7.1}$$

【例 7—1】UL 认证是一家提供机电产品安全性认证服务的跨国公司，其检测的产品涉及电线电缆、灯具、家用电器、IT 产品、音视频及通讯设备、开关及电子元器件、电动工具、特种设备等许多机电产品。目前，UL 公司在中国内地的跟踪检验任务委托中国检验认证集团（CCIC）承担。CCIC 在全国有 11 个 UL 检验中心，280 多名 UL 检验员，对近 16 000 家工厂进行跟踪检验。

UL 检验员基本上以季度为单位对所属地区的工厂进行跟踪检验。由于工厂产品复杂程度、检验要求的难易程度、检验员技术水平、检验员工作细致程度的不同，检验员在每个工厂的检验时间会有所不同，所出具的不符合项（VN）报告数量也可能会有差异。近期，有部分检验员抱怨其工作时间明显比一些人长，同时检验中心也希望在对工作量的分配进行调整以充分发挥人力资源效率。但这种调整首先需要对检验时间进行分析，同时不能影响检验工作的质量。

时间分析的一项工作是判定 B 类检验员（2 年以内工作经验的检验员）与 A 类检验员（2 年以上检验经验的检验员）相比，在检验时间上是否有显著差异。由于每个检验员负责检验的工厂会定期进行轮换，因此可以对 A、B 两类检验员花在同一家工厂的检测时间进行配对。公司在某地区随机抽取 15 家 2008 年同时有 A、B 两类检验员从事过检验的工厂，从检测报告中查找到他们对相同产品的检验时间数据（单位：小时）如表 7.1。

表 7.1　　　　　　　　15 家受检企业两类检验员的检验时间

工厂名称	检验员	类别	检验时间	检验员	类别	检验时间
周氏电子	ZYL	A	2.00	LJK	B	2.50
维升电器	ZBC	A	4.50	HBK	B	3.00
永利	YY	A	3.00	ZLS	B	3.50
长青电器	LY	A	2.00	ZL	B	2.25

工厂名称	检验员	类别	检验时间	检验员	类别	检验时间
大东电缆	LMH	A	4.00	YCS	B	5.00
开联电子	KY	A	2.25	WJG	B	5.00
时信	SCW	A	0.50	SWH	B	1.50
正规电缆	LSZ	A	5.00	HSY	B	6.00
永泰电子	YXJ	A	2.00	ZSM	B	2.50
庆泰电缆	HJG	A	5.00	ZJM	B	4.50
荷乐电子	LMS	A	3.00	XB	B	3.50
泰科电子	LL	A	5.00	HSJ	B	5.00
东莞机电	CZY	A	3.00	CWT	B	3.75
纳迪电子	ZJJ	A	3.50	XGS	B	3.75
泰速电子	YM	A	2.25	ZJM	B	2.25

问：按 0.05 的显著水平，可否认为 B 类检验员所花检测时间在总体上是否大于 A 类检验员？

解：A、B 两类检验员花在同一组（样本）工厂的检验时间是配对数据，此题为双样本平均数差量配对检验。令 Y 和 X 分别表示 A、B 两类检验员所用时间，根据题问，此右尾检验的一对假设是：

$H_0 : \mu_d \leqslant 0$；

$H_1 : \mu_d > 0$。

$n = 15$，自由度 $= 15 - 1 = 14$。查表知，截 t_{14} 曲线下单尾 0.05 面积的 $t = 1.761$。判定法则是：若 $t^* > 1.761$，则拒绝零假设。

d_i 计算见下表

工厂名称	B 类检验员时间 X_i	A 类检验员时间 Y_i	$d = X_i - Y_i$
周氏电子	2.50	2.00	0.50
维升电器	3.00	4.50	−1.50
永利	3.50	3.00	0.50
长青电器	2.25	2.00	0.25
大东电缆	5.00	4.00	1.00
开联电子	5.00	2.25	2.75
时信	1.50	0.50	1.00
正规电缆	6.00	5.00	1.00
永泰电子	2.50	2.00	0.50
庆泰电缆	4.50	5.00	−0.50
荷乐电子	3.50	3.00	0.50
泰科电子	5.00	5.00	0.00

工厂名称	B类检验员时间 X_i	A类检验员时间 Y_i	$d=X_i-Y_i$
东莞机电	3.75	3.00	0.75
纳迪电子	3.75	3.50	0.25
泰速电子	2.25	2.25	0.00

计算得：$\overline{d}=0.47$，$S_d=0.91$。

$$t^*=\frac{0.47-0}{0.91/\sqrt{15}}=2.000。$$

因为 $t^*>1.761$，所以拒绝零假设。

结论：可以认为 B 类检验员所用检测时间在总体上大于 A 类检验员。

EXCEL 的"数据分析"工具条中有"t－检验：成对双样本均值分析"工具，可以支持这样的检验。

7.2 两总体平均数差量的检验（独立样本）

本节面对的是样本相互独立，抽自两个平均数分别为 μ_1 和 μ_2 的总体。根据检验目的，分别有下面三种假设对子：

$H_0：\mu_1-\mu_2=0$

$H_1：\mu_1-\mu_2\neq0$（双尾检验）

$H_0：\mu_1-\mu_2\leqslant0$

$H_1：\mu_1-\mu_2>0$（右尾检验）

$H_0：\mu_1-\mu_2\geqslant0$

$H_1：\mu_1-\mu_2<0$（左尾检验）

欲知两总体平均数差量检验（独立样本）的检验统计量，需要先明确两总体平均数差量的分布模型。从 4.4.3 小节内容可知：分别从具有参数 μ_1、σ_1^2 和 μ_2、σ_2^2 的两总体中抽取样本量为 n_1 和 n_2 的所有可穷尽样本。如果两总体服从正态分布，或者分布形态虽不明确但样本容量足够大，则 $\overline{X_1}$ 和 $\overline{X_2}$ 分别服从正态分布 $N\left(\mu_1,\dfrac{\sigma_1^2}{n_1}\right)$ 和 $N\left(\mu_2,\dfrac{\sigma_2^2}{n_2}\right)$。

如果两样本彼此独立，则合成随机变量 $\overline{X_1}-\overline{X_2}$ 服从一个新的正态分布，其期望值和方差分别由下面两式确定：

$$\mu_{\overline{X_1}-\overline{X_2}}=\mu_1-\mu_2，$$

（公式 7.2）

$$\sigma_{\overline{X_1}-\overline{X_2}}^2 = \frac{\sigma_1^2}{n_1} + \frac{\sigma_2^2}{n_2}. \qquad (公式 7.3)$$

即是说，随机变量 $\overline{X_1}-\overline{X_2}$ 的抽样标准误公式是：

$$\sigma_{\overline{X_1}-\overline{X_2}} = \sqrt{\frac{\sigma_1^2}{n_1} + \frac{\sigma_2^2}{n_2}}. \qquad (公式 7.4)$$

对于对两总体方差信息了解程度的不同，因而检验方法会有所不同。下面分三种情况给予介绍。

7.2.1　两总体方差已知或方差未知·大样本

如果两总体方差已知，检验统计量是：

$$z^* = \frac{(\overline{X_1}-\overline{X_2}) - (\mu_1-\mu_2)}{\sqrt{\frac{\sigma_1^2}{n_1} + \frac{\sigma_2^2}{n_2}}}. \qquad (公式 7.5)$$

若两总体方差未知，只要两个样本容量都足够大，这种情况下 $(\overline{X_1}-\overline{X_2})$ 的抽样分布服从（或近似服从）正态分布，可以用样本方差计算检验统计量。

$$z^* = \frac{(\overline{X_1}-\overline{X_2}) - (\mu_1-\mu_2)}{\sqrt{\frac{S_1^2}{n_1} + \frac{S_2^2}{n_2}}}. \qquad (公式 7.6)$$

【例 7—2】为了判定两个社会培训机构举办同样培训项目的教学效果是否存有差别，从一个标准考试的成绩中分别抽取一部分学员的成绩作为样本。甲机构抽取了 30 名，乙机构抽取了 40 名，具体分数如下：

甲机构：97　　87　　83　　85　　91　　74　　90　　83　　84　　91
　　　　87　　88　　94　　89　　76　　72　　73　　88　　79　　76
　　　　82　　86　　92　　74　　78　　84　　85　　70　　64　　73
乙机构：64　　93　　66　　82　　91　　79　　84　　62　　85　　70
　　　　83　　75　　78　　84　　85　　91　　72　　79　　74　　78
　　　　87　　65　　85　　83　　64　　79　　70　　99　　93　　78
　　　　84　　80　　74　　75　　82　　57　　89　　66　　59　　76

根据以上数据，是否可以认为两机构教学效果存有差别？（取显著水平 0.05）

解：此题为方差未知大样本的平均数差量双尾检验，检验统计量服从 Z 分布。

$H_0: \mu_1-\mu_2=0$

$H_1: \mu_1-\mu_2 \neq 0$

由显著水平 0.05，知判定法则是：若 $|Z^*| > 1.96$，就拒绝零假设。

根据已知两样本数据，算得：

$$\overline{X}_1 = 82.5, S_1^2 = 64.05, \overline{X}_2 = 78, S_2^2 = 100。\ \text{有}\ n_1 = 30, n_2 = 40。$$

$$z^* = \frac{(82.5 - 78) - 0}{\sqrt{\dfrac{64.05}{30} + \dfrac{100}{40}}} = 2.09。$$

因为 $|Z^*| > 1.96$，所以拒绝零假设。

结论：不能认为两机构教学效果没有差别。

EXCEL 的"数据分析"工具条中有"z—检验：双样本平均差检验"工具，可以支持这一检验。如果需要用两样本方差替代两总体方差，就在对话框中提问总体方差处输入样本方差。

两总体平均数差量的估计（方差已知或方差未知·大样本）

根据上面阐述的随机变量 $\overline{X}_1 - \overline{X}_2$ 的分布规律和公式 7.2～公式 7.4，可以对两总体平均数差量进行参数估计。直接以 $\overline{X}_1 - \overline{X}_2$ 作为 $\mu_1 - \mu_2$ 的点估计量，而用下式确定它的置信下限和上限：

$$LCL\ (\mu_1 - \mu_2) = (\overline{X}_1 - \overline{X}_2) - Z_{a/2}\sqrt{\frac{\sigma_1^2}{n_1} + \frac{\sigma_2^2}{n_2}} \qquad \text{（公式 7.7）}$$

$$UCL\ (\mu_1 - \mu_2) = (\overline{X}_1 - \overline{X}_2) + Z_{a/2}\sqrt{\frac{\sigma_1^2}{n_1} + \frac{\sigma_2^2}{n_2}} \qquad \text{（公式 7.8）}$$

在方差未知大样本情况下，可以用两样本方差分别代替以上两式中的总体方差。

两总体平均数差量置信区间既可以为估计参数而用，也可以作为假设检验的替代方法。如果若所构建的置信区间包含 0 点，则不能拒绝两总体平均数无差异的零假设；反之，若所得置信下限和置信上限在数轴 0 点的同一侧，就应拒绝两总体平均数无差异的零假设。

根据例 7—2 数据可以构建两培训机构总体分数差量的 95% 置信水平上的置信区间。

$$LCL\ (\mu_{\overline{X}_1 - \overline{X}_2}) = (82.5 - 78) - 1.96\sqrt{\frac{64.5}{30} + \frac{100}{40}} = 0.27$$

$$UCL\ (\mu_{\overline{X}_1 - \overline{X}_2}) = (82.5 - 78) + 1.96\sqrt{\frac{64.5}{30} + \frac{100}{40}} = 8.73$$

结论：甲机构与乙机构培训分数差量的 95% 置信区间是 0.27～8.73 分。

0.27～8.73 分的置信区间导致拒绝两机构教学效果没有差别的零假设。

7.2.2　两总体方差未知·小样本（同方差）

如果样本来自的两个总体都服从正态分布，且两总体方差未知，分别以相应的两个样本方差代替它们计算检验统计量，在小样本情况下，该检验统计量服从

t 分布，即：

$$t^* = \frac{(\overline{X_1} - \overline{X_2}) - (\mu_1 - \mu_2)}{\sqrt{\dfrac{S_1^2}{n_1} + \dfrac{S_2^2}{n_2}}} \qquad \text{（公式 7.9）}$$

如果有信息表明两未知总体方差相等，其无偏估计量 S_P^2 可以通过对两样本方差加权平均取得：

$$S_P^2 = \frac{(n_1 - 1)\, S_1^2 + (n_2 - 1)\, S_2^2}{n_1 + n_2 - 2} \qquad \text{（公式 7.10）}$$

称 S_P^2 为合并估计量（pooled estimator）。

以 S_P^2 代替公式 7.9 的样本方差，有：

$$t^* = \frac{(\overline{X_1} - \overline{X_2}) - (\mu_1 - \mu_2)}{\sqrt{S_P^2 \left(\dfrac{1}{n_1} + \dfrac{1}{n_2} \right)}}$$

检验中以 $(n_1 + n_2 - 2)$ 为自由度。

【例 7—3】对美国纽约股票交易所和纳斯达克股票交易所某日分别进行随机抽样，记录其个股的收益率。

纽约股票交易所 21 支样本股票收益率是：

| 3.4 | 2.7 | 5.4 | 2.1 | 3.0 | 3.1 | 3.0 | 3.5 | 1.6 | 2.6 |
| 3.6 | 6.4 | 5.3 | 3.0 | 3.0 | 2.9 | 5.0 | 0.9 | 2.2 | 3.1 |
| 2.9 |

纳斯达克股票交易所 25 支样本股票收益率是：

1.2	5.1	4.3	0.8	3.2	3.0	3.8	1.3	2.2	0.4
2.7	1.5	2.1	3.3	1.8	2.4	4.6	2.8	1.8	3.6
2.2	2.8	1.7	2.6	2.1

取显著水平 0.05，能否认为两个股票交易所收益率平均数在总体上相等？

解：本题求解前先设定两种股票收益率均服从正态分布，且具有同方差，又已知为小样本。

H_0：$\mu_1 - \mu_2 = 0$

H_1：$\mu_1 - \mu_2 \neq 0$

自由度 $= 21 + 25 - 2 = 44$，显著水平 0.05，双尾检验的临界值 $t_{44} = 2.015$，所以判定法则是：若 $|t^*| > 2.015$，则拒绝零假设。

$\overline{X_1} = 3.27, S_1^2 = 1.70, \overline{X_2} = 2.53, S_2^2 = 1.35$。

$$S_P^2 = \frac{(21-1) \times 1.70 + (25-1) \times 1.35}{21 + 25 - 2} = 1.51$$

$$t^* = \frac{(3.27 - 2.53) - 0}{\sqrt{1.51\left(\dfrac{1}{21} + \dfrac{1}{25}\right)}} = 2.034$$

因为 $|t^*| > 2.015$，所以拒绝零假设。

结论：不能认为两个股票交易所收益率平均数在总体上相等。

EXCEL 的"数据分析"工具条中有"t—检验：双样本等方差假设"工具，可以支持这一检验。

7.2.3 两总体方差未知·小样本（异方差）

7.2.2 小节列出的是两总体方差未知·小样本假设检验的两总体方差相等情况。如果有信息表明两未知总体方差不相等，则使用本小节的检验方法。至于什么样的信息能够推翻同方差的初始认识，需要进行另一番假设检验，本书不拟涉及。

异方差情况下不再计算合并估计量 S_P^2，直接使用公式 7.9，但自由度需要按下式求出：

$$v = \frac{\left(\dfrac{s_1^2}{n_1} + \dfrac{s_2^2}{n_2}\right)^2}{\left[\dfrac{s_1^4}{n_1^2\,(n_1 - 1)} - \dfrac{s_2^4}{n_2^2\,(n_2 - 1)}\right]}$$

EXCEL 的"数据分析"工具条中有"t—检验：双样本异方差假设"工具，可以支持这一检验。

以上 7.2 节和 7.3 节讲述的两总体平均数差量检验方法，所提出零假设都是两者无差别（$\mu_1 - \mu_2 = 0$），其实这个平均数差量也可以假设为 0 以外的任何特定值（$\mu_1 - \mu_2 = \delta$）。我们介绍的 EXCEL 的"数据分析"工具条中的 4 个工具的对话框内都有"假设平均差"一栏待回答，它可以是 0，也可以输入 0 以外的任何特定值。

为了展示 0 以外的任何特定值的检验，我们审视例 7—2 的样本平均数：$\overline{X_1} = 82.5, \overline{X_2} = 78$，从样本数据来看，甲机构的平均分数至少比乙机构高出 4 分。那么我们提出新的问题是：在 0.05 的显著水平上可否认为甲机构的总体平均分数比乙机构高出 2 分？

解：此题为方差未知大样本的平均数差量右尾检验，检验统计量服从 Z 分布。

$H_0 : \mu_1 - \mu_2 \leqslant 2$

$H_1 : \mu_1 - \mu_2 > 2$

由显著水平 0.05，知判定法则是：若 $Z^* > 1.65$，就拒绝零假设。

根据已知两样本数据，算得：

$\overline{X_1} = 82.5, S_1^2 = 64.05, \overline{X_2} = 78, S_2^2 = 100$。有 $n_1 = 30, n_2 = 40$。

$$z^* = \frac{(82.5-78)-2}{\sqrt{\frac{64.05}{30}+\frac{100}{40}}} = 1.16.$$

因为 Z^* 不大于 1.65，所以接受零假设。

结论：不能认为甲机构的总体平均分数比乙机构高出 2 分。

7.3 多总体平均数齐一性检验

本节所研究问题的框架是：存在着两个以上的总体，每个总体都有其平均数 μ_j 和方差 σ_j^2（$j=1,2,\cdots,k$），但都是未知的。从各个总体中分别抽取容量为 n_j 的样本，这些样本相互独立，可以计算出各个样本的平均数 $\overline{X_j}$ 和方差 S_j^2。假设检验的目的是，根据样本数据判定这些总体的平均数是否相等。换言之，就是要判定不同的处置是否会产生不同的结果。

【例 7—4】一调查公司欲比较三家航空公司的服务满意情况。它对积分达到一定点数的老客户进行抽样调查，请他们为三家航空公司都打分（1=最不满意，100=最满意），打分结果记入表 7.2。若取 $\alpha=0.05$，试检验三家航空公司服务满意得分在总体上是否不同。

表7.2   三家航空公司服务满意得分结果

乘客	航空公司（j）		
	甲	乙	丙
1	40	56	92
2	28	48	56
3	36	64	64
4	32	56	72
5	60	28	48
6	12	32	52
7	32	42	64
8	36	40	68
9	44	61	76
10	36	58	56
11	40	52	88
12	68	70	79
13	20	73	92
14	33	72	88
15	65	73	73
16	40	71	68

乘客	航空公司 (j)		
	甲	乙	丙
17	51	55	81
18	25	68	95
19	37	81	68
20	44	78	78
样本容量 (n_j)	20	20	20
列合计 $\sum x_{ij}$	779	1178	1458
列平均数 $\overline{X}_j$	38.95	58.90	72.90
总计 $\sum \sum X_{ij}$		3415	
总平均数 $\overline{\overline{X}}$		56.92	

20 名乘客对三家航空公司服务满意的打分作为样本。三家航空公司服务满意得分在总体上是否不同的问题，可以通过判定 3 个总体的平均数是否相等来解决。这里提出的一对假设是：

H_0：3 家航空公司服务满意得分总体平均数都相等；

H_1：3 家航空公司服务满意得分总体平均数不尽相等。

如果零假设为真，即 3 个总体平均数相等，独立抽取的 3 个样本的平均数就可望非常接近。反之，如果备择假设为真，样本平均数间就会呈现较大的差异。而样本平均数间的差异大小是相对于样本内部差异而言的。下面我们分别提出测定样本间差异和样本内差异的方法。

用样本间方差来描述样本平均数间的变异程度。这一方差的分子部分称做列间平方和（between-column sum of squares），又叫处置平方和（treatment sum of squares），其计算公式是：

$$SSC = \sum_{j=1}^{k} n_j (\overline{X}_j - \overline{\overline{X}})^2 \qquad \text{（公式 7.11）}$$

处置间方差在方差分析中的正式名称是列间均方和（between-column mean squares）或处置均方和（treatment mean squares），其计算公式是：

$$MSC = \frac{SSC}{k-1} \qquad \text{（公式 7.12）}$$

测定处置内差异的量数是样本内方差。它的分子部分是列内平方和（within-column sum of squares），或者叫误差平方和（error sum of squares），公式是：

$$SSE = \sum_{j=1}^{k} \sum_{i=1}^{n_i} (X_{ij} - \overline{X}_j)^2 \qquad \text{（公式 7.13）}$$

处置内方差在方差分析中的正式名称是列间均方和（within-column mean squares）或误差均方和（error mean squares），其计算公式是：

$$MSE = \frac{SSE}{n-k} \qquad \text{（公式 7.14）}$$

用 MSC 对 MSE 的比值来判定零假设是否成立。这个比率作为随机变量，服从以 $(k-1)$ 为分子自由度，以 $(n-k)$ 为分母自由度的 F 分布。即：

$$F^*{}_{(k-1),(n-k)} = \frac{MSC}{MSE} \qquad \text{（公式 7.15）}$$

F 分布

F 分布是右偏的连续型概率分布，作为一族曲线，其具体形状取决于分子自由度 v_1 和分母自由度 v_2。当 v_1 和 v_2 较小时，F 分布明显向右偏斜。随着 v_1 和 v_2 自由度的增大，偏斜程度逐渐减弱，最终逼近正态分布。

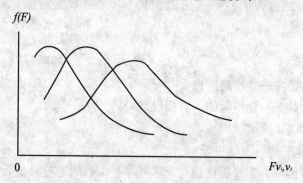

图 7.1 不同自由度的 F 曲线

给定两自由度，F 分布为一确定的曲线，曲线下总面积等于 1，表示为 $P(0 < F_{v_1,v_2} < \infty) = 1$。通常关注 F 曲线右尾面积及其相对应的 F 变量值，例如 $P(F_{3,5} \geqslant 5.41) = 0.05$，表示在 $v_1 = 3$ 和 $v_2 = 5$ 的 F 曲线下，5.41 以右面积占总面积的 5%，或曰 5.41 截取右尾 5% 面积。

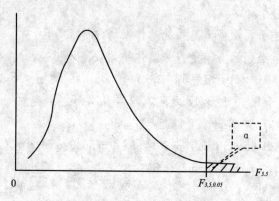

图 7.2 F 曲线右尾面积与变量值的函数关系

143

受篇幅限制，统计教科书总是印制简化的 F 分布表（见本书附表7～8）。表内分别给出最常用的1%和5%两个概率对应的 F 变量值。查表时在顶行找到 v_1 的具体值，在左列找到 v_2 的具体值，行列交叉格即是要求的 F 变量值。$F_{3,5,0.05}$ 的函数值可以从附表8直接查到，是5.41。

F 分布有一个互为倒数的关系，分子自由度和分母自由度颠倒，引起右侧面积数值的互补，其具体关系用公式表示为：

$$F_{v_2,v_1,\alpha} = \frac{1}{F_{v_1,v_2,(1-\alpha)}} \qquad \text{（公式 7.16）}$$

F 分布这一重要性质能帮助我们换算出 F 分布表的有限空间内没有直接列出的函数值。如欲查求截下右边面积为 0.95 的 F 变量值，就得根据上式换算。

$$F_{3,5,0.95} = \frac{1}{F_{5,3,0.05}} = \frac{1}{9.01} = 0.111$$

多总体平均数齐一性检验原理

多总体平均数齐一性检验的一对假设是：

H_0：各总体平均数都相等；

H_0：各总体平均数不尽相等。

如欲拒绝零假设，需要提供信息表明样本平均数间的差异显著大于样本内部差异，即列间均方和与列内均方和比值显著超过1，于是以公式7.15的 F 比值为检验统计量，做 F 检验。这个判断表述为：

若 $F^*_{v_1,v_2} = \dfrac{MSC}{MSE} > F_{v_1,v_2,\alpha}$，则拒绝"各总体平均数都相等"的零假设。

因为是通过比较列间方差和列内方差进行推断，所以本节的方法称为"方差分析"。

解例 7—4 如下：

H_0：三家航空公司服务满意得分总体平均数都相等；

H_0：三家航空公司服务满意得分总体平均数不尽相等。

$v_1 = 3-1 = 2$，$v_2 = 60-3 = 57$，取 $\alpha = 0.05$，$F_{2,60,0.05} < F_{2,57,0.05} < F_{2,55,0.05}$，即是说 $F_{2,57,0.05}$ 处于 3.15 和 3.17 之间，取值为 3.16。判定法则是，只有当检验统计量的计算值大于 3.16 时才可以拒绝 H_0。

$$SSC = 20 \times (38.95-56.92)^2 + 20 \times (58.9-56.92)^2 + 20 \times (72.9-56.92)^2$$
$$= 6\,456.02 + 78.67 + 5\,109.34$$
$$= 11\,644.03$$

$$MSC = 11\,644.03 / (3-1) = 5\,822.02$$

$$SSE = \left[(40-38.95)^2 + (28-38.95)^2 + \cdots + (44-38.95)^2 \right]$$
$$+\left[(56-58.9)^2 + (48-58.9)^2 + \cdots + (78-58.9)^2 \right]$$
$$+\left[(92-72.9)^2 + (56-72.9)^2 + \cdots + (78-72.9)^2 \right]$$
$$=11\ 724.55$$

$MSE = 11\ 724.55/ (60-3) = 205.69$

现有 $F = 5822.02/295.69 = 28.3$，应该拒绝 H_0。

结论：可以认为 3 个总体平均数不尽相等，也就是能得出三家航空公司服务满意平均得分在总体上不同的结论。

方差分析的前提条件和方差分析表

方差分析所应具备的前提是：①各总体都服从正态分布；②各总体方差相等；③样本间相互独立。如果这些前提明显不具备，则不能使用此法。

所有观察值总平均数的离差平方和称为总平方和（sum of square total），用公式表示是 $SST = \sum\limits_{j=1}^{k} \sum\limits_{i=1}^{n_j} (X_{ij} - \overline{X})^2$。总平方和可以分割为两个部分，一部分是处置平方和，另一部分是误差平方和，即 $SST = SSC + SSE$。

所有样本合成一个总样本后的自由度称为总自由度，总样本的容量是 $n = \sum n_j$，总自由度 $v = n-1$。而处置平方和和误差平方和的自由度分别是 $k-1$ 和 $n-k$，其和正是自由度 $n-1$，即有 $v = v_1 + v_2$。

平方和的合成关系、自由度的合成关系以及 F 检验的检验统计量、临界值等诸多因素放在一张表内，可以简明展示它们的关系。此表称为方差分析表（ANOVA）。EXCEL 和专用统计软件都自动打印出方差分析表。表 7.3 是例 7—4 的方差分析表。

表 7.3　　　　　　航空公司服务满意得分的方差分析表

变异源	SS	df	MS	F	P-value	F-crit
处置	11 644.03	2	5 822.017	28.30428	2.91E-09	3.158846
误差	11 724.55	57	205.6939			
总计	23 368.58	59				

表内数据表明 $F_{2,57,0.05} = 28.30428$，远超过临界值 3.158846，应该拒绝零假设。

也可以通过 P 值进行决策。P 值 $= 2.91 \times 10^{-9}$ 是一个非常小的数值，因此可以拒绝零假设。

本 章 要 点

配对样本：对研究对象进行配对，事前对可能干扰实验手段效果的各种因素加以控制，专门测定作用于实验对象的两种不同处置类型或级次能否产生不同的效果。配对有两种设计：一种是横向配对，另一种是纵向配对。

样本数据差额 d 的统计量：

$$\bar{d} = \frac{\sum d_i}{n}$$

$$S_d = \sqrt{\frac{\sum (d - \bar{d})^2}{n-1}}$$

配对检验的检验统计量（自由度为 $n-1$）

$$t^* = \frac{\bar{d} - 0}{S_d / \sqrt{n}}$$

两独立样本平均数差额抽样分布的期望值和方差

$$\mu_{\overline{X_1} - \overline{X_2}} = \mu_1 - \mu_2$$

$$\sigma^2_{\overline{X_1} - \overline{X_2}} = \frac{\sigma_1^2}{n_1} + \frac{\sigma_2^2}{n_2}$$

即是说，两独立样本平均数差额的抽样标准误公式是：

$$\sigma_{\overline{X_1} - \overline{X_2}} = \sqrt{\frac{\sigma_1^2}{n_1} + \frac{\sigma_2^2}{n_2}}$$

两独立样本（方差已知）平均数差额假设检验的检验统计量

$$z^* = \frac{(\overline{X_1} - \overline{X_2}) - (\mu_1 - \mu_2)}{\sqrt{\frac{\sigma_1^2}{n_1} + \frac{\sigma_2^2}{n_2}}}$$

两独立样本（方差已知）平均数差额置信限

$$LCL \ (\mu_1 - \mu_2) = (\overline{X_1} - \overline{X_2}) - Z_{a/2} \sqrt{\frac{\sigma_1^2}{n_1} + \frac{\sigma_2^2}{n_2}}$$

$$UCL \ (\mu_1 - \mu_2) = (\overline{X_1} - \overline{X_2}) + Z_{a/2} \sqrt{\frac{\sigma_1^2}{n_1} + \frac{\sigma_2^2}{n_2}}$$

两独立样本（方差未知·大样本）平均数差额假设检验的检验统计量

$$z^* = \frac{(\overline{X_1} - \overline{X_2}) - (\mu_1 - \mu_2)}{\sqrt{\frac{S_1^2}{n_1} + \frac{S_2^2}{n_2}}}$$

两独立样本（方差未知·小样本·同方差）平均数差额假设检验的检验统计量

$$t^* = \frac{(\overline{X_1} - \overline{X_2}) - (\mu_1 - \mu_2)}{\sqrt{S_P^2 \left(\frac{1}{n_1} + \frac{1}{n_2}\right)}}$$

$$S_P^2 = \frac{(n_1 - 1) S_1^2 + (n_2 - 1) S_2^2}{n_1 + n_2 - 2}$$

列间平方和（处置平方和）

$$SSC = \sum_{j=1}^{k} n_j (\overline{X_j} - \overline{\overline{X}})^2$$

列间均方和（处置均方和）

$$MSC = \frac{SSC}{k-1}$$

列内平方和（误差平方和）

$$SSE = \sum_{j=1}^{k} \sum_{i=1}^{n_i} (X_{ij} - \overline{X_j})^2$$

列间均方和（误差均方和）

$$MSE = \frac{SSE}{n-k}$$

多总体平均数齐一性假设检验的检验统计量

$$F^*_{(k-1),(n-k)} = \frac{MSC}{MSE}$$

与本章有关的 EXCEL 功能的实现途径

配对样本平均数差额检验

"工具"条→数据分析→t 检验：平均值的成对二样本分析

独立样本平均数差额检验（方差已知或大样本）

"工具"条→数据分析→z 检验：双样本平均差检验

独立样本平均数差额检验（方差未知·小样本·同方差）

"工具"条→数据分析→t 检验：双样本等方差假设

独立样本平均数差额检验（方差未知·小样本·异方差）

"工具"条→数据分析→t 检验：双样本异方差假设

习　　题

7.1　接汽车租赁一题（♯2.4）。

如果要检验期货估价和实际拍卖价在总体上是否存在差异，你认为这属于哪一种检验模型？试按 0.05 的显著水平检验之。

7.2　接铝品回收一题（♯5.2）。按 0.05 的显著水平检验不同回收渠道所回收的铝品的杂质含量总体无差异的假设。

7.3　1997 年最后几个月亚洲经济遭遇金融危机，美国公司该年第 4 季度的总体收益与 1996 年同期相比，是否有所下降？请用下列数据支持你的结论，显著系数取 5%。

1996 年和 1997 年美国若干公司的每股收益

Company	Earnings 96	Earnings 97
Atlantic Richfield	1.16	1.17
Balchem Corp	0.16	0.13
Black & Decker Corp	0.97	1.02
Dial Corp	0.18	0.23
DSC Communications	0.15	−0.32
Eastman Chemical	0.77	0.36
Excel Communications	0.28	−0.14
Federal Signal	0.40	0.29
Ford Motor Company	0.97	1.45
GTE Corp	0.81	0.73

Company	Earnings 96	Earnings 97
ITT Industries	0.59	0.60
Kimberly-Clark	0.61	−0.27
Minnesota Mining & Mfr.	0.91	0.89
Procter & Gamble	0.63	0.71

7.4 特拉威公司生产拖拉机，其采用的现行工艺和新开发的两个新工艺的成本（美元）样本数据如下：

现工艺	新工艺 A	新工艺 B	现工艺	新工艺 A	新工艺 B
176	275	321	242	242	292
286	199	314	322	267	273
269	219	242	209	210	281
327	273	278	282	391	303
264	265	300	304	297	306
296	435	301	391	346	312
333	285	286	236	230	287
242	384	315	383	332	306
288	387	300	299	301	312
314	299	304	300	277	295
302	145	300	278	336	288
335	266	351	303	217	313
242	216	277	315	274	286
281	331	284	321	339	338
289	247	276	322	267	273
259	280	312	209	210	281

试以 0.05 显著水平检验现行工艺和两个新工艺的成本平均数在总体上是否存在差异。

7.5 接金典制粉一题（#2.6）。已经发现第 1 名操作工和第 4 名操作工的产品重量与公司设计标准有显著差异。试以 95% 的显著系数估计该两名操作工的产品重量总体差额的置信下限和置信上限。

7.6 接电池使用寿命一题（#2.3）。问在 0.05 显著水平上它们的总体平均寿命有无差异。

7.7 接 100 名员工一题（#2.8）。设此 100 名员工为从总体中抽取的随机样本，以 95% 为置信系数构建员工现薪和受雇起薪两总体平均数差额的置信区间。

7.8　3.17 题已经计算出来有研究生学历和无研究生学历的会计人员的年龄平均数和标准差。如果可以认定两类不同学历的会计人员的年龄总体方差相等，试以 0.05 显著系数检验两类不同学历的会计人员的年龄总体平均数有无差异。

7.9　接丝锥使用寿命一题（♯3.9）。视攻丝速度为处置，共有 5 种水平：60，80，100，120 和 140。将观测值分为 5 组，视做样本数据。目的是检验 5 种攻丝速度下丝锥使用寿命在总体上是否不同。

（1）写出本题的一对假设。

（2）确定本题的总自由度、处置自由度和误差自由度。

（3）本题的检验统计量服从什么分布？其临界值是多少？写出判定法则。

7.10　接丝锥使用寿命一题（♯7.10）。

（1）分别计算 5 种处置样本的丝锥使用寿命平均数和总平均数。

（2）计算处置平方和和均方和。

（3）计算误差平方和均方和。

（4）计算检验统计量。

（5）决定是否拒绝零假设，得出结论。

7.11　接某车间员工一题（♯2.17）。

（1）分别计算该车间里男女两性操作工工资的平均数和标准差。

（2）视此 43 名员工为一个员工总体的随机样本，按 95％ 置信水平构建男女两性操作工工资的总体平均数差额的置信区间。

7.12　接某车间员工一题（♯2.17）。

（1）分别计算该车间里技术人员在男女两性中的比率。

（2）视此 43 名员工为一个员工总体的随机样本，按 95％ 置信水平构建男女两性中技术人员比率差幅的置信区间。

7.13　接美国癌症致死一题（♯3.15）。按 0.05 显著水平检验在总体上美国每百人膀胱癌致死人数是否比肾癌致死人数平均多 1 人？

7.14　接某城市房屋市值一题（♯2.15）。该 42 所房屋的房龄或为 27 年，或为 28 年，或为 32 年。按 0.05 显著水平检验不同房龄的房屋其市值总体平均数是否存在差异？

第8章 假设检验应用（下）

截止到第七章，假设检验所涉及的问题都是关于总体平均数的。本章将假设检验的原理应用于比率检验、中位数检验和独立性检验，这些也是经济和管理问题常见的内容。

8.1 单一总体比率的检验

本小节阐述关于总体比率是否与特定值存在差异的假设检验方法。与前述其他模型一样，单一总体比率的检验也有三种假设对子，分别是：

H_0：$\pi = \pi_0$；

H_1：$\pi \neq \pi_0$。（双尾检验）

H_0：$\pi \leqslant \pi_0$；

H_1：$\pi > \pi_0$。（右尾检验）

H_0：$\pi \geqslant \pi_0$；

H_1：$\pi < \pi_0$。（左尾检验）

根据4.4.3节内容：当样本足够大〔$n\pi_0 > 5$ 且 $n(1-\pi_0) > 5$〕时，样本比率 p 服从正态分布，该分布的期望值、方差和 p 抽样标准误分别由公式4.36和公式4.20决定。由此可得出单一总体比率检验的检验统计量标准化公式

$$Z^* = \frac{p - \pi_0}{\sqrt{\dfrac{\pi_0(1-\pi_0)}{n}}} \qquad \text{（公式 8.1）}$$

【例8—1】中国移动通信集团北京有限公司在迅速提高网络能力的同时，针对北京移动通信市场的特点和客户的需要，建立了面向市场的营销体系和售后服务体系。目前，"全球通"、"神州行"和"M—ZONE"已成为全国知名品牌。为了进一步提高客户对其提供的各项服务的满意程度，中国移动展开了一系列的调研工作，旨在通过相关数据的统计分析了解影响客户满意程度的因素。从而采取针对性的措施改进服务，提高客户满意度。

采用计算机辅助电话调查（CATI），以每家营业厅掌握的号码作为抽样框，提取最近1个月到访100个营业厅办理业务的用户，随即拨打，平均每家营业厅

成功样本约 20 个，共回收 2 000 份有效问卷。问卷询问影响客户满意度的营业厅地点方便与否、排队/排号等候时间、业务办理快捷、营业时间方便与否、营业厅环境、营业员的整体表现六大因素，测算与营业厅总体满意度。2 000 个用户的满意率为 91.3%。

问：这一数据是否表明在总体上高于上年的 90% 满意率？（显著水平取 0.05）

解：本题为右尾检验。

$H_0: \pi \leqslant 0.90$；

$H_1: \pi > 0.90$。

$n = 2\,000$，$2\,000 \times 0.90 = 1\,800$，$2\,000 \times (1 - 0.90) = 200$，都大于 5，可以按 Z 分布进行检验。

由显著水平 0.05 得 $Z = 1.65$。判定法则是：若 $Z^* > 1.65$，则拒绝 H_0。

$p = 0.913$，检验统计量

$$z^* = \frac{0.913 - 0.9}{\sqrt{\dfrac{0.9 \times (1 - 0.9)}{2\,000}}} = 1.94$$

因此拒绝 H_0。

结论：样本数据表明今年的满意率在总体上高于上年的 90% 满意率。

8.2 两总体比率差幅的检验

如果有两个总体，其比率分别为 π_1 和 π_2。从第一个总体中抽取容量为 n_1 的样本得到比率 p_1；从第二个总体中抽取容量为 n_2 的样本，得到比率 p_2。这两个样本相互独立，且有 $n_1\pi_1 > 5$，$n_1(1 - \pi_1) > 5$，$n_2\pi_2 > 5$ 和 $n_2(1 - \pi_2) > 5$，则 p_1 和 p_2 的抽样分布都近似服从正态分布，并且合成随机变量 $(p_1 - p_2)$ 的抽样分布也近似服从正态分布。$(p_1 - p_2)$ 的期望值是：

$$\mu_{p_1 - p_2} = \pi_1 - \pi_2 \qquad \text{（公式 8.2）}$$

它的方差是：

$$\sigma_{p_1 - p_2}^2 = \frac{\pi_1(1 - \pi_1)}{n_1} + \frac{\pi_2(1 - \pi_2)}{n_2} \qquad \text{（公式 8.3）}$$

两个样本比率的差幅按下述公式化成标准正态单位：

$$Z^* = \frac{(p_1 - p_2) - (\pi_1 - \pi_2)}{\sqrt{\dfrac{\pi_1(1 - \pi_1)}{n_1} + \dfrac{\pi_2(1 - \pi_2)}{n_2}}} \qquad \text{（公式 8.4）}$$

通常情况下，我们希望判定 π_1 与 π_2 是否相等或它们中某一个是否大于另一个，其假设分别有下述三种形式：

双尾检验　$H_0: \pi_1 - \pi_2 = 0$

$H_1: \pi_1 - \pi_2 \neq 0$

左尾检验　$H_0: \pi_1 - \pi_2 \geqslant 0$

$H_1: \pi_1 - \pi_2 < 0$

右尾检验　$H_0: \pi_1 - \pi_2 \leqslant 0$

$H_1: \pi_1 - \pi_2 > 0$

无论是哪种形式，在零假设中都有 $\pi_1 = \pi_2$ 的含义。于是，我们就用一个协同的比率估计值取代公式 8.4 中的 π_1 和 π_2。这个协同的比率估计值用 $\hat{p}$ 表示。它的计算方法和两总体平均数间差异检验所用的协同的方差估计值一样，用的是加权平均法，具体公式如下：

$$\hat{p} = \frac{n_1 p_1 + n_2 p_2}{n_1 + n_2}$$
（公式 8.5）

将公式 8.5 和 $\pi_1 = \pi_2$ 代入公式 8.4，检验估计量的公式就化成：

$$Z^* = \frac{(p_1 - p_2) - 0}{\sqrt{\hat{p}(1-\hat{p})\left(\dfrac{1}{n_1} + \dfrac{1}{n_2}\right)}}$$
（公式 8.6）

【例 8—2】中国移动通信集团北京有限公司的营业厅满意率调查还取得了分年龄段的数据。其中 15～25 岁共调查 887 人，满意率为 91.3%；26～34 岁共调查 634 人，满意率为 90.7%。问：在 5% 显著水平上可否认为 15～25 岁满意率在总体上高于 26～34 岁的满意率？

解：记 15～25 岁为样本一，26～34 岁为样本二，则一对假设如下：

$H_0: \pi_1 - \pi_2 \leqslant 0$

$H_1: \pi_1 - \pi_2 > 0$

经计算，本题 $n_1 \pi_1$，$n_1(1-\pi_1)$，$n_2 \pi_2$ 和 $n_2(1-\pi_2)$ 都大于 5，可以用 Z 分布进行检验。

右尾检验 5% 显著水平的临界值为 1.65，判定法则是：若 $Z^* > 1.65$，则拒绝零假设。

$$\hat{p} = \frac{887 \times 0.913 + 634 \times 0.907}{887 + 634} = 0.910$$

因为 $Z^* = \dfrac{(0.913 - 0.907) - 0}{\sqrt{0.91 \times (1 - 0.91)\left(\dfrac{1}{887} + \dfrac{1}{634}\right)}} = 0.40$

所以接受零假设。

结论：不能认为 15～25 岁用户的满意度在总体上高于 26～34 岁用户。

两总体比率差幅的区间估计（大样本）

根据上面阐述的随机变量 $p_1 - p_2$ 的分布规律和公式 8.2 和公式 8.3，可以对两总体比率差幅进行参数估计。直接以 $p_1 - p_2$ 作为 $\pi_1 - \pi_2$ 的点估计量，而用下式确定它的置信下限和置信上限：

$$LCL\ (\pi_1 - \pi_2) = (p_1 - p_2) - Z_{a/2}\sqrt{\frac{p_1\ (1-p_1)}{n_1} + \frac{p_2\ (1-p_2)}{n_2}} \qquad \text{（公式 8.7）}$$

$$UCL\ (\pi_1 - \pi_2) = (p_1 - p_2) + Z_{a/2}\sqrt{\frac{p_1\ (1-p_1)}{n_1} + \frac{p_2\ (1-p_2)}{n_2}} \qquad \text{（公式 8.8）}$$

两总体比率差幅置信区间既可以为估计参数而用，也可以作为假设检验的替代方法。如果若所构建的置信区间包含 0 点，则不能拒绝两总体比率无差异的零假设；反之，若所得置信下限和置信上限在数轴 0 点的同一侧，就应拒绝两总体比率无差异的零假设。

例 8-2 中，按 95% 置信水平计算，15～25 岁与 26～34 岁的满意率差幅的置信限是：

$$LCL(\pi_1 - \pi_2) = (0.913 - 0.907) - 1.96\sqrt{\frac{0.913(1-0.913)}{887} + \frac{0.907(1-0.907)}{634}}$$
$$= -0.023$$

$$LCL(\pi_1 - \pi_2) = (0.913 - 0.907) + 1.96\sqrt{\frac{0.913(1-0.913)}{887} + \frac{0.907(1-0.907)}{634}}$$
$$= 0.035$$

置信区间是（-0.023，0.035），包含 0，可以推断出两者满意率无显著差异。

8.3 单一总体中位数的检验

中位数的重要性在第四章已有阐述，因此关于总体中位数 η 的假设检验也有其特殊的意义。如同平均数假设检验一样，中位数假设检验也有 3 个假设对子。

双尾检验　　$H_0 : \eta = \eta_0$

　　　　　　　$H_1 : \eta \neq \eta_0$

左尾检验　　$H_0 : \eta \geqslant \eta_0$

　　　　　　　$H_1 : \eta < \eta_0$

右尾检验　　$H_0 : \eta \leqslant \eta_0$

　　　　　　　$H_1 : \eta > \eta_0$

总体内各有 50% 的数据在中位数之下和之上。从总体中抽取的随机样本数据，也应该大致是这样，即是说：对于双尾检验如果零假设成立，位于所设中位数 η_0 以下的数据所占比率不会明显小于或大于 50%，同时位于所设中位数 η_0 以上的数据所占比率不会明显大于或小于 50%。如果出现了任何一侧比率明显小于或大于 50% 的情况，则可以反推该总体的中位数不是 η_0。

当样本容量 n 确定时，位于所设中位数 η_0 以下（上）的数据个数 X 的概率分布是二项分布 $b(X\,|\,n,0.5)$。对于抽取到的样本，可以计数出位于所设中位数 η_0 以下（上）的数据个数，然后计算其出现概率，与显著水平相比，即可以做出判断。

如果样本容量足够大（$n>20$），则于所设中位数 η_0 以下（上）的数据个数近似服从正态分布，因而可以使用 Z 检验。

具体实施的方法是，分别计数样本内在所设中位数 η_0 以下的数据个数和在 η_0 以上的数据个数（等于 η_0 的个数不计，同时扣减样本容量），在双尾检验中只关注两个数目中的较大者，记为 r，它的分布形态是 $N\left[\dfrac{n}{2},\left(\dfrac{\sqrt{n}}{2}\right)^2\right]$。因此检验统计量是：

$$|Z^*|=\frac{r-\dfrac{n}{2}}{\dfrac{\sqrt{n}}{2}}=\frac{2r-n}{\sqrt{n}} \qquad\qquad (公式 8.9)$$

判定法则是：若 $|Z^*|>Z_{\alpha/2}$，则拒绝零假设。

根据同样的原理，左尾检验时 r 表示样本内在所设中位数 η_0 以下的数据个数，我们只考察它是否足够小，判定法则是：若 $Z^*<-Z_\alpha$，则拒绝零假设。

右尾检验时 r 表示样本内在所设中位数 η_0 以上的数据个数，我们只考察它是否足够大，判定法则是：若 $Z^*>Z_\alpha$，则拒绝零假设。

【例 8—3】安装在同一电子设备上的 21 个电子元件，其寿命（小时）如下：

518	903	1192	1477	1814	2060	2421	775	1015
1354	1604	1826	2274	2591	888	1189	1367	1708
2040	2330	2716						

以 5% 的显著水平检验该批电子元件的总体中位数是否为 $1\,300$ 小时。

解：本题为中位数检验（大样本）

H_0：$\eta=1\,300$ 小时

H_1：$\eta\neq1\,300$ 小时

显著水平 5%，判定法则是：若 $|Z^*|>1.96$，则拒绝零假设。

以样本中 21 个数值分别减去 $1\,300$，得到负差 7 个，正差 14 个（r）。

$|Z^*|=\dfrac{2\times14-21}{\sqrt{21}}=1.53$，导致接受零假设。

结论：在 5% 的显著水平上不能认为该批电子元件的总体中位数不是 1 300 小时。

8.4 独立性检验

第二章介绍了列联表的编制方法，其通常具有如下格式。

表 8.1　　　　　列联表的一般格式（观测值）

分 类 属性二	分类属性一				合计
	1	2	···	k	
1 2 ⋮ ⋮ r	O_{11} O_{21} ⋮ O_{r1}	O_{12} O_{22} ⋮ O_{r2}		O_{1k} O_{2k} ⋮ O_{rk}	$O_1.$ $O_2.$ ⋮ $O_r.$
合 计	$O._1$	$O._2$	···	$O._k$	n

可以看到，表中第一个属性分为 k 类，第二个属性分为 r 类。同时符合两重分类属性的被观察单位的数目记为 O_{ij}，下标 j 表示第二属性分类，取 1，2，…，k，i 表示第一属性分类，取 1，2，…，r；边缘数值为各样本观察值合计，观察值总和为 n。从被称为观测值的经验数据出发，检验两分类属性间是否相互独立。

可以在列联表最右合计列数据基础上计算行百分比 $\dfrac{O_1.}{n}$，$\dfrac{O_2.}{n}$，…，$\dfrac{O_r.}{n}$。行百分比之和 $\sum \dfrac{O_i.}{n} = 100\%$。如果分类属性二独立于分类属性一，分类属性一下的第一列各观测值 O_{11}，O_{21}，…，O_{r1} 对该列合计 $O._1$ 的比率应分别等于行百分比 $\dfrac{O_1.}{n}$，$\dfrac{O_2.}{n}$，…，$\dfrac{O_r.}{n}$，即列合计 $O._1$ 按着行百分比 $\dfrac{O_1.}{n}$，$\dfrac{O_2.}{n}$，…，$\dfrac{O_r.}{n}$ 成比例分配到第一列各栏：分别是 $O._1\dfrac{O_1.}{n}$，$O._1\dfrac{O_2.}{n}$，…，$O._1\dfrac{O_r.}{n}$，这对于分类属性一下的其他各列也如是。

从分类属性二独立于分类属性一出发，按以上成比例分配得到的各栏数值称为列联表的期望值，其一般计算公式是：

$$E_{ij} = \frac{O._j \cdot O_i.}{n}$$

（公式 8.10）

即是说，第 i 行第 j 列交叉处的期望值，等于所在列的合计数与所在行的合计数之积，除以总合计数（样本容量）。

156

在零假设成立的情况下,各栏数值应该是期望值。把样本数据——观测值与期望值对比,只有观测值在总和关系上显著地大于期望值,才可以拒绝两个属性相互独立的零假设。而这个比较通过计算观测值与期望值的相对离差平方和实现,具体就是:

$$\chi_v^{2*} = \sum_{j=1}^{k} \sum_{i=1}^{r} \frac{(O_{ij} - E_{ji})^2}{E_{ij}} \qquad \text{(公式 8.11)}$$

这个检验统计量服从以 v 为自由度的卡方分布。

卡方分布(chi-square distribution)与 F 分布一样,也是一族非负的右偏分布,但只有一个自由度。借助书后附表 6,可以从右侧面积查到相应的卡方变量值。例如,从表中 $v=10$ 一行,查得截下曲线下右边 10% 面积的值 χ^2 为 15.99,即该值能满足等式:

$P\ (\chi_{10,0.1}^2 \geqslant 15.99) = 0.1$。

从附表中查得截下曲线下右边 90% 面积(也就是截下曲线下左边 10% 面积)的 χ^2 值为 4.87,即该值能满足等式:

$P\ (\chi_{10,0.9}^2 \geqslant 4.87) = 0.90$。

在独立性检验中,自由度 $v=(r-1)(k-1)$。

需要指出,使用 χ^2 检验有一个并格问题。只要任何一格中的期望值小于 5,则其所在行的全部数据都要与邻行合并,一直到满足前提条件为止。

【例 8—4】某烟草公司对公众的吸烟态度进行调查,得到如下数据:

态度	年　　　龄			合计
	20～30 岁	30～40 岁	40～50 岁	
赞成	21	9	10	40
反对	12	9	19	40
合计	33	18	29	80

问:在 5% 的显著水平上,可否认为对吸烟的态度与年龄无关。

解:

H_0:吸烟态度独立于年龄;

H_1:吸烟态度不独立于年龄。

$\alpha=0.05$,$v=(2-1)\times(3-1)=2$,查表得临界值为 5.991。

判定法则:若 $\chi_2^{2*} > 5.991$,则拒绝零假设。

计算期望值填入下表:

态度	年　　　龄			合计
	20～30 岁	30～40 岁	40～50 岁	
赞成	16.5	9	14.5	40
反对	16.5	9	14.5	40
合计	33	18	29	80

$$\chi_v^{2*} = \frac{(21-16.5)^2}{16.5} + \frac{(9-9)^2}{9} + \frac{(10-14.5)^2}{14.5}$$

$$+ \frac{(21-16.5)^2}{16.5} + \frac{(9-9)^2}{9} + \frac{(10-14.5)^2}{14.5}$$

$$=5.248$$

因为 $\chi_2^{2*} < 5.991$，所以接受零假设。

结论：在 5% 的显著水平上，可以认为对吸烟的态度与年龄无关。

EXCEL 粘贴函数有"CHITEST"，在输入观测值区域和期望值区域后，打印出 P 值。本例打印的 P 值是 0.073，因为大于指定的显著水平，还是得出接受零假设的结论。

本 章 要 点

单一总体比率检验的检验统计量

$$Z^* = \frac{p - \pi_0}{\sqrt{\dfrac{\pi_0(1-\pi_0)}{n}}}$$

两样本比率差幅的抽样分布的平均数和方差

$$\mu_{p_1-p_2} = \pi_1 - \pi_2$$

$$\sigma_{p_1-p_2}^2 = \frac{\pi_1(1-\pi_1)}{n_1} + \frac{\pi_2(1-\pi_2)}{n_2}$$

两总体比率差幅假设检验的检验统计量

$$Z^* = \frac{(p_1-p_2)-(\pi_1-\pi_2)}{\sqrt{\dfrac{\pi_1(1-\pi_1)}{n_1} + \dfrac{\pi_2(1-\pi_2)}{n_2}}}$$

两总体比率无差异假设检验的检验统计量

$$Z^* = \frac{(p_1-p_2)-0}{\sqrt{\hat{p}(1-\hat{p})\left(\dfrac{1}{n_1}+\dfrac{1}{n_2}\right)}}$$

$$\hat{p} = \frac{p_1 n_1 + p_2 n_2}{n_1 + n_2}$$

两总体比率差幅置信限

$$LCL(\pi_1-\pi_2) = (p_1-p_2) - Z_{a/2}\sqrt{\frac{p_1(1-p_1)}{n_1} + \frac{p_2(1-p_2)}{n_2}}$$

$$UCL(\pi_1 - \pi_2) = (p_1 - p_2) + Z_{\alpha/2}\sqrt{\frac{p_1(1-p_1)}{n_1} + \frac{p_2(1-p_2)}{n_2}}$$

中位数检验（符号检验）的检验统计量

$$|Z^*| = \frac{r - \frac{n}{2}}{\frac{\sqrt{n}}{2}} = \frac{2r - n}{\sqrt{n}}$$

独立性检验（卡方检验）的检验统计量

$$x_v^{2*} = \sum_{j=1}^{k}\sum_{i=1}^{r}\frac{(O_{ij} - E_{ji})^2}{E_{ij}}$$

$$E_{ij} = \frac{O_j \cdot O_i}{n}$$

与本章有关的 EXCEL 功能的实现途径

卡方分布
由 χ^2 值查（右起累计）概率
chidist：X（输入 χ^2）；
digree of freedom（输入 v）
由（右起累计）概率查 χ^2 值
chiinv：probability（输入右起累计概率）；
digree of freedom（输入 v）
独立性检验（输出 P 值）
chitest（输入观测值域；期望值域）

习　题

8.1　接电话公司查号业务一题（♯3.2）。视 60 个班次的查号业务笔数为随机样本，按 5% 显著水平，能否判定该电话公司每班次的查号业务笔数总体中位数是 800 笔？

8.2　北京在奥运会期间对汽车施行单双号限行，在交通流畅和环境控制等方面均收到良好的效果。为解决北京的交通和环境问题，有人主张奥运后继续施行单双号限行，但也有相当多的反对意见。若已知某市辖区有车族总体反对奥运后继续施行单双号限行的比率是 50%。对某社区有车族 80 人进行随机调查，结果有 50 人反对继续施行单双号限行。问这一调查结果是否反映出所调查的社区中有车族反对继续施行单双号限行的总体比率与该市辖区同一指标总体不一致？（显著水平取 0.05。）

8.3　接大学生生活费一题（♯3.18）。如果有其他信息来源说该省大学生每月生活费用支出额在 200 元之内的比率占到 0.15，按 5% 显著水平判断前述抽样调查结果所代表的实际情况是否与此信息相背离？

8.4　某企业为了扩大产品销路，改进了商品的装潢。根据某代理商下属零售店的销售记录，在改用新装潢后的 60 天内，每天平均出售 1 090 件，标准差为 54 件，而据未改进装潢前 80 天的记录，每天平均出售 1 050 件，标准差为 60 件。问在显著性水平 $\alpha = 0.01$ 的情况下，能否判断由于改进了装潢而扩大了销路？

8.5　某大型连锁超市拟为其在全国范围的超市安装新式电子结算系统。现在有两家系统集成公司向它推销自己的产品。该公司决定根据试运行结果做出决策，为此先在青云寺店和临沧店分别安装 A 结算系统和 B 结算系统。按随机方式自青云寺店的结算记录中抽取了 120 笔业务，自临沧店的结算记录中抽取了 100 笔业务，有关统计量如下：

	青云寺店—A 系统	临沧店—B 系统
样本容量	120	100
平均结算时间（分）	3.8	3.3
结算时间标准差（分）	2.2	1.5

问：两家系统集成公司的结算系统的平均结算时间在总体上有无差异（显著系数 0.05）？

8.6　新星仕娉俱乐部广告中称其提供的健身锻炼可使参加者的体重在一个疗程内平均至少减少 8 千克。从俱乐部成员中随机抽选的 10 名，她们在参加减肥锻炼前后的体重情况如下：

成员	锻炼前体重（千克）	锻炼后体重（千克）
1	86	75
2	88	80
3	100	90
4	94	85
5	88	76
6	80	71
7	88	77

成员	锻炼前体重（千克）	锻炼后体重（千克）
8	92	83
9	95	82
10	106	91

以 5% 的显著水平检验该种锻炼的有效性。

8.7 两个公司生产的某一化学制品的纯度可能不同。一潜在客户从两公司产品中各自随机抽取 10 个样品，测得百分比纯度如下：

	A公司	B公司
样本容量	10	10
平均纯度（%）	72	74
纯度标准差（%）	2.1	3.2

已知两公司制品的纯度都服从正态分布，且总体标准差相等。按 5% 的显著系数来判断两个公司该化学制品的纯度是否存在显著差异。

8.8 1987 年某咨询机构受委托对我国一地区的吸烟情况进行了调查。其中整理出一份列联表如下：

吸烟户数按卷烟价格和收入水平交叉分组

消 费 档 次	人 均 收 入 水 平				
	35 元以下	35~50 元	50~70 元	70~100 元	100 元以上
不超过 0.21 元	510	92	32	10	5
0.22~0.59 元	911	571	524	326	107
0.60~1.50 元	63	119	214	190	85
1.50 元以上	4	4	5	9	13

(1) 根据交叉分组的观察频数的绝对数，计算行百分比、列百分比和总百分比。

(2) 试对卷烟消费档次与户均收入水平有无关联进行检验（显著系数取 5%）。

8.9 从某地区随机抽验了 500 人的视力，其中按性别和色觉两个质别变量的交差分组数据如下：

色觉	性 别		合计
	男	女	
正常	210	230	440
色盲	40	20	60
合计	250	250	500

（1）仅凭表中数据能否认为性别对色觉有或没有影响？

（2）用 P 值检验法对色觉独立于性别的假设进行检验。

（3）以上两步结论有无矛盾，当怎样解释？

8.10　某公司 800 笔应收账款按金额和账目到期时间交叉分组如下：

账目 到期时间	应收账款金额（元）		
	5 000 以内	5 000～20 000	20 000 以上
30 天及以下	410	170	100
30 天以上	90	20	10

抽样结果能否推断在总体上应收账款金额和账目到期时间相互独立？

8.11　对 3 份都以妇女和家庭生活为主题的杂志的订阅量进行了抽样调查，所附加的信息是订阅者的年龄段，数据如下：

杂　志	订　阅　者　年　龄			合计
	35 岁以内	35～55 岁	55 以上	
A	55	75	120	250
B	80	115	65	260
C	110	60	60	230
合　计	245	250	245	740

基于调查所得信息，你是否认为订阅者年龄区隔对杂志营销有帮助？

8.12　美国 1984 年大选时，选民按年龄段和选举表现的分组比例（％）如下：

选举 表现	年　龄　组				
	18～20 岁	21～24 岁	25～44 岁	44～64 岁	64 岁以上
投票	36.7	43.5	58.5	69.5	67.7
只登记	10.3	10.8	8.2	6.8	9.2
未登记	53.0	45.7	33.4	23.4	23.1

（1）绘制各年龄段的选举表现分段条形图。

（2）从统计图观察选举表现与年龄段的关系。

（3）依据以上数据能否检验选举表现与年龄段之间是否相互独立？如果能，试检验之；如果不能，请回答原因。

8.13　焊接头的力度在一定程度上取决于焊接过程中所使用的合金。某汽车制造厂研究室的技术专家已经研制出三种新合金。为了检验它们的力度，每种合金分别用于几次焊接中，然后所得的焊接头力度结果如下：

合金 1	合金 2	合金 3
15	17	25
23	21	27
16	19	24
29	25	31
	28	23
	19	

SST=334.4　　　　SSC=78.2

试问能否以 5% 的置信水平推断不同的焊接头之间在力度上存在差异?

8.14　一市场调研公司把整个市场划分为 4 类地区,记为 A、B、C、D。除 A 地区抽取 14 个样本单位外,其余 3 地区的样本容量都是 10。调查内容是消费者对某种耐用消费品的购买量(台)。调查所得数据经分析已列入下面的方差分析表。请你填充表内空白,并回答:在 1% 的显著水平上,能否认为 4 类地区的平均购买量无差异。

变异源	自由度	平方和	均方和	样本 F
样本间		3.9		
样本内		1 379.6		——
合计		——	——	——

8.15　某超级市场研究不同的食品包装对销售额有无影响。它们选择在 3 家分店对同一食品分别使用各自不同的包装方式。在采集数据时对一周的 3 个不同时段的日销售量(件)分别作了记录。有关包装—销售实验的数据见下表:

	一分店	二分店	三分店
周初	30	50	35
周中	45	40	65
周末	75	50	50

取显著水平 0.05,你能否认为消费者对同样食品的不同包装的反应有显著不同?

8.16　接单双号限行一题(♯5.3)。以 0.95 为置信系数,建立无车族与有车族对"单双号限行应该成为常态"的支持率的总体差幅的置信区间。

8.17　有机构对美国各年龄段的人每周看时间进行抽样调查,其中对 35～44 岁的人调查了 42 人,有 21 人每周看时间不少于 70 小时;对 25～34 岁 36 的人调查了 42 人，有 20 人每周看时间不少于 70 小时。根据这些数据，按 95％置信水平构建置信区间，在此基础上能否得出上述两个年龄段每周看时间不少于 70 小时的美国人比率无差异的结论？

第9章 一元回归分析

事物之间的联系是复杂的，一个变量可能受到多个变量的影响，正像贯穿本章的事例——北京某大型购物中心内 16 家品牌服装销售点的销售额，可能受到广告支出、营业面积、导购人员以及其他许多因素影响。回归分析可以研究一个变量如何受到多个变量的影响，但本章把问题简化到最基本状态，只研究一个变量如何受到另一个变量的影响，而把其余因素都归为随机干扰。

9.1 总体简单回归模型和方程

在我们的研究模型中，存在三个因素：因变量、自变量和随机干扰因素，其中自变量是影响因变量变化的主导因素，而随机干扰是一系列不重要因素相互抵消的合力，对因变量的变化的影响不具方向性，只是造成随机的波动。于是，三者间构成如下模型：$Y= f(X)+\varepsilon$。

对于上述模型，再把自变量对因变量变化的影响限制在线性关系上，于是有：

$$Y=\alpha+\beta X+\varepsilon \tag{公式 9.1}$$

表述总体上自变量对因变量变化影响，并附加随机干扰项的数学表达式，称为总体回归模型。如果把自变量对因变量变化的影响限制在线性关系上，就是总体线性回归模型，如公式 9.1。对于随机干扰项 ε，既然只是造成 Y 的随机波动，那么可以视其期望值为 0，即 $E(\varepsilon)=0$。把公式 9.1 等号两边都求数学期望，遂有 $E(Y)=\alpha+\beta X$。即是说，Y 的期望值——严格地说是 X 取任何特定值时 Y 的期望值，是该特定值以 α 为截距（intercept）、以 β 为斜率（slope）的线性函数。上式应该进一步写成：

$$E(Y \mid X)=\alpha+\beta X \tag{公式 9.2}$$

这个线性函数表达式称为 Y 倚 X 总体线性回归方程，它在直角坐标系内是一条直线，称为 Y 倚 X 总体回归直线。方程左边 $E(Y \mid X)$ 表示 X 取任何特定值时 Y 的期望值，称为 Y 的条件平均数（conditional mean），它随 X 取值变化而改变。斜率 β 就是 Y 倚 X 的单位变化量。对 Y 倚 X 回归关系的研究，首先是确定总体回归方程的参数 α 和 β。

为了进行回归关系的统计推断，需要为随机干扰项 ε 正式规定下述假定前提：

（1）ε是随机变量。即对应于某个 X 的任何特定值，ε 的符号和绝对值的大小是随机的，且它既独立于 X 的取值，也独立于前一项的 ε 值。

（2）ε服从正态分布，而且影响 Y 的随机因素的作用趋于互相抵消，即 $E(\varepsilon)$ ＝0。Y 的期望值落在总体回归线上。在给 X 定值后，Y 值围绕 Y 的期望值呈正态分布。

（3）对于任何 X 值，ε 有恒定的方差 $\sigma_{Y.X}^2$。即是说，无论 X 取什么值，Y 值围绕总体回归线的变异程度相同。这就是同方差性（homoscedasticity）。

以上关于因变量的一系列阐述，可以用下式简单而明确地表达 $Y \sim N[E(Y \mid X_0), \sigma_{Y.X}^2]$。如图 9.1 所示，$Y$ 倚 X 的总体回归关系由回归直线 $E(Y \mid X) = \alpha + \beta X$ 体现，而无论 X 取值 $X_{(1)}, X_{(2)}$ 还是 $X_{(3)}$，或者其他任何数值，随机变量 ε 都是围绕 $E(Y \mid X)$ 的具体值呈正态分布，且期望值为 0，方差恒定。

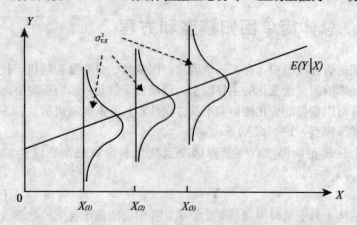

图 9.1　总体回归方程与随机干扰项的 3 条假定前提

9.2　样本简单回归方程的拟合

正如前面有关统计推断的各章内容所述，总体参数通常是不能直接测定的，只能通过相应的样本数据去推断。因此，首先要依据样本数据计算出与总体参数相对应的样本统计量，在这里就是样本回归方程的系数。样本回归方程写作：

$$\hat{Y} = a + bX \qquad\qquad （公式 9.3）$$

式中：X 表示自变量的观测值；a 表示样本回归直线截距，b 表示回归直线斜率，分别对应于总体斜率和截距——α 和 β。$\hat{Y}$ 表示因变量的拟合值（fitted value），即样本数据 X 取特定值时，所推算的 Y 值，对应于 $E(Y \mid X)$。

2.2.4 小节讲述依据 Y 与 X 对应观测值绘制散点图，以散点图展现两变量间的相关。样本回归方程就是贯穿在点阵当中的一条直线，它展现 Y 如何随着 X 的变化而变化。在根据散点群去拟合回归直线时，应该使得与 X 所有可能取值对应的 Y 拟合值与 Y 观测值之间的误差总和最小。鉴于散点分布在回归直线的上下两侧，为避免正负误差值相互抵消，上述总误差采用平方和的形式计算，即欲使 $\sum(Y-\hat{Y})^2 = \sum(Y-a-bX)^2$ 最小。

经过对 a 和 b 分别进行偏微分求导，知当 a 和 b 满足下述联立方程式时，Y 拟合值与 Y 观察值总误差最小：

$$\begin{cases} \sum Y = na + bX \\ \sum XY = aX + b\sum X^2 \end{cases} \qquad \text{（公式 9.4）}$$

此二元一次联立方程式称为回归直线拟合的正规方程（normal equations）。解之，得：

$$\begin{cases} b = \dfrac{n\sum XY - (\sum X)(\sum Y)}{n\sum X^2 - (\sum X)^2} \\ a = \dfrac{\sum Y - b\sum X}{n} \end{cases} \qquad \text{（公式 9.5）}$$

$$\text{或} \begin{cases} b = \dfrac{\sum XY - n\overline{XY}}{\sum X^2 - n\overline{X}^2} \\ a = \overline{Y} - b\overline{X} \end{cases} \qquad \text{（公式 9.6）}$$

有 a 和 b 的值，就可写出回归方程 $\hat{Y}=a+bX$。这种配合回归直线的方法，叫做最小二乘法（the least square method）。

【例 9—1】接续例 2—5，对 2002 年滨河市高新技术开发区内 15 家信息产业企业的销售额和相关指标进行调查，数据列入表 2.17。这套数据生成的散点图展现本企业销售额与本企业广告投入呈正相关，本企业销售额与竞争对手销售额呈负相关。经计算相关系数分别是 0.71 和 −0.64。在计算企业销售与本企业广告投入相关系数过程中，已产生中间数据：

$\sum X = 14.9$，$\sum Y = 1\,522.4$，$\sum X^2 = 17.67$，$\sum Y^2 = 174\,918.5$，$\sum XY = 1\,683.49$。将中间数据带入公式 9.5，计算企业销售额倚本企业广告投入的回归方程系数：

$$b = \frac{15 \times 1\,683.49 - 14.9 \times 1\,522.4}{15 \times 17.67 - 14.9^2} = 59.68$$

$$a = \frac{1\,522.4 - 59.68 \times 14.9}{15} = 42.21$$

所求回归方程是 $\hat{Y} = 42.21 + 59.68X$。根据斜率和截距，可确定回归直线在散点图中的位置（见图 9.2）。

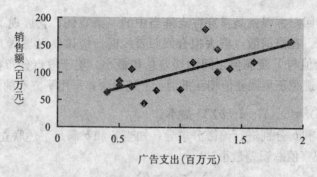

图 9.2　销售额倚广告支出的回归

下面结合例题具体解释回归系数的意义。首先应注意，对回归系数的解释，一般也只可在自变量取值范围内做出。本例自变量取值区间为 $0.4 \leqslant X \leqslant 1.9$，在此范围内，$b=59.68$ 表示当广告支出每增加或减少 1 百万元，销售额就有可望相应增加或减少 59.68 百万元。截距只是观念上的数值，而拟合线并不能延伸到与纵轴相交。对于 $a=42.21$，则不能作经济意义上的解释，它只是确定回归之下位置的一个系数。在绘制拟合回归线时，只在自变量取值范围内绘制一条线段。

再拟合本企业销售额与竞争对手销售额的回归方程。计算中间数据得：
$\sum X=324.6,\sum Y=1\,522.4,\sum X^2=7\,654.56,\sum Y^2=174\,918.5,\sum XY=30\,662.78$。

将中间数据带入公式 9.5，有：
$$b=\frac{15\times30\,662.78-324.6\times1\,522.4}{15\times7\,654.56-324.6^2}=-3.62$$

$$a=\frac{1\,522.4-(-3.62)\times324.6}{15}=179.85$$

所求回归方程是 $\hat{Y}=179.85-3.62X$。说明竞争对手销售额每增加或减少 1 百万元，本企业销售额可望相应减少或增加 179.85 百万元。

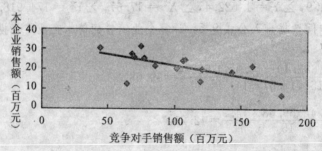

图 9.3　本企业销售额倚竞争对手销售额的回归

为了系统讲述回归分析，再给出一个系列例题。

【例9—2】北京城内繁华商业区有一大型购物中心，许多国内外知名服装品牌都在此租用场地，辟有直销店。为了扩大销售占领市场，商场管理人员和各服装销售商想尽办法，提高销售额，其中采取加大广告宣传费投入，增加经营面积，增加导购人员数量等方法。下面是该大型购物中心内16个服装品牌的有关数据：

品牌 名称	当年销售额 （万元）	广告费用 （万元）	营业面积 （平方米）	导购人员 （人）
雅戈尔	865	480	30	8
杉杉	823	365	30	9
罗蒙	798	410	30	5
华伦天奴	756	320	40	7
胜龙	740	190	30	6
虎豹	738	180	25	6
报喜鸟	720	300	30	6
米盖尔	806	148	40	8
七匹狼	679	280	20	5
乔顿	610	250	20	5
依文	770	110	35	7
ESPRIT	925	480	50	9
爱德康	838	270	40	8
班尼路	817	386	50	5
腾氏	783	246	40	6
斯而丽	727	170	30	6

本章先进行品牌服装店销售额倚广告费用的简单回归分析，第十章将陆续引入第二个乃至第三个自变量进行多元回归分析。

经计算，

$\sum X = 4\ 585, \sum Y = 12\ 395, \sum X^2 = 1\ 509\ 241, \sum Y^2 = 9\ 867\ 191, \sum XY = 3\ 622\ 573$。

代入公式9.5得：$b = 0.3616, a = 617.0789$。广告费用每多投入1万元，可望推动销售额增加0.3616百万元。

如果有服装店投入广告费用350百万元，它的销售额可望达到：

$\hat{Y} = 617.0789 + 0.3616 \times 350 = 743.6389$（百万元）。

这是对销售额的点估计值，后面还将讨论如何进行区间估计。

9.3　估计标准误

总体回归模型中随机误差 ε 的方差 $\sigma_{Y.X}^2$，是回归分析中区间估计和假设检验关键参数。尽管 $\sigma_{Y.X}^2$ 是个常数，但它却是未知的，只能用样本数据来估计它。与 ε 相对应的是 Y 观察值与其回归直线拟合值的离差 $e=Y-\hat{Y}$，在回归分析中称为残值（residual）。e 的均方和 $S_{Y.X}^2$ 可用来估计 $\sigma_{Y.X}^2$。因为用样本数据去推断总体回归关系，有两个待定参数 α 和 β，因而失去了两个自由度，计算均方和时分母是 $n-2$。

$$S_{Y.X}^2=\frac{\sum(Y-\hat{Y})^2}{n-2}$$

e 的均方和的算术平方根，称为估计标准误（standard error of estimate），记为 $S_{Y.X}$。

$$S_{Y.X}=\sqrt{\frac{\sum(Y-\hat{Y})^2}{n-2}}=\sqrt{\frac{\sum e^2}{n-2}} \qquad\text{（公式 9.7）}$$

在用样本数据拟合回归直线时，估计标准误描述 X 无论取何特定值，观测值 Y 对于相应的拟合值的离散程度。运用公式 9.7 计算估计标准误，先要逐一计算残值 $Y-\hat{Y}$，很不便利。在得到回归方程后计算 $S_{Y.X}$ 时，可以使用其变形公式：

$$S_{Y.X}=\sqrt{\frac{\sum Y^2-a\sum Y-b\sum XY}{n-2}} \qquad\text{（公式 9.8）}$$

对于例 9-2，

$$S_{Y.X}=\sqrt{\frac{9\ 867\ 191-671.0789\times12\ 395-0.3616\times3\ 622\ 573}{16-2}}=65.1385$$

这一统计量说明，在样本数据取值范围内，以任何广告费用值去估计销售额，其标准偏差是 65.1385 百万元。

9.4　回归系数的检验

通常是从总体中取得一组样本数据进行回归分析，而样本回归方程描述的只是样本数据 Y 和 X 的回归关系，并不能自动推延到总体中 Y 和 X 的关系。斜率 b 表示因变量随自变量的变化而发生什么方向、什么程度的变化。由于存在抽样误差，需要对样本斜率 b 与总体斜率 β 之间的差异进行假设检验。

从 $\beta=0$ 的零假设出发进行 β 的假设检验，如果能够拒绝零假设，即认为总体回归关系显著；否则即认为总体回归关系不显著。b 作为一个随机变量，它的抽样分布服从正态分布，分布的期望值是 $\beta=0$，其抽样标准误差的 S_b 的计算公式是：

$$S_b = \frac{S_{Y.X}}{\sqrt{\sum(X-\overline{X})^2}} = \frac{S_{Y.X}}{\sqrt{\sum X^2 - \dfrac{(\sum X)^2}{n}}} \qquad \text{（公式 9.9）}$$

在小样本回归分析中，检验统计量 $\dfrac{b-\beta}{S_b}$ 服从 $(n-2)$ 自由度的 t 分布，即：

$$t^* = \frac{b-\beta}{S_b} \qquad \text{（公式 9.10）}$$

β 通常设为 0 值，作双尾检验，以检验总体回归关系是否成立。在某些情况下，β 也设为其他数值，作双尾检验或单尾检验，以达成特定的检验目的。

用例 9—2 的数据，检验服装销售额对广告费用的回归关系在总体上是否成立。

设一对假设：

$H_0 : \beta = 0$

$H_1 : \beta \neq 0$

取 $\alpha = 0.05$，查得 $t_{14,0.05} = 2.145$。因此，拒绝零假设的条件是样本 $|t| > 2.145$。

$$S_b = \frac{65.1385}{\sqrt{1\ 509\ 241 - \dfrac{(4\ 585)^2}{16}}} = 0.147$$

$t^* = \dfrac{0.3616}{0.147} = 2.453 > 2.145$，导致拒绝零假设。

结论：可以认为服装销售额对广告费用在总体上存在回归关系。

相关系数的检验

前面 3.7 节讲述了（皮尔逊）相关系数 r 的计算及其意义。与回归方程斜率 b 一样，r 也只是描述样本数据的相关关系，如果要知道在总体上 Y 与 X 是否相关，也需要进行假设检验。

总体相关系数用 ρ 表示。一对假设表述为：

$H_0 : \rho = 0$

$H_1 : \rho \neq 0$

当总体相关系数 $\rho = 0$ 时，样本相关系数 r 的抽样分布的抽样标准误差 S_r 可以用下述公式计算：

$$S_r = \sqrt{\frac{1-r^2}{n-2}} \qquad\qquad \text{(公式 9.11)}$$

在此基础上用下面的公式计算检验统计量：

$$t^* = \frac{r-0}{S_r} \qquad\qquad \text{(公式 9.12)}$$

需要指出的是公式 9.12 分子的第二项只适用于 0 值，这一点与公式 9.10 不同。即这个方法只适用于检验总体是否存在相关关系。因为当 ρ 等于 0 以外的数值时，r 抽样分布不再是对称的。

下面根据例 9—2 的数据计算样本相关系数，并对总体相关系数进行检验。

$$r = \frac{16 \times 3\ 622\ 573 - 4\ 585 \times 12\ 395}{\sqrt{(16 \times 1\ 509\ 241 - 1\ 509\ 241) \times (16 \times 9\ 687\ 191 - 9\ 687\ 191)}} = 0.5483$$

$$S_r = \sqrt{\frac{1 - 0.5483^2}{16 - 2}} = 0.147$$

$$t^* = \frac{0.5483 - 0}{0.147} = 2.453$$

关于 ρ 的检验统计量与关于 β 的检验统计量相等，因而结论也是一样的，即在 0.05 显著水平上可以认为服装销售额与广告费用之间存在显著的总体相关关系。

对于 $H_0 : \rho = 0$ 的检验与对 $H_0 : \beta = 0$ 的检验可以达到同样的效力。因为判定了总体间相关关系存在与否，也就判定了总体间回归关系存在与否，反之亦然。只是两者应用的前提不同，对 ρ 的检验是继求得样本相关系数之后，而对 β 的检验是继拟合样本回归方程之后。

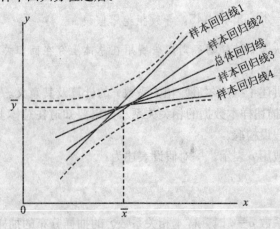

图 9.4　样本回归线对总体回归线的缠绕

9.5 因变量数值的估计

在 9.2 节的例题中，从广告费 400 百万元出发，估计销售额是 743.6389 百万元。然而这只是根据样本回归方程计算出来的因变量拟合值。我们还需要知道，就总体而言，如果广告费达到 400 百万元，这样的服装店平均销售额最多可以达到多少元，最少在多少元之上；具体到某一家服装店，如果广告费达到 400 百万元，它的销售额最多可以达到多少元，最少在多少元之上。

以自变量的特定值代入拟合回归方程，得到是因变量的点估计值。以此点估计值为基础，既可以构建因变量条件平均数的置信区间，也可以构建因变量个别值的置信区间。

9.5.1 因变量条件平均数的区间估计

构建 Y 的条件平均数 $E(Y \mid X_0)$ 置信区间，首先需要明确 X 取特定值 X_0 时 Y 的拟合值 $\hat{Y}_{(X_0)}$ 的抽样分布形态：它以 $E(Y \mid X_0)$ 为期望值，以 $\sigma^2[\hat{Y}_{(X_0)}]$ 为方差，呈正态分布。其中，

$$\sigma^2[\hat{Y}_{(X_0)}] = \sigma^2(a + bX_0) = \sigma_{Y \cdot X}^2 \left[\frac{1}{n} + \frac{(X_0 - \overline{X})^2}{\sum(X - \overline{X})^2} \right],$$

由于 $\sigma_{Y \cdot X}^2$ 未知，用它的无偏估计量 $S_{Y \cdot X}^2$ 代替，则上式改为：

$$S^2[\hat{Y}_{(X_0)}] = S_{Y \cdot X}^2 \cdot \left[\frac{1}{n} + \frac{(X_0 - \overline{X})^2}{\sum(X - \overline{X})^2} \right] = S_{Y \cdot X}^2 \cdot \left[\frac{1}{n} + \frac{\left(X_0 - \frac{\sum X}{n} \right)^2}{\sum X^2 - \frac{(\sum X)^2}{n}} \right] \quad \text{（公式 9.13）}$$

这个 $S^2[\hat{Y}_{(X_0)}]$ 称为条件平均数估计方差，其算术平方根称为条件平均数估计标准误（standard error for estimating conditional mean）。在用 $S_{Y \cdot X}^2$ 代 $\sigma_{Y \cdot X}^2$ 后，$\hat{Y}_{(X_0)}$ 的抽样分布就不再服从标准正态分布，而服从以 $n-2$ 为自由度的 t 分布。于是，条件平均数 $\hat{Y}_{(X_0)}$ 的置信区间的公式是：

$$\hat{Y}_{(X_0)} \pm t_{(n-2),(1-\alpha)} S[\hat{Y}_{(X_0)}],$$

即 $\hat{Y}_{(X_0)} \pm t_{(n-2),(1-\alpha)} \cdot S_{Y \cdot X} \sqrt{\frac{1}{n} + \frac{(X_0 - \overline{X})^2}{\sum(X - \overline{X})^2}}$

或：$\hat{Y}_{(X_0)} \pm t_{(n-2),(1-\alpha)} \cdot S_{Y \cdot X} \sqrt{\frac{1}{n} + \frac{\left(X_0 - \frac{\sum X}{n} \right)^2}{\sum X^2 - \frac{(\sum X)^2}{n}}}$ （公式 9.14）

从单一变量总体平均数置信区间的公式看，除置信水平外，有 2 个因素影响置信区间的宽窄：其一是标准差，其二是样本容量。而对于 Y 的条件平均数置信区间，因为公式中多出了 $\frac{(X_0-\overline{X})^2}{\sum(X-\overline{X})}$ 这一分式，影响区间宽窄的因素就复杂一些。第一，是估计标准误 $S_{Y \cdot X}$。第二，是样本容量。这两项的作用与单一变量总体平均数置信区间公式的情形一致。$\frac{(X_0-\overline{X})^2}{\sum(X-\overline{X})}$ 测度的是 X_0 与 $\overline{X}$ 的相对距离，距离越近，分式值越小，置信区间就越窄；反之则置信区间就越宽。

分式 $\frac{(X_0-\overline{X})^2}{\sum(X-\overline{X})}$ 的影响又分成分子和分母两部分。

分子的影响：$|X_0-\overline{X}|$ 越大，置信区间越宽，反之则越窄。这就是说 X 的取值越远离平均数，我们所作估计的不确定性就越大；反之，X 的取值越接近其平均数，则对条件平均数所估计的不准确性就小些。

分母的影响：X 的离差平方和 $\sum(X-\overline{X})^2$ 越大，该置信区间越窄，反之则越宽。在 n 恒定时，$\sum(X-\overline{X})^2$ 直接表明自变量的离散程度。这说明，越是在拥有较大取值范围的基础上拟合得到回归方程，所构建条件平均数置信区间就越具有较小的不确定性，反之亦然。

对于品牌服装一例，$X=350$ 时的条件平均数

$$\hat{Y}_{(350)}=671.0789+0.3616\times350=797.6238（万元）。$$

条件平均数的估计标准误

$$S[\hat{Y}_{(350)}]=65.1385\times\sqrt{\frac{1}{16}+\frac{\left(350-\frac{4\,585}{16}\right)^2}{1\,509\,241-\frac{4\,585^2}{16}}}=18.77$$

取置信系数 $1-\alpha=0.95$，则 $t=2.145$。$\hat{Y}_{(350)}$ 的置信区间 $797.6238\pm2.145\times18.77$，即（757.3499，837.8976）。作为最终结果，保留小数点后两位。可知当服装店的广告费用达到 350 万元时，我们有 95% 把握估计它们的平均销售额在 757.35 万元 ～ 837.90 万元之间。

9.5.2 因变量个别值的区间估计

因变量个别值围绕着条件平均数分布，其方差由两部分合成。

$$\sigma^2\left[Y_{(X_0)}-\hat{Y}_{(X_0)}\right]=\sigma^2\left[Y_{(X_0)}\right]+\sigma^2\left[\hat{Y}_{(X_0)}\right]$$

$$=\sigma_{Y \cdot X}^2+\sigma_{Y \cdot X}^2\left[\frac{1}{n}+\frac{(X_0-\overline{X})^2}{\sum(X-\overline{X})^2}\right]$$

$$=\sigma_{Y \cdot X}^2\left[1+\frac{1}{n}+\frac{(X_0-\overline{X})^2}{\sum(X-\overline{X})^2}\right]$$

用 $S_{Y \cdot X}$ 代替 $\sigma_{Y \cdot X}$，则 Y_{X_0} 的预测区间的上下限为：

$$\hat{Y}_{(X_0)} \pm t_{(n-2)} S_{Y \cdot X} \sqrt{1 + \frac{1}{n} + \frac{(X_0 - \overline{X})^2}{\sum (X - \overline{X})^2}}$$

或 $\hat{Y}_{(X_0)} \pm t_{(n-2)} S_{Y \cdot X} \sqrt{1 + \frac{1}{n} + \frac{\left(X_0 - \dfrac{\Sigma X}{n}\right)^2}{\Sigma X^2 - \dfrac{(\Sigma X)^2}{n}}}$　　　　（公式 9.15）

对于品牌服装一例，$X = 350$ 万元时的因变量个别值的估计标准误：

$$S_{Y(350)} = 65.1385 \sqrt{1 + \frac{1}{16} + \frac{\left(350 - \dfrac{4\,585}{16}\right)^2}{1\,509\,241 - \dfrac{4\,585^2}{16}}} = 67.7843$$

取置信系数 $1 - \alpha = 0.95$，则 $t = 2.145$。$Y_{(350)}$ 的置信区间 $797.6238 \pm 2.145 \times 67.7843$，即（652.2264，943.0211）。作为最终结果，保留小数点后两位。可知当广告费用达到 350 万元时，我们有 95% 把握估计具体某一服装店的销售额最少不低于 652.23 万元，最多不超过 943.02 万元之间。

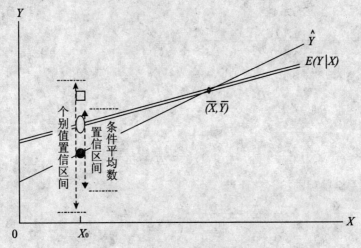

○总体条件平均数；　●样本拟合值；　□因变量个别值

图 9.5　因变量条件平均数和个别值的区间估计

本章要点

总体线性回归模型

$$Y = \alpha + \beta X + \varepsilon$$

总体回归直线

$$E(Y \mid X) = \alpha + \beta X$$

随机干扰项 ε 的假定前提：（1）随机性；（2）正态性；（3）同方差性。

样本回归方程

$$\hat{Y} = a + bX$$

拟合样本回归方程的方法——最小二乘法

$$\sum (Y - \hat{Y})^2 = \sum (Y - a - bX)^2$$

正规方程

$$\sum Y = na + bX$$

$$\sum XY = a\sum X + b\sum X^2$$

样本回归方程的系数

$$b = \frac{n\sum XY - (\sum X)(\sum Y)}{n\sum X^2 - (\sum X)^2} = \frac{\sum XY - n\overline{X}\,\overline{Y}}{\sum X^2 - n\overline{X}^2}$$

$$a = \frac{\sum Y - b\sum X}{n} = \overline{Y} - b\overline{X}$$

估计标准误

$$S_{Y \cdot X} = \sqrt{\frac{\sum (Y - \hat{Y})^2}{n-2}} = \sqrt{\frac{\sum e^2}{n-2}} = \sqrt{\frac{\sum Y^2 - c\sum Y - b\sum XY}{n-2}}$$

回归系数检验的检验统计量

$$t^* = \frac{b - \beta}{S_b} = \frac{b - \beta}{S_{Y \cdot X} \Big/ \sqrt{\sum X^2 - \dfrac{(\sum X)^2}{n}}}$$

相关系数检验的检验统计量

$$t^* = \frac{r - 0}{S_r} = \frac{r}{\sqrt{\dfrac{1 - r^2}{n-2}}}$$

条件平均数的置信区间

$$\hat{Y}_{(x_0)} \pm t_{(n-2),(1-a)} \cdot S_{Y \cdot X} \sqrt{\frac{1}{n} + \frac{(X_0 - \overline{X})^2}{\sum X^2 - \dfrac{(\sum X)^2}{n}}}$$

Y 的个别值预测区间

$$\hat{Y}_{(X_0)} \pm t_{(n-2),(1-\alpha)} \cdot S_{Y \cdot x} \sqrt{1 + \frac{1}{n} + \frac{(X_0 - \overline{X})^2}{\sum X^2 - \frac{(\sum X)^2}{n}}}$$

与本章有关的 EXCEL 功能的实现途径

拟合回归方程

斜率　　　粘贴函数 f_x——slope（已知 Y 值向量，已知 X 值向量）

截距　　　粘贴函数 f_x——intercept（已知 Y 值向量，已知 X 值向量）

估计标准误　　粘贴函数 f_x——steyx（已知 Y 值向量，已知 X 值向量）

由 X 特定值直接求 Y 拟合值

粘贴函数 f_x——forecast（X 一特定值，已知 Y 值向量，已知 X 值向量）

粘贴函数 f_x——trend（已知 Y 值向量，已知 X 值向量，X 一系列特定值，常数〔可忽略〕）

拟合回归直线

"图表向导"→XY 散点图→添加趋势线→线性

习　　题

9.1　接广告一题（♯3.10）。

（1）根据中间计算结果，求广告知悉率倚广告强度回归方程的斜率和截距。

（2）所得斜率有什么具体意义？这个意义的可靠适用范围是什么？

（3）按 10 个广告强度观测值计算其相应的广告知悉率拟合值。

（4）求残差，并指出有几个正残差，几个负残差；分别找到两个方向的残差的最小值、最大值和中位数。

（5）通过计算残差平方和求估计标准误，解释其意义。

9.2　接失业登记一题（♯3.12）。

（1）拟合失业时间长度倚失业者年龄的回归方程。

（2）分别计算 25 岁、35 岁、45 岁和 55 岁失业者的失业时间长度拟合值。

（3）找到 25 岁、35 岁、45 岁和 55 岁失业者的失业时间长度观测值，与相应拟合值作比较。

9.3 接 100 名员工一题（#2.8）。

（1）拟合员工现薪倚受雇起薪的线性回归方程，并解释斜率的具体意义。

（2）计算估计标准误。

（3）按 0.05 显著水平，对总体回归系数进行假设检验。

（4）若员工受雇起薪是 25 000 元，对其现薪进行点估计。

（5）取自变量特定值 25 000 元，构建因变量条件平均数 95％置信区间，并解释其意义。

（6）取自变量特定值 25 000 元，构建因变量个别值 95％置信区间，并解释其意义。

9.4 接 100 名员工一题（#2.8）。

（1）拟合员工现薪倚受教育年数的线性回归方程，并解释斜率的具体意义。

（2）计算估计标准误。

（3）按 0.05 显著水平，对总体回归系数进行假设检验。

（4）若受教育年数是 12 年，对其现薪进行点估计。

（5）按 95％的把握程度估计，受教育年数是 12 年的次总体的平均现薪最多和最少可望是多少？

（6）按 95％的把握程度估计，某一受了 12 年教育的员工其现薪最多和最少可望是多少？

9.5 接美国癌症致死一题（#3.15）。分别拟合 4 种癌症致死人数倚人均香烟售出量的回归方程，并就斜率意义分别进行说明。

9.6 对某市发动机制造行业进行了抽样调查，在抽样的 10 个厂家中，其产量和总成本的对应关系如下表所列：

厂家	产量（台）	总成本（万元）
1	14	14
2	9	8
3	23	22
4	17	16
5	10	16
6	5	6
7	22	20
8	13	14
9	16	20
10	6	10

（1）求总成本倚产量的回归方程，并解释回归系数 a 和 b 的具体意义；

（2）在显著水平 0.05 下，对相关系数进行显著性检验；

178

（3）若产量为 20 台，总成本平均数 95% 置信水平的置信区间是多少？

（4）若产量为 20 台，总成本个别值 95% 置信水平的预测区间是多少？

9.7 一种新产品推向市场的一定时期（比如说 3 个月或 6 个月）以后，顾客对这种产品有所知悉的比率称为知悉率。提高新产品知悉率的主要手段是广告。一项研究对 8 种新产品的广告开支和知悉率作了调整，数据如下：

消费者知悉率（%）	广告支出额（万元）
52	20
21	18
10	10
90	80
64	60
64	45
56	37
40	19

（1）拟合消费者知悉率倚广告支出额的回归方程，并解释回归系数 a 和 b 的意义；

（2）在显著性水平 0.05 下，对回归系数进行显著性检验。

（3）若广告支出额增加 1 万元，消费者知悉率可望增加几个百分点。

（4）对一新产品拟投入 40 万元做广告，其消费者知悉率一般可能达到什么水平？

9.8 某市有 10 个服装企业的固定资产和工业总产值数据如下：

	工业总产值（万元）Y	固定资产（万元）X
样本平均数	980	653
样本标准差	374	396

并且已知工业总产值 Y 与固定资产 X 的样本相关系数 $r = 0.95$，根据上述数据求解下列问题：

（1）求出工业总产值 Y 倚固定资产价值 X 的一元线性回归方程，并解释 b 的经济含义；

（2）计算估计标准误误。在显著性水平 0.05 下，对回归系数进行显著性检验；

（3）当固定资产价值 1 300 万元时，求工业总产值的预测值是多少万元；

（4）当固定资产价值 1 300 万元时，在置信系数为 95% 下，求工业总产值 Y。

的预测区间。

9.9 对某市的百货商场进行抽样调查，10家被抽中的商场上个月销售额（X：百万元）和该月利润率（Y：%）数据如下：

店序	1	2	3	4	5	6	7	8	9	10
X	6	5	8	1	4	7	6	3	3	7
Y	12.6	10.4	18.5	3.0	8.1	16.3	12.3	6.2	6.6	16.8

（1）求利润率倚销售额的线性回归方程；

（2）取 $\alpha = 0.05$，对回归方程斜率的显著性进行检验；

（3）取 $1 - \alpha = 0.95$，估计销售额为300万元时利润率条件平均数置信区间。

9.10 接百货商场一题（#9.9），调查结果还有商品周转费用率（%）的数据：

店序	1	2	3	4	5	6	7	8	9	10
X	2.8	3.3	1.8	7.0	3.9	2.1	2.9	4.1	4.2	2.5

（1）求利润率倚商品周转费用率的回归方程；

（2）取 $\alpha = 0.05$，对回归方程斜率的显著性进行检验；

（3）取 $1 - \alpha = 0.95$，估计商品周转费用率为5%时利润率条件平均数的置信区间。

9.11 接连锁餐饮业一题（#2.18）。拟合营业收入倚门店总数的回归方程。

第 10 章 多元回归分析

含有两个以上自变量的回归分析称做多元回归分析（multiple regression analysis）。在研究一元回归和相关分析时，设想因变量 Y 主要是与某一自变量有协变关系，其他有关因素都比较零散、微弱，来项不同，可以合并视为一个混合的随机因素 ε 来说明 Y 的变异。然而在客观总合现象中，因变量的变动往往不是能用某一个自变量就解释清楚的。一般来说，如果在理论上或在实践中考虑到某一变量对因变量有比较明显的、有规律的协变关系时，在作回归分析时就不宜将它笼统地归入随机因素内，而应将其作为回归模型中一个独立的自变量。这样就为推算因变量提供了新的信息，提高了分析的准确性。

多元回归分析的知识建立在简单回归分析基础上，关于总体回归模型、总体回归方程和样本拟合方程等，都是由单一自变量向多个自变量的延伸。本章关于多元回归分析先从线性关系开始，然后加入非线性因素。

10.1 总体多元回归模型和方程

含有 k 个自变量（X_1，X_2，$\cdots$，X_k）的总体回归模型为：

$$Y = \alpha + \beta_1 X_1 + \beta_2 X_2 + \cdots + b_k X_k + \varepsilon \qquad \text{（公式 10.1）}$$

公式中的 α 和 β_1，$\beta_2 +$，$\cdots$，β_k 都是总体回归模型的参数，其 α 中表示截距，诸 β 表示诸自变量的斜率，ε 是诸 X 以外其他所有因素对 Y 值的总合影响，即随机误差。关于随机误差 ε，仍然存在与简单回归分析一致的三条假定前提：

（1）ε 为一随机变量，且对不同的自变量取之对应 ε 的是相互独立的。

（2）ε 服从正态分布，期望值为 0。

（3）对于任何一组诸自变量取值，ε 有恒定的方差。

关于诸自变量 X_1，X_2，$\cdots$，X_k，假定它们之间不能高度相关，即不能有共线性。

把公式 10.1 等号两边都求数学期望，得到总体多元回归方程，即 Y 条件平均数对于诸自变量的线性函数：

$$E(Y \mid X_1, X_2, \cdots, X_k) = \alpha + \beta_1 X_1 + \beta_2 X_2 + \cdots + b_k X_k$$

（公式 10.2）

10.2 样本多元回归方程的拟合

样本多元线性回归方程是：

$$\hat{Y}=a+b_1X_1+b_2X_2+\cdots+b_kX_k \tag{公式 10.3}$$

公式中 a 为截距，b_1，b_2，$\cdots$，b_k 分别是自变量 X_1，X_2，$\cdots$，X_k 的斜率。$\hat{Y}$ 为因变量回归拟合值，Y 观察值与拟合值的离差是残值，有：

$$e=Y-\hat{Y}$$

仍然使用最小二乘法拟合样本回归方程，得到如下正规方程：

$$\begin{cases} \sum Y=na+b_1\sum X_1+b_2\sum X_2+\cdots+b_k\sum X_k \\ \sum X_1Y=a\sum X_1+b_1\sum X_1^2+b_2\sum X_1X_2+\cdots+b_k\sum X_1X_k \\ \sum X_2Y=a\sum X_2+b_1\sum X_1X_2+b_2\sum X_2^2+\cdots+b_k\sum X_2X_k \\ \qquad \cdot \qquad\qquad \cdot \qquad\qquad \cdot \qquad\qquad\qquad \cdot \\ \qquad \cdot \qquad\qquad \cdot \qquad\qquad \cdot \qquad\qquad\qquad \cdot \\ \qquad \cdot \qquad\qquad \cdot \qquad\qquad \cdot \qquad\qquad\qquad \cdot \\ \sum X_kY=a\sum X_k+b_1\sum X_1X_k+b_2\sum X_2X_k+\cdots+b_k\sum X_k^2 \end{cases}$$

以上联立方程组含有 $(k+1)$ 个方程，含有 $(k+1)$ 个未知数：a，b_1，b_2，$\cdots$，b_k，解之可以得到唯一一组解。

我们可以从含有两个自变量的回归分析来说明多元回归的一般特征。此时总体回归方程为：

$$E(Y\mid X_1，X_2)=\alpha+\beta_1X_1+\beta_2X_2 \tag{公式 10.4}$$

相应的样本回归方程为：

$$\hat{Y}=a+b_1X_1+b_2X_2 \tag{公式 10.5}$$

样本中含有 n 对观察值，每组数据都含有 Y，X_1 和 X_2 三个变量的观测值。简单回归的散点图对应于一个二维平面坐标系。简单回归方程表示平面坐标系的一条直线，而含有两个自变量的回归方程表示立体坐标系内一个平面。这个平面称为拟合平面，它含有与 Y 轴的截距 a，沿 X_1 轴的斜率 b_1，和沿 X_2 轴的斜率 b_2。如图 10.1 所示，拟合平面上的每个标点，代表由一组 X_1 和 X_2 值与将它们带入回归方程后所得 $\hat{Y}$ 值共同确定的拟合点，拟合平面外的每个标点都代表有一组 Y，X_1 和 X_2 观测值确定的散点。

a，b_1，b_2 这三个回归系数通过解正规方程：

$$\begin{cases} \sum Y=na+b_1\sum X_1+b_2\sum X_2 \\ \sum X_1Y=a\sum X_1+b_1\sum X_1^2+b_2\sum X_1X_2 \\ \sum X_2Y=a\sum X_2+b_1\sum X_1X_2+b_2\sum X_2^2 \end{cases} \tag{公式 10.6}$$

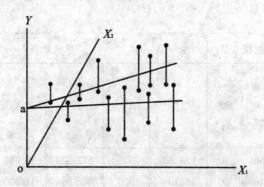

图 10.1　回归平面示意图

得出。

　　观测值标点与相应的拟合值标点的连线垂直于平面 X_1OX_2，通常不垂直于拟合平面。连线段的长度相当于残值的绝对值 $|e|$。圆点在拟合平面之上方时，残值为正，反之则残值为负。通过最小二乘法拟合的回归方程平面，确保残值的平方和最小。

　　截距 a，表示拟合平面与轴交点的 Y 坐标值，即 $X_1＝X_2＝0$ 时 Y 的拟合值。

　　斜率 b_1，表示当 X_2 保持不变时，X_1 每增加（或减少）一个单位，Y 拟合值增加（或减少）的单位数。

　　同理，对于另一个斜率也可以做出类似的解释：b_2 表示，当 X_1 保持不变时，X_2 每增加（或减少）1 个单位，$\hat{Y}$ 所增加（或减少）的单位数。

　　鉴于上述道理，对于 b_1 和 b_2 这样的多元回归方程的斜率，更确切地被称为偏回归系数（partial regression coefficient）。

　　【例 10—1】接续例 9—2，以其数据说明含有两个自变量的回归方程的拟合。

　　观察发现除加大广告宣传费以外，增加经营面积也对服装销售额有明显的作用，为此决定建立一个含有两个自变量的回归方程，以减少对销售额推算的不确定性。有关中间数据如下：

表 10.1　　　　　　　　服装销售额多元回归分析计算表

品牌名称	已知数据			中间数据					
	销售额 Y	广告费用 X_1	营业面积 X_2	X_1^2	X_2^2	Y^2	X_1X_2	X_1Y_2	X_2Y
雅戈尔	865	480	30	230 400	900	748 225	14 400	415 200	25 950

品牌名称	已知数据			中间数据					
	销售额 Y	广告费用 X_1	营业面积 X_2	X_1^2	X_2^2	Y^2	$X_1 X_2$	$X_1 Y_2$	$X_2 Y$
杉杉	823	365	30	133 225	900	677 329	10 950	300 395	24 690
罗蒙	798	410	30	168 100	900	636 804	12 300	327 180	23 940
华伦天奴	756	320	40	102 400	1 600	571 536	12 800	241 920	30 240
胜龙	740	190	30	36 100	900	547 600	5 700	140 600	22 200
虎豹	738	180	25	32 400	625	544 644	4 500	132 840	18 450
报喜鸟	720	300	30	90 000	900	5 148 400	9 000	216 000	21 600
米盖尔	806	148	40	21 904	1 600	649 636	5 920	119 288	32 240
七匹狼	679	280	20	78 400	400	46 1041	5 600	190 120	13 580
乔顿	610	250	20	62 500	400	372 100	5 000	152 500	1 200
依文	770	110	35	12 100	1 225	592 900	3 850	84 700	26 950
ESPRIT	925	480	50	230 400	2 500	855 625	24 000	444 000	56 250
爱德康	838	270	40	72 900	1 600	702 244	10 800	226 260	33 520
班尼路	817	386	50	148 996	2 500	667 489	19 300	315 362	40 850
腾氏	783	246	40	60 516	1 600	613 089	9 840	192 618	31 320
斯而丽	727	170	30	28 900	900	528 529	5 100	123 590	21 810
合计	12 395	4 585	540	1 509 241	19 450	9 687 191	159 060	3 622 593	425 790

将中间数据代入正规方程，有：

$$\begin{cases} 12\ 395 = 16a + 4\ 585b_1 + 540b_2 \\ 3\ 622\ 573 = 4\ 585a + 1\ 509\ 241b_1 + 1\ 509\ 060b_2 \\ 425\ 790 = 540a + 159\ 060b_1 + 19\ 450b_2 \end{cases}$$

解此联立方程，得：

$$\begin{cases} a = 527.918199 \\ b_1 = 0.246193 \\ b_2 = 5.221322 \end{cases}$$

因而得到拟合的样本回归方程：

$$\hat{Y} = 527.918199 + 0.246193X_1 + 5.221322X_2$$

$b_1 = 0.246193$ 表示，当经营面积保持不变时，广告费用投入每增加 1 万元，服装销售额可望增加或减少 0.246193 万元。$b_1 = 5.221322$ 表示，当广告费用保持不变，经营面积每增加或减少 1 平方米，服装销售额可望增加或减少 5.221322 万元。

拟合含有两个自变量的回归方程需要解三元一次方程组，计算过程非常烦琐。更多变量的多元回归分析计算过程会更加烦琐，目前这种运算大多依靠具有多元回归分析功能的统计软件进行。含有三个自变量或更多的回归方程的几何存在是一个超平面，尽管无法在常规的空间中绘制散点图和超平面图，我们可以设想到它们的存在。对偏回归系数的意义也可以做出类似的解释。

我们将本节拟合的含有两个自变量的回归方程与 $\hat{Y}=527.918199+0.246193X_1+5.221322X_2$ 与 9.2 小节拟合的回归方程 $\hat{Y}=671.0789+0.3616X_1$ 进行对比，发现自变量广告费用的斜率数值不一致。在简单回归分析中，经营面积的因素实质是被混进随机因素中，广告费用作为唯一的影响因素，其斜率是一个数值；在含有两个自变量的回归方程中将经营面积作为一个新的自变量考察，广告费用不再是唯一的影响因素，其斜率自然不再是原来的数值。一般来说，在原有回归方程中新添加一个新的自变量，同一自变量的回归系数都会发生变化。

多元回归分析中的估计标准误是关于各组观测数据散点离散于回归（超）平面的描述量数，记为 $S_{Y.12\cdots k}$。它的平方是总体随机误差 ε 的方差 $\sigma_{Y.12\cdots k}$ 的无偏估计量。估计标准误的定义公式是：

$$S_{Y.12\cdots k}=\sqrt{\frac{\sum (Y-\hat{Y})^2}{n-(k+1)}}=\sqrt{\frac{\sum e^2}{n-k-1}} \qquad \text{（公式 10.7）}$$

公式中误差平方和被 $n-(k+1)$ 去除，是因为求 $\hat{Y}$ 的值的回归分析要对 a，β_1，$\beta_2\cdots$，β_k 等 $(k+1)$ 个总体参数进行估计，受 $(k+1)$ 个正规方程的限制，从而丧失了 $(k+1)$ 个自由度。

使用公式 10.7 时要逐一计算残值 e，比较烦琐。在手工计算含有两个自变量回归方程估计标准误时，可以使用下列简捷公式：

$$S_{Y.12}=\sqrt{\frac{\sum Y^2-a\sum Y-b_1\sum X_1Y-b_2\sum X_2Y}{n-3}} \qquad \text{（公式 10.8）}$$

对例 9—2 数据进行计算，将有关数据代入公式，

$$S_{Y.12}=\sqrt{\frac{9\,687\,191-527.918199\times12\,395-0.2461930\times3\,622\,573-5.221321\times425\,790}{16-3}}$$

$$=46.909151$$

将此含有两个自变量的回归的标准误差 $S_{Y.12}=46.909151$ 与前面所作简单回归的估计标准误 $S_{Y.x}=65.1385283$ 加以比较，残值的离散程度减少了，说明考虑广告费用和经营面积，比只使用广告费用一个自变量，对服装销售量估计的不确定性缩小了。

10.3 因变量数值的区间估计

从多元回归分析中求得的估计标准误，是作进一步统计推断的重要量数。下面仍以例9—2的含有两个自变量的回归方程为例说明如何对因变量的条件平均数进行区间估计，如何对因变量个别值进行推算。为此，我们为两个自变量分别指定特定值：

$$X_1=350 \qquad X_2=45$$

将其带入回归方程，得到条件平均数的点估计值：

$$\hat{Y}_{(350,45)}=527.918199+0.246193\times350+5.221322\times45=849.045240（万元）$$

条件平均数 $\hat{Y}_{(X_{1(0)},X_{2(0)})}$ 的估计标准误 $S(\hat{Y}_{(X_0)})$ 仍然受到四种因素的影响，不过自变量的特定值的影响分别有两个特定值到平均数的距离，即 $(X_{1(0)}-\overline{X}_1)^2$ 和 $(X_{2(0)}-\overline{X}_2)^2$。

$S(\hat{Y}_{(X_0)})$ 的简捷公式仍然很长，为方便操作，将其改写母式与子式相套嵌的形式，母式中使用了两个代表字母 C 和 D，子式中给出了 C 和 D 的展开式。

$$S[\hat{Y}_{(X_0)}]=S_{Y.12}\sqrt{\frac{1}{n}+\frac{C}{D}} \qquad\text{（公式10.9）}$$

式中：

$$C=(X_{1(0)}-\overline{X}_1)^2(\sum X_2^2-n\overline{X}_2^2)+(X_{2(0)}-\overline{X}_2)^2(\sum X_1^2-n\overline{X}_1^2)$$
$$-2(X_{1(0)}-\overline{X}_1)(X_{2(0)}-\overline{X}_2)(\sum X_1X_2-n\overline{X}_1\overline{X}_2)$$

$$D=(\sum X_1^2-n\overline{X}_1^2)(\sum X_2^2-n\overline{X}_2^2)-(\sum X_1X_2-n\overline{X}_1\overline{X}_2)^2$$

对于服装销售额一例，有关中间数据是：

$$\sum X_1^2-n\overline{X}_1^2=1\ 509\ 241-16\times\left(\frac{4\ 585}{16}\right)^2=195\ 351.9$$

$$\sum X_2^2-n\overline{X}_2^2=19\ 450-16\times\left(\frac{540}{16}\right)^2=1\ 225$$

$$\sum X_1X_2-n\overline{X}_1\overline{X}_2=159\ 060-16\times\left(\frac{4\ 585}{16}\right)\times\left(\frac{540}{16}\right)=4\ 316.25$$

$$X_1-\overline{X}_1=350-\frac{4\ 585}{16}=63.4375$$

$$X_2-\overline{X}_2=45-\frac{540}{16}=11.25$$

$$C=(63.4375)^2\times1\ 225+(11.25)^2\times195\ 351.9-2\times(63.4\ 375)\times$$
$(11.25)\times4\ 316.25$

$$=4\ 929\ 787.598+24\ 724\ 224.844-6\ 160\ 772.461=23\ 493\ 239.9810$$

$D = 195\ 351.9 \times 1\ 225 - 4\ 316.25^2 = 239\ 306\ 077.5 - 18\ 630\ 014.06$

$= 220\ 676\ 063.4375$

最后得到估计标准误

$$S\left[\hat{Y}_{(X_0)}\right] = 46.909151 \times \sqrt{\frac{1}{16} + \frac{23\ 493\ 239.9810}{220\ 676\ 063.4375}} = 19.285195$$

仍然取置信系数为 95%，查 t 分布有 $t_{(16-3,0.95)} = 2.160$，条件平均数置信区间计算如下：

$849.045241 - 2.160 \times 19.285195 = 807.389221$（万元）

$849.045241 + 2.160 \times 19.285195 = 890.701262$（万元）

结果表明，我们有 95% 把握估计，当广告费用为 350 万元，且经营面积 45 平方米时，品牌销售额平均数可望在 807.39 万元~890.70 万元之间。

对于因变量个别值的推算标准误也使用嵌套形式给出计算公式：

$$S_{Y_0} = S_{Y.12}\sqrt{1 + \frac{1}{n} + \frac{C}{D}} \qquad \text{（公式 10.10）}$$

式中 C 和 D 的子式同前。

将有关中间数据带入公式 10.10，有：

$$S\left[Y_{(X_0)}\right] = 46.909151 \times \sqrt{1 + \frac{1}{16} + \frac{23\ 493\ 239.9810}{220\ 676\ 063.4375}} = 50.726112$$

$849.045241 - 2.160 \times 50.726\ 112 = 739.4768401$（万元）

$849.045241 + 2.160 \times 50.726\ 112 = 958.6136418$（万元）

结果表明，当某一特定品牌服装的广告费用为 350 万元，且经营面积 45 平方米，其销售额可望在 739.48 万元~958.61 万元之间。

10.4 回归方程的评价

选择一个、两个乃至多个适合的自变量建立回归方程，目的是用所选的自变量说明因变量的变异受哪些因素影响，其影响的程度有多大，通过回归方程对因变量进行估算会伴随多大的估计误差，从而给决策带来多大的风险。这些是本节要考虑的回归方程评价问题。

10.4.1 总变异的分割

变量的一个特定数值对于其平均值的偏离，称为离差，亦称变差。在对因变量的变异分析中，因变量个别值 Y_0 相对于因变量平均数 $\overline{Y}$ 的离差称为总变差（total deviation）；因变量拟合值 $\hat{Y}_{(X_0)}$ 相对于 $\overline{Y}$ 的离差称为已解释变差（explained deviation），因为自变量取不同的特定值时 $\hat{Y}_{(X_0)}$ 的变化是可以用回归关系解释的；Y_0 相对于 $Y_{(x_0)}$ 的离差称为未解释变差（unexplained deviation），这部分变差是回归关系以外的随机因素造成的，不能归因于回归关系。总变差被分解成已解释变差和未解释变差两部分，即：

总变差 $(Y-\overline{Y})$ ＝已解释变差 $(\hat{Y}-\overline{Y})$ ＋未解释变差 $(Y-\hat{Y})$。

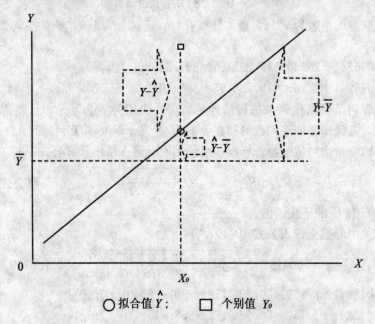

○拟合值 $\hat{Y}$；　□ 个别值 Y_0

图 10.2　总变差与已解释变差、未解释变差的关系

变量的各数值对于其中心值的偏离总和，称为变异。通常用离差平方和来描述变异程度。总离差的平方和，简称总平方和，用 SST 表示，又称做总变异（total variation）。已解释离差的平方和，简称回归平方和，用 SSR 表示，又称做已解释变异（explained variation）。未解释离差的平方和，简称误差平方和，用 SSE 表示，又称做未解释变异（unexplained variation）。可以证明，由总离差与已解释离差、未解释离差的关系能推出总变异的分割公式：

总变异＝已解释变异＋未解释变异

用公式表示为：

$$\sum (Y-\overline{Y})^2 = \sum (\hat{Y}-\overline{Y})^2 + \sum (Y-\hat{Y})^2$$

或：

总平方和＝回归平方和＋误差平方和

$$\text{SST} = \text{SSR} + \text{SSE} \qquad \text{（公式 10.11）}$$

将上式等号两边都除以总平方和 $\sum (Y-\overline{Y})^2$，得：

$$\frac{\text{已解释变异}}{\text{总变异}} + \frac{\text{未解释变异}}{\text{总变异}} = 1，\text{即：}$$

$$\frac{\sum (\hat{Y}-\overline{Y})^2}{\sum (Y-\overline{Y})^2} + \frac{\sum (Y-\hat{Y})^2}{\sum (Y-\overline{Y})^2} = 1 \qquad (\text{公式}10.12)$$

这样我们就把在绝对数意义上对总变异的分割，改换成在相对数意义上对总变异的分割，这对于研究回归方程的拟合效果很有帮助。

表 10.2　　简单回归中拟合值、SST、SSR 和 SSE 的计算

品牌	拟合值	总变差²	已解释变差²	未解释变差²
雅戈尔	844.6261	8 156.3477	4 891.4126	415.0944
杉杉	803.0471	2 334.0977	804.2674	398.1179
罗蒙	819.3172	543.4727	1 991.8067	454.4214
华伦天奴	786.7771	349.2227	146.1573	947.2271
胜龙	739.7747	1 203.2227	1 218.9053	0.0508
虎豹	736.1591	1 345.9727	1 484.4370	3.3889
报喜鸟	779.5459	2 990.7227	23.6042	3 345.7165
米盖尔	724.5893	980.4727	2 509.8304	6 627.7033
七匹狼	772.3148	9 156.0977	5.6298	8 707.6489
乔顿	761.4681	27 121.9727	174.7530	22 942.5796
依文	710.8501	21.9727	4 075.2091	3 498.7065
ESPRIT	844.6261	22 593.8477	7 891.4126	6 459.9582
爱德康	768.6992	4 008.4727	35.8595	4 802.5986
班尼路	810.6398	1 790.3477	1 292.5679	40.4521
腾氏	760.0219	69.0977	215.0812	527.9952
斯而丽	732.5435	2 274.0977	1 776.1133	30.7308
合计	——	84 939.4375 (SST)	25 537.0473 (SSR)	59 402.3902 (SSE)

将销售额观测值代入所拟合的销售额倚广告费用的回归方程，得到各行销售额拟合值（列于表 10.2 第 2 列）。计算出销售额观测值的平均数 774.6875。再按总变差、已解释变差和未解释变差的定义分别求出各行的 3 个变差的平方数（列于表 10.2 第 3～5 列）。将各列数字分别求和，得到总平方和、回归平方和和误差平方和（列于表 10.2 第 3～5 列底行）。这些数字可以验证总变异的分解。

10.4.2　判定系数

从公式 10.12 看到，若以总变异为基数，相对数 $\dfrac{\sum (\hat{Y}-\overline{Y})^2}{\sum (Y-\overline{Y})^2}$ 表示的是回归关系已经解释的 Y 值变异在总变异中所占的比率，而相对数 $\dfrac{\sum (Y-\hat{Y})^2}{\sum (Y-\overline{Y})^2}$ 则表示

回归关系不能解释的 Y 值变异在总变异中所占的比率。前者正是我们要寻求的测度回归方程拟合 Y 对 X 的协变关系效果的量数，称为判定系数（coefficient of determination）。产生于样本数据的判定系数是样本判定系数，在简单回归中用 $R^2_{Y\cdot X}$ 表示。因此，样本判定系数的定义公式是：

$$R^2_{Y\cdot X} = \frac{\sum (\hat{Y} - \overline{Y})^2}{\sum (Y - \overline{Y})^2} = 1 - \frac{\sum (Y - \hat{Y})^2}{\sum (Y - \overline{Y})^2} \qquad \text{（公式 10.13）}$$

$R^2_{Y\cdot X}$ 总是落在 0 与 1 之间。$R_{Y\cdot X}^2$ 接近于零，表示的回归方程有较弱的解释作用，即是说 Y 的变异中只有较小的部分可以归因于 Y 倚 X 的回归；要寻求对 Y 的变异的更多解释，需要求助于其他因素。$R_{Y\cdot X}^2$ 接近于 1，表示回归方程有较强的解释作用，即是说 Y 的变异中有较大部分可以归因于 Y 倚 X 的回归，其他因素对 Y 的影响不大。如果是后者，我们就基本肯定了回归方程拟合效果。如果是前者，我们则不宜肯定回归方程的拟合效果，应该寻求其他回归模式。

$R^2_{Y\cdot X}$ 简捷公式如下：

$$R^2_{Y\cdot X} = \frac{a\sum Y + b\sum XY - n\overline{Y}}{\sum Y^2 - nY^2} = \frac{a\sum Y + b\sum XY - \dfrac{(\sum Y)^2}{n}}{\sum Y^2 - \dfrac{(\sum Y)^2}{n}} \qquad \text{（公式 10.14）}$$

根据表 10.1 的数据和所拟合的方程系数，可以计算服装销售额倚广告费用的判定系数

$$R^2_{Y\cdot X} = \frac{671.0789 \times 12\ 395 + 0.3616 \times 3\ 622\ 573 - (12\ 395)^2/16}{9\ 687\ 191 - (12\ 395)^2/16} = 0.3007$$

计算结果表明，在服装销售额的变异中，有 30% 的变异可以归因于广告费用的变化。这个数值表明，尚有相当多的变异有待于进一步提供解释因素。

简单相关—回归分析中相关系数与判定系数的关系

简单相关系数与简单回归的判定系数存在这样的数量关系：判定系数是相关系数的二次幂。因此，可以在求得判定系数的基础上计算相关系数，方法是将判定系数开平方，至于平方根的符号，则取与回归方程斜率 b 相同的符号。

虽然相关系数和判定系数对变量间协变关系的解释有相通的一面，但是两者间区别也是不容忽视的。判定系数是在拟合回归方程后进一步评价它的解释作用，而回归分析有其具体目的和 3 项假定前提。相关系数只描述变量间协变关系的密切程度，而不区别哪个是自变量，哪个是因变量。其次，虽然两者都是相对数的形式，但判定系数是相关系数的平方数，一个较大绝对值的相关系数说明变量间相关关系很强，但其判定系数在数量上并不显得很大。

可决系数取已解释变差对总变差的比率形式，在运算上有直接的解释意义。而相关系数虽然以 0~1 之间的小数出现，却不好直接用其数量度量变量间关系

密切程度。

复判定系数

简单回归分析中的判定系数原理同样适用于多元回归分析。多元回归分析中的判定系数称为复判定系数（multiple coefficient of determination），用 $R^2_{Y.12\cdots k}$ 表示，它仍然是度量回归关系对因变量变异解释程度的量数，只不过这里的回归关系指因变量与所有自变量整体的回归关系。公式 10.13 仍可以用于计算复判定系数，只是其符号有所改动，即：

$$R^2_{Y.12\cdots k}=\frac{\sum\ (\hat{Y}-\overline{Y})^2}{\sum\ (Y-\overline{Y})^2}=1-\frac{\sum\ (Y-\hat{Y})^2}{\sum\ (Y-\overline{Y})^2} \qquad (公式\ 10.15)$$

复判定系数还可以使用下述变形公式进行计算。

$$R^2_{Y.12\cdots k}=\frac{b_1\ (\sum X_1Y-n\overline{X}_1\overline{Y})\ +b_2\ (\sum X_2Y-n\overline{X}_2\overline{Y})\ +\cdots+b_k\ (\sum X_kY-n\overline{X}_k\overline{Y})}{\sum Y^2-n\overline{Y}^2}$$

$$=\frac{\sum b_j\ (\sum X_jY-\dfrac{\sum X_j\sum Y}{n})}{\sum Y^2-\dfrac{(\sum Y)^2}{n}}\ (j=1,\ 2,\ \cdots,\ k) \qquad (公式\ 10.16)$$

表 10.3　　　　多元回归中拟合值、SST、SSR 和 SSE 的计算

品牌	拟合值	变差²	已解释变差²	未解释变差²
雅戈尔	802.7305	8 156.348	789.41	3 877.49
杉杉	774.4183	2 334.098	0.072465	2 360.181
罗蒙	785.497	543.4727	116.8451	156.3252
华伦天奴	815.5528	349.2227	1 669.976	3 546.541
胜龙	731.3345	1 203.223	1 879.48	75.09037
虎豹	702.766	1 345.973	5 172.704	1 241.435
报喜鸟	758.4158	2 990.723	264.7695	1 475.771
米盖尔	773.2076	980.4727	2.189976	1 075.339
七匹狼	701.2787	9 156.098	5 388.855	496.3396
乔顿	693.8929	27 121.97	6 527.769	7 038.017
依文	737.7457	21.97266	1 364.697	1 040.34
ESPRIT	907.1569	22 593.85	17 548.15	318.3747
爱德康	803.2432	4 008.473	815.4275	1 208.036
班尼路	884.0148	1 790.348	11 952.46	4 490.983
腾氏	797.3346	69.09766	512.8893	205.4796
斯而丽	726.4107	2 274.098	2 330.652	0.34731
合计	——	84 939.44 (SST)	56 333.35 (SSR)	28 606.09 (SSE)

下面计算品牌服装销售额倚广告费用和营业面积两变量回归分析的复判定系数。首先使用表 10.3 的底行数字按判定系数的定义公式直接计算：

$$R_{Y.12}^2 = \frac{56\ 333.35}{84\ 939.44} = 0.663218$$

再按简捷公式计算：

$$R_{Y.12}^2 = \frac{0.246193 \times \left(3\ 622\ 573 - \dfrac{4\ 585 \times 12\ 395}{16}\right) + 5.221322 \times \left(425\ 790 - \dfrac{540 \times 12\ 395}{16}\right)}{9\ 687\ 191 - \dfrac{12\ 395^2}{16}}$$

$$= 0.663218$$

两者结果完全一致。

从简单回归的判定系数 0.307 发展到含有两个自变量的回归复判定系数 0.663，看见随着新变量的引进，回归方程解释能力大幅提高。

复相关系数

复相关系数由复判定系数开平方所得。由于在多元回归中，各自变量与因变量的协变关系可能有正有负，复相关系数作为描述所有变量协变关系密切程度的量数，一律取正值。

$$R_{Y.12\cdots k} = \sqrt{R_{Y.12\cdots k}^2}$$

品牌服装销售额对广告费用和营业面积的复相关系数是 $R_{Y.12} = \sqrt{0.663218} = 0.814$。这一数值也远大于相应的简单相关系数 0.548。

经调整的判定系数

在多元回归分析中，需要多次引进不同的自变量，以寻求最适合的多元回归方程，因此需要比较各方程的解释能力。此时，经调整的判定系数（adjusted coefficient of determination）比不经调整的判定系数更适于比较不同方程对因变量变异的解释能力。经调整的判定系数公式如下：

$$R_{Y.12\cdots k(adj)}^2 = 1 - \frac{\sum (Y - \hat{Y})^2 / [n - (k+1)]}{\sum (Y - \overline{Y})^2 / (n-1)} = 1 - \frac{S_{Y.12\cdots k}^2}{S_Y^2}$$

（公式 10.17）

将表 10.3 的底行数字代入公式 10.17 求销售额倚广告费用和营业面积回归方程的复判定系数：

$$R_{Y.12(adj)}^2 = 1 - \frac{28\ 606.09 / (16-3)}{84\ 939.44 / (16-1)} = 0.611405$$

估计标准误也是回归方程的评价量数，如果使用某些自变量拟合的回归方程比使用另外某些自变量拟合的回归方程估计标准误小，则认为前者更适于用来对因变量进行估计。

这里使用表 10.3 的底行数字，按估计标准误定义公式求销售额倚广告费用

192

和营业面积回归方程的估计标准误：

$$S_{Y.12} = \sqrt{\frac{28\ 606.09}{16-3}} = 46.9092\ （万元）$$

此结果与前面按简捷公式计算结果完全一致。相比销售额倚广告费用简单回归的估计标准误 65.1385，对因变量的估计误差大为减少了。

10.5　多元回归方程的单检验和总检验

多元回归方程的检验较简单回归方程复杂，既要考察单个的自变量对因变量有无显著回归作用，还要考察回归方程整体是否具有显著回归作用。前者称为单检验（single test），后者称为总检验（overall test）。

10.5.1　单检验

单检验就是逐个检验各偏回归系数是否与 0 有显著差异，其一对假设是：

$H_0: \beta_i = 0$　　$(i=1,\ 2,\ \cdots,\ k)$

$H_1: \beta_i \neq 0$

各偏回归系数的抽样分布仍是正态分布，只是由于在计算抽样标准误差时使用了样本统计量 $S_{Y.12\cdots k}$，才适用 t 检验：

$$t^* = \frac{b_i - \beta_i}{S_{b_i}}\ (i=1,\ 2\cdots,\ k) \qquad （公式 10.18）$$

在二元回归方程检验中，b_1 和 b_2 的抽样标准误差分别为：

$$S_{b_1} = S_{Y.12}\sqrt{\frac{\sum X_2^2 - n\overline{X}_2^2}{D}} \qquad （公式 10.19）$$

$$S_{b_2} = S_{Y.12}\sqrt{\frac{\sum X_1^2 - n\overline{X}_1^2}{D}} \qquad （公式 10.20）$$

两式中 D 的子式同公式 10.9。

拒绝 $H_0: \beta_1 = 0$ 和 $H_0: \beta_2 = 0$ 的条件分别是 $|t_1^*| > t_{(n-3),(1-a)}$ 和 $|t_2^*| > t_{(n-3),(1-a)}$。

仍以服装销售额多元回归为例，检验广告费用和经营面积在总体上的偏回归是否显著，有关数据抄录如下：

$b_1 = 0.246193$，$b_2 = 5.221322$

$\sum X_1^2 = 1\ 509\ 241$，$\sum X_2^2 = 19\ 450$

$\sum X_1^2 - n\overline{X}_1^2 = 195\ 351.9$，$\sum X_2^2 - n\overline{X}_2^2 = 1\ 225$

$n = 16$，$D = 220\ 676\ 063.4375$

$S_{Y.12} = 46.909151$，$t_{(16-3),0.95} = 2.160$

代入公式 10.12 和公式 10.13 得：

$$S_{b_1} = 46.909151 \times \sqrt{\frac{1\ 225}{220\ 676\ 063.4375}} = 0.110522$$

$$S_{b_2} = 46.909151 \times \sqrt{\frac{195\ 351.9}{220\ 676\ 063.4375}} = 1.395689$$

$$t_1^* = \frac{0.246093 - 0}{0.110522} = 2.227552$$

$$t_2^* = \frac{5.221322 - 0}{1.395689} = 3.741034$$

鉴于两个检验统计量都大于 2.160，可以拒绝 $\beta_1 = 0$ 和 $\beta_2 = 0$ 两个零假设，从而认为 X_1 和 Y_2 在总体上对 Y 的变异有解释作用。

正巧本例中两个偏回归系数都通过了 t 检验，但在另外一些案例中并非如此。所要交代的是，如果拟合一个回归方程的主要目的在于取得因变量的估算值，那么各偏回归系数能否通过 t 检验是不大重要的。如果回归分析的目的在于判断每个自变量对因变量的单独影响，那么就应重视偏回归系数的显著性检验的结果。

10.5.2　总检验

总检验的一对假设是：

H_0：$\beta_1 = \beta_2 = \cdots = \beta_k = 0$；

H_1：并非所有的 β 都为零。

如果样本信息导致拒绝 H_0，则做出 Y 与诸 X 存在显著回归的结论，或者说样本方程所揭示的回归关系在总体上成立。反之，则不能认为 Y 与诸 X 之间存在显著回归，即样本方程所揭示的回归关系在总体上不成立。

总检验的方法也是方差分析法，其原理与前面 7.3 节检验多总体平均数齐一性相同。如前所述 SSR 测度因变量总变异中可以由回归方程解释的变异，SSE 测度因变量总变异中的剩余变异。以 SSR 和 SSE 分别除以其自由度，得均方和 MSR 和 MSE。如果 MSR 显著地大于 MSE，则应该拒绝 H_0：$\beta_1 = \beta_2 = \cdots = \beta_k = 0$。

公式 10.17 中已经出现了有关平方和与其自由度的对应关系，分子是 SSE 与 $(n-k-1)$ 对应，分母是 SST 与 $(n-1)$ 对应。此外，与第 3 个平方和 SSR 对应的是 k。正如总平方和可以分割为回归平方和和误差平方和一样，总自由度 $(n-1)$ 也可以分割为回归自由度 k 和误差自由度 $(n-k-1)$，即：

$$n-1 = k + [n - (k+1)].$$

至此，可以提出检验统计量公式：

$$F_{v_1,v_2}^* = \frac{MSR}{MSE} = \frac{SSE/k}{SSE/(n-k-1)} \qquad \text{（公式 10.21）}$$

回归方程总检验的方差分析表与 7.3 节基本相同，格式如下：

表 10.4 　　　　　　　回归总检验方程分析表一般格式

变异源	平方和	自由度	方均和	F
回归	$SSR=\sum(\hat{Y}-\bar{Y})^2$	$v_1=k$	$MSR=SSR/v_1$	$\dfrac{MSR}{MSE}$
误差	$SSE=\sum(Y-\hat{Y})^2$	$v_2=n-k-1$	$MSE=SSE/v_2$	
合计	$SST=\sum(Y-\bar{Y})^2$	$v=n-1$		

下列结合例 9.2 数据说明总检验的过程。提出的假设是：

H_0：$\beta_1=\beta_2=0$

H_1：并非所有的 β 都为零

经过计算，将中间结果填入下列方差分析表：

表 10.5 　　服装销售额依广告费用和营业面积回归方程方差分析表

变异源	平方和	自由度	均方和	F 值
回归	56 333.35	2	28 166.67	12.8003
误差	28 606.09	13	2 200.47	
合计	84 939.44	15		

取显著水平 0.01，查 F 分布表得临界值 $F_{2,13}=6.70$。

因为 $F^*>12.8003$，所以拒绝零假设。可以认为服装销售额依广告费用和营业面积回归关系在总体上成立。

10.6　多元回归分析中自变量的选择

各种信息来源提示，可能有一系列的因素对因变量产生影响，但未必它们都要作为自变量来建立回归模型。如果能用较为简单的方程到达分析目的，就不必使用较多的变量。即便初步决定使用少数某几个变量，并获取了它们的观测值，也存在一个它们被选择的优先顺序问题。此时，我们从两方面考虑：其一，这几个潜在的自变量各自与因变量相关程度如何。相关程度最高的应该第一个自变量进入模型，相关程度次高的可以考虑作为下一个自变量进入模型，依此类推。其二，这些自变量两两之间是否有相关程度高的，如果是这样，那么在其中一个被引进模型后，另一个则不应再被引入，免得造成自变量的共线性。EXCEL 和许多统计软件都能打印相关系数矩阵，用来观察自变量两两之间相关系数。

仍以例 9—2 的数据举例，打印广告费用、营业面积、导购人员和服装销售额的相关系数矩阵如下：

表 10.6　　　　　品牌服装店回归分析的变量相关系数矩阵

	销售额	广告费用	营业面积	导购人员
销售额	1			
广告费用	0.548316	1		
营业面积	0.731212	0.279016	1	
导购人员	0.624511	0.242203	0.274929	1

从表 10.6 看到，与销售额相关程度自高而低的变量依次是营业面积（0.73）、导购人员（0.62）和广告费用（0.55）。而广告费用、营业面积、导购人员三者两两之间的相关程度都不高（低于 0.28），说明它们之间没有明显的共线性。决定按营业面积、导购人员和广告费用的顺序将它们陆续引入模型。第一步拟合销售额倚营业面积的简单回归方程，然后拟合销售额倚营业面积和导购人员的多元回归方程，最后拟合销售额倚 3 个自变量的多元回归方程，观察各方程及其各个系数的总体回归关系显著性、比较各方程的优劣。

表 10.7－a　　　　　　　　　3 个方程的比较

方程一	方程二	方程三
截距 t　　569.1913	截距　　431.1495	截距　　414.1239
营业面积　6.0888（＊＊＊）	营业面积　5.040025（＊＊＊）	营业面积 4.4644（＊＊＊）
	销售人员　25.6944（＊＊＊）	销售人员　22.6739（＊＊）
		广告费用　0.1984（＊＊）
F 检验 P 值＝0.0013	F 检验 P 值＝0.0002	F 检验 P 值＝0.0001

表 10.7－b　　　　　　　　　3 个方程的比较

	方程一	方程二	议程三
相关系数	0.7312	0.8536	0.8997
判定系数	0.5347	0.7287	0.8094
经调整判定系数	0.5014	0.6869	0.7618
估计标准误	53.1338	42.1049	36.7273

表 10.7－a 给出了 3 个回归方程的截距和斜率，斜率后面括弧内注明单检验的显著程度，"＊＊＊"表示在 0.01 的水平上通过单检验，"＊＊"表示在 0.05 的水平上通过单检验。还以 P 值的方式注明总检验的显著程度，3 个方程都能在 0.01 的水平上通过总检验。表 10.7－b 有 4 项评价性指标，其中最重要的是经调整判定系数和估计标准误。随着自变量的逐个引进，经调整判定系数逐步提高，依次为 0.5014，0.6869 和 0.7618；而估计标准误逐步降低，依次为

53.1338，42.1049 和 36.7273。

本例恰好自变量之间没有明显的共线性，但是并非总是如此。自变量间高度相关的存在往往会对多元回归方程产生微妙的影响：如果拿因变量对每个自变量分别作简单回归，都能展示出显著的回归关系存在。而当拿因变量对这些自变量作多元回归时，会发现有的因变量的回归系数的符号与它在简单回归方程中系数符号相反，且回归关系经检验被认为是不显著的。这是因为该自变量的解释作用在多元回归方程中已被与之高度相关的另一个主要自变量所兼代。此时，该自变量的回归作用是不显著的，即其回归系数是不可靠的。

关于模型构建，如果瞩意尽可能提供回归方程对因变量变异的解释能力，则着重比较哪个拟合方程的经调整判定系数最大。倘若特别关注每个自变量的作用是否显著，则应注意排除单检验不能通过的自变量。

10.7 非线性回归分析和变量转换

截至目前，我们一直把回归分析局限在线性关系上，然而变量间的非线性回归是客观存在的。线性回归只是非线性回归的特例，或者将线性回归看做是在较小空间、较短时间中对非线性回归的近似拟合。

【例10—2】接例2—7，美国一家连锁快餐店曾请人对有其分店的25个社区进行随机抽样，每个社区大约有5 000户居民，获取了包括分店年销售额和社区年户均收入的数据。根据这套数据可绘制一幅散点图（图10.3a），可以看出快餐店的销售额与所在社区的户均收入呈现出抛物线型关联关系：对于收入较低的社区，快餐销售随着收入水平的增大而增大。收入达到一定水平之后，快餐销售反倒随着收入水平的增大而减少。

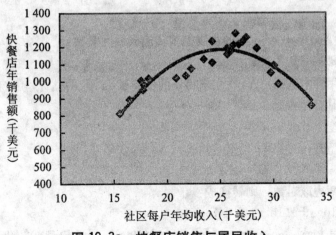

图 10.3a 快餐店销售与居民收入

上述抛物线协变关系是基于全部数据得到的，社区每户年均收入跨越1.5万～3.5万美元。但是如果由于考虑不周，调查只针对每户年均收入1.5万～2.8万美元的社区进行，则快餐分店年销售额和社区年户均收入就是线性关系（如图10.3b）。

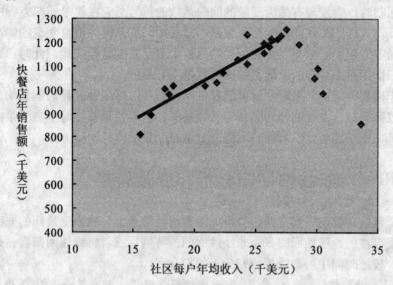

图10.3b　快餐店销售与居民收入

非线性回归分析以线性回归为基础，办法是通过变量转换，将非线性回归模型转化成线性回归模型。以常见的抛物线模型和指数模型为例说明转换过程。

抛物线模型

抛物线模型是：

$$Y=\alpha+\beta_1 X+\beta_2 X^2+\varepsilon \qquad \text{（公式10.22）}$$

设 $X_1=X$，$X_2=X^2$，则抛物线模型转换成线性模型

$$Y=\alpha+\beta_1 X_1+\beta_2 X_2+\varepsilon$$

可以使用样本数据 (X, Y) 求得 α 的估计量 a，β_1 的估计量 b_1 和 β_2 的估计量 b_2，用以估计原模型。

指数模型

指数模型是：

$$Y=\alpha\beta^X\varepsilon$$

对上式两边取对数，则转换成：

$$\log Y=\log\alpha+(\log\beta) X+\log\varepsilon$$

再设 $Y'=\log Y$，$\alpha'=\log\alpha$，$\beta'=\log\varepsilon'$，$\varepsilon'=\log\varepsilon$，指数模型就转化成线性回归

模型

$$Y'=\alpha'+\beta X+\epsilon'$$

可以使用样本数据 (X, Y) 求得 α' 估计量 a' 和 β 估计量 b'，再按下式还原成 α 的估计量 a 和 β 的估计量 b：

$$\alpha=10^{a'}, \quad b=10^{b'}.$$

用以估计原模型。

变量转换是原有变量经过数学运算转变成新的变量以备引入回归模型的过程。变量的转换，实质上是其代表的一系列观察值的转换。变量转换除了上面所说解决非线性回归问题外，还有下述功能：当回归模型的假定前提得不到满足时，可以使用变量转换求得解决。

本 章 要 点

多元回归总体回归模型

$$Y=\alpha+\beta_1 X_1+\beta_2 X_2+\cdots+b_k X_k+\epsilon$$

随机干扰项 ϵ 的假定前提：（1）随机性；（2）正态性；（3）同方差性。

诸自变量 X_1，X_2，…，X_k 的假定前提：不能高度相关。

样本多元线性回归方程

$$\hat{Y}=a+b_1 X_1+b_2 X_2+\cdots+b_k X_k$$

正规方程

$$\begin{cases}\sum Y=na+b_1\sum X_1+b_2\sum X_2+\cdots+b_k\sum X_k\\ \sum X_1 y=a\sum X_1+b_1\sum X_1^2+b_2\sum X_1 X_2+\cdots+b_k\sum X_1 X_k\\ \sum X_2 Y=a\sum X_2+b_1\sum x_1 X_2+b_2\sum X_2^2+\cdots+b_k\sum X_2 X_k\\ \quad\vdots\qquad\quad\vdots\qquad\quad\vdots\qquad\qquad\quad\vdots\\ \sum X_k Y=a\sum X_k+b_1\sum X_1 X_k+b_2\sum X_2 X_k+\cdots+b_k\sum X_k^2\end{cases}$$

偏回归系数

截距 a，表示拟合平面与轴交点的 Y 坐标值，即 $X_1=X_2=0$ 时 Y 的拟合值。

斜率 b_i，表示当其他所用保持不变时，X_i 每增加（或减少）一个单位，Y 拟合值增加（或减少）的单位数。

估计标准误

$$S_{Y.12\cdots k}=\sqrt{\frac{\sum (Y-\hat{Y})^2}{n-(k+1)}}=\sqrt{\frac{\sum e^2}{n-k-1}}$$

判定系数

$$R_{Y.12\cdots k}^2 = \frac{\sum\ (\hat{Y}-\overline{Y})^2}{\sum\ (Y-\overline{Y})^2} = 1 - \frac{\sum\ (Y-\hat{Y})^2}{\sum\ (Y-\overline{Y})^2}$$

调整的判定系数

$$R_{Y.12\cdots k(adj)}^2 = 1 - \frac{\sum\ (Y-\hat{Y})^2/\left[n-(k+1)\right]}{\sum\ (Y-\overline{Y})^2/(n-1)} = 1 - \frac{S_{Y.12\cdots k}^2}{S_Y^2}$$

单检验的检验统计量

$$t^* = \frac{b-\beta}{S_b}$$

总检验的检验统计量

$$F_{v_1,v_2}^* = \frac{MSR}{MSE} = \frac{SSR/k}{SSE/(n-k-1)}$$

与本章有关的 EXCEL 功能的实现途径

判定系数

粘贴函数 f_X——rsq（已知 Y 值向量，已知 X 值向量）

回归拟合和检验的主要量数

粘贴函数 f_X——linest［已知 Y 值向量，已知 X 值向量，逻辑值（通常选 true），逻辑值（通常选 true)]。打印输出在 $(k+1)\times 5$ 的区域内，具体内容如下：

B_K	B_{k-1}	··· ··· ···	b_1	a
S_{bk}	S_{bk-1}	··· ··· ···	S_{b1}	S_a
R^2	$S_{Y.12..k}$	··· ··· ···		
F	df	··· ··· ···		
SSR	SSE	··· ··· ···		

回归拟合和检验的主要量数

"工具"→回归（已知 Y 值向量，已知 X 值向量）。打印输出含有三块：第一块回归拟合效果评价量数；第二块总检验——方程分析表；第三块方程系数及单检验。

习　题

10.1　接广告一题（♯9.1）

（1）列表计算总平方和和回归平方和，验证总平方和的分解关系。

（2）计算判定系数，说明它的意义。

（3）制作方差分析表，进行回归关系总检验。

10.2　接100名员工一题（♯9.3和♯9.4）

（1）拟合员工现薪倚受雇起薪和受教育年数的多元回归方程，并解释两个斜率的具体意义。

（2）若员工受雇起薪是 25 000 元，受教育年数是 12 年，对其现薪进行点估计。

（3）计算此多元回归方程的估计标准误，并与9.3（2）题和9.4（2）题所计算的简单回归方程估计标准误相对照，有何评说？

（4）根据在本题（3）答案中的认识，将本题（2）的现薪估计值与9.3（4）题和9.4（4）题所得到的两个现薪估计值相比，有何评说？

10.3　接100名员工一题（♯10.1）

（1）按0.05显著水平，对总体回归系数分别进行检验。

（2）按0.05显著水平，对总体回归方程进行总检验。

10.4　接100名员工一题（♯9.3，♯9.4和♯10.2）

（1）计算现薪倚受雇起薪的简单回归的判定系数。

（2）计算现薪倚受教育年数的简单回归的判定系数

（3）计算现薪倚受雇起薪和受教育年数的多元回归的判定系数。

（4）比较前3步的结果，有何评说？

10.5　接某城市房屋市值一题（♯2.15）。

（1）拟合该42所房屋市值倚面积的简单回归方程，解释斜率具体意义。

（2）计算房屋市值倚面积的简单回归的判定系数。

10.6　接某城市房屋市值一题（♯2.15）。

（1）拟合该42所房屋市值倚房龄的简单回归方程，解释斜率具体意义。

（2）对房屋市值倚面积的简单回归进行总检验。

（3）说明本题第（2）步的方差分析与7.14题的方差分析异同之处。

10.7　接某城市房屋市值一题（♯2.15）。

（1）拟合该42所房屋市值倚面积和房龄的多元回归方程，解释各斜率具体意义。

（2）使用适当量数说明本多元回归方程较前面的简单回归方程更为有效。

10.8　接百货商场一题（♯9.9和♯9.10）。

（1）拟合利润率倚销售额和商品周转费用率的多元回归方程。

（2）将所得多元回归方程的两个偏回归系数分别与9.9题和9.10题的简单回归系数相对比，指出它们的差异及理由。

（3）若销售额为3 000 000元，商品周转费用率为5%，取置信水平0.05，推算因变量条件平均数置信区间，并将结果与9.9和9.10所求置信区间进行比较，指出它们的差异及理由。

10.9　电视台为了收费必然要播出广告，而广告播多了又会失去观众，致使失去广告客户。为了分析广告节目对观众人数的影响，某电视台对其33个播放时段的观众进行了调查，在所得数据基础上拟合了一个回归方程，其中因变量为观众人数（Y：万人）；自变量为广告节目频度（X_1：分/时），电视节目预告时间（X_2：分/时）。

统计软件打印输出如下统计值：

变量	回归系数	标准差
X_1	-0.24438	0.04836
X_1	-0.02865	0.00816
截距	6.30567	

变异源	平方和	自由度
回归	3.6786	2
残值	2.9418	30
合计	6.6204	32

（1）写出回归方程，并解释b_1，b_2的意义；

（2）用0.01的显著水平对偏回归系数检验；

（3）用0.01的显著水平对回归方程进行总检验；

（4）求复判定系数。

10.10　接连锁餐饮业一题（♯2.18和♯9.11）。营业收入倚门店总数回归的经调整判定系数是85.2%，如果要提高对因变量变异的解释能力，需要引入新的自变量。

基于原题的5个变量数据，统计软件输出的两两相关系数如下：

	门店总数	营业面积	餐位数	从业人员	营业收入
门店总数	1				
营业面积	0.911	1.000			
餐位数	0.167	0.197	1.000		
从业人员	0.435	0.390	0.029	1.000	
营业收入	0.926	0.889	0.197	0.509	1

(1) 根据以上相关系数，你认为第二个自变量以哪个适宜？在回答这个问题时，都需要考虑哪些方面？

(2) 拟合出营业收入倚门店总数和营业面积的多元回归方程，其经调整判定系数是 86.0%，只比简单回归提高了 0.8 个百分点；而单检验的 P 值分别是营业收入 0.0004 和营业面积 0.1182。根据这个结果，你怎样评说营业面积变量的引入效应？

(3) 拟合出营业收入倚门店总数和餐位数的多元回归方程，其经调整判定系数是 84.9%，比简单回归还下降了；而单检验的 P 值分别是营业收入 9.08×10^{-8} 和餐位数 0.55。根据这个结果，你怎样评说餐位数变量的引入效应？

第11章 时间数列

11.1 时间数列的动态分析

11.1.1 时间数列按指标性质分类

本书第 2.3 节已阐明时间数列的下述内容：①概念和整理形式；②时期数列和时点数列；③年度数列和月份（季度）数列；④展示时间数列发展变化的线形图。

时间数列有以下重要作用：①反映社会经济现象发展变化的过程和特点；②探求现象发展变化的规律和未来趋势；③可用于对不同地域发展状况进行比较评价和预测。

时间数列的变量通常称为指标，指标按数值的加工程度，可以分为总量指标、相对指标、平均指标与强度指标。这三类指标的时间数列分别称为总量指标时间数列、相对指标时间数列、平均指标与强度指标时间数列。

总量指标是由原始数据汇总得到的，它反映的是现象在一段时间内累积实现的绝对规模，或者是在一个特定时刻达到的绝对规模，前者如表 2.11 所指的 GDP，后者该表所指的年末存款额。这样的绝对规模在时间数列的动态分析中称为发展水平。总量指标划分为时期指标和时点指标。

相对指标是由总量指标加工而成的相对数，具体指在一个分类总体中某类所占的比率。如 GDP 由三次产业的增加值合成，其中第三产业（或第一产业、第二产业）增加值占 GDP 的比率即为相对指标。

平均指标与强度指标也是由总量指标加工而成的相对数。平均指标是按算术平均法计算得到的刻画数据平均水平的指标，如一个工人群体的平均工资，一个县域农作物的平均每亩产量（即单产）。强度指标由两个有关联意义的总量指标相除得到，是分子指标分摊到分母指标每个单位上的相对量，如人均 GDP、每百人病床数。

表 11.1　　　　　　　　　　中国若干经济指标时间数列

年　份	GDP （亿元）	第三产业占比 （%）	人均 GDP （元/人）	年末存款额 （亿元）
2002	1 203	41.5	9 398	869

年 份	GDP (亿元)	第三产业占比 (%)	人均GDP (元/人)	年末存款额 (亿元)
2003	1 358	41.2	10 540	1 036
2004	1 599	40.4	12 336	1 196
2005	1 832	40.1	14 053	1 411
2006	2 119	40.0	16 165	1 659
2007	2 495	40.1	18 934	1 725

注：年末存款指全国城乡居民年末存款。

数据来源：《数字中国三十年》、中国经济景气月报社，2008年

11.1.2 时间数列动态分析的绝对量比较法

时间数列动态分析的绝对量比较法就是计算并分析指标的增长量（increment）。

增长量是两个不同时期发展水平相减的差额，用来反映现象在这段时期内发展水平提高或降低的绝对量。计算公式为：

$$增长量 \triangle Y = 报告期水平 Y_c - 基期水平 Y_b \qquad （公式11.1）$$

（1）逐期增长量和累计增长量

根据对比的基期不同，增长量分为逐期增长量和累计增长量。

逐期增长量是报告期水平与前一期水平之差，说明本期与上期相比增长或降低的绝对量。其计算公式为：

$$逐渐增长量 \triangle Y_{pre} = 报告期水平 Y_i - 前一期水平 Y_{i-1} \qquad （公式11.2）$$

设 Y_0，Y_1，$\cdots Y_{n-1}$，Y_n，分别为时间数列的初始期水平、1年后水平、2年后水平、$\cdots$，$n-1$年后水平和n年后水平，逐期增长量可表示为：$Y_1 - Y_0$，$Y_2 - Y_1$，$\cdots$，$Y_n - Y_{n-1}$。

累计增长量是报告期水平与某一固定时期水平（通常是最初水平）之差，说明本期比某一固定时期增长或降低的绝对量，反映某一段较长时期内的增长量。其计算公式为：

$$累计增长量 \triangle Y_{aom} = 报告期水平 Y_i - 固定期水平 Y_f \qquad （公式11.3）$$

设 Y_0，Y_1，Y_2，$\cdots$，Y_{n-1}，Y_n，分别为时间数列的初始期水平、1年后水平、2年后水平、$\cdots$，$n-1$年后水平和n年后水平，累计增长量表示为：$Y_1 - Y_0$，$Y_2 - Y_0$，$\cdots$，$Y_n - Y_0$。

（2）平均增长量

平均增长量各个逐期增长量的序时平均数，用以说明所研究现象在一定时期内平均每期增长的绝对数量。对于时期数列 Y_0，Y_1，$Y_2 \cdots$，Y_{n-1}，Y_n，平均增长量计算公式为：

$$\overline{\Delta Y}_{cum} = \frac{(Y_1 - Y_0) + (Y_2 - Y_1) + \cdots + (Y_n - Y_{n-1})}{n} = \frac{Y_n - Y_0}{(n+1) - 1}$$

（公式 11.4）

【例 11—1】2003—2007 年某公司手机产量如表 11.2 第 2 列所列，在此基础上可计算手机产量的逐期增长量（置于第 3 列）和累计增长量（置于第 4 列），并计算年平均增长量。

表 11.2　　　　　　　2002—2007 年某公司手机产量动态分析

单位：万部

年　份	年产量	逐期增长量	累计增长量
2002	83.6	—	—
2003	138.8	55.2	55.2
2004	206.6	67.8	123.0
2005	291.4	84.8	207.8
2006	405.0	113.6	321.4
2007	672.0	267.0	588.4

手机产量年平均增长量 ＝（55.2＋67.8＋84.8＋113.6＋267）/5＝117.7（万部），或者＝588.4/（6－1）＝117.7（万部）。

对于时点数列 Y_0，Y_1，Y_2，…，Y_{n-1}，Y_n，数列中各观察值通常系时段末数据，需要先以相邻两时段的段末值的平均数作为时段的段中值，然后再求各段段中值的序时平均数，公式是：

$$\overline{\Delta Y}_{cum} = \frac{\dfrac{Y_0 + Y_1}{2} + \dfrac{Y_1 + Y_2}{2} + \cdots + \dfrac{Y_{n-1} + Y_n}{2}}{n-1} = \frac{Y_0 / 2 + Y_1 + \cdots Y_{n-1} + Y_n / 2}{n-1}$$

（公式 11.5）

这个公式可称为"首尾折半平均法"。表 11.1 内的全国城乡居民年末存款是时点指标，2002—2007 年全国城乡居民年末存款序时平均数是：

$$\overline{\Delta Y}_{cum} = = \frac{869 / 2 + 1036 + 1196 + 1411 + 1659 + 1725 / 2}{6 - 1} = 1320 \text{（元）}$$

11.1.3　时间数列动态分析的相对比较法

（1）动态比率

动态比率（dynamic relative）是以相对数的形式表现的动态分析指标，它是两个不同时期相关数值对比的结果。动态比率可用来说明客观现象发展变化的快慢程度，表明报告期水平已发展为基期水平的多少倍或者百分之多少。计算公式为：

$$\text{动态比率 } R = \frac{\text{报告期水平 } Y_c}{\text{基期水平 } Y_b}$$

（公式 11.6）

对于一个时间数列计算动态比率，由于基期的不同而分为环比动态比率和定基动态比率。

环比动态比率是基期随着报告期的变动而变动，前后相差一期，说明现象逐期的变化幅度，用符号表示为：

$$\frac{Y_1}{Y_0}, \frac{Y_2}{Y_1}, \frac{Y_3}{Y_2} \cdots, \frac{Y_n}{Y_{n-1}}$$

定基动态比率是基期固定（通常固定在期初水平），说明现象在一较长时间内的变动程度，因此又叫某一时间内的总动态比率，用符号表示为：

$$\frac{Y_1}{Y_0}, \frac{Y_2}{Y_0}, \frac{Y_3}{Y_0} \cdots, \frac{Y_n}{Y_0}$$

【例 11—2】某省职工平均工资如表 11.3 第 2 列所列，以此为基础计算环比动态比率和定基动态比率。

表 11.3　　某省 2002—2007 年职工年人均工资的动态分析（一）

年　份	年人均工资 （元）	环比动态比率 （%）	定基动态比率 （%）
2002	21 852	—	—
2003	25 312	115.8	115.8
2004	29 674	117.2	135.8
2005	34 191	115.2	156.5
2006	40 117	117.3	183.6
2007	46 507	115.9	212.8

（2）增长率

增长率（growth rate）亦称增长速度，是根据增长量与基期水平对比求得，用于说明报告期水平比基期水平增长了若干倍（或百分之几），用公式表示为：

$$增长率 \ r = \frac{报告期水平 \ Y_c - 基期水平 \ Y_b}{基期水平 \ Y_b} = \frac{报告期水平 \ Y_c}{基期水平 \ Y_b} - 1$$

$$= \frac{增长量 \ \Delta Y}{基期水平 \ Y_b} \qquad\qquad （公式 11.7）$$

由于基期的选择不同，增长率也有环比增长率和定基增长率之分。环比率增长率，用符号表示为：

$$\frac{Y_1}{Y_0} - 1, \frac{Y_2}{Y_1} - 1, \cdots, \frac{Y_n}{Y_{n-1}} - 1$$

定基增长率，用符号表示为：

$$\frac{Y_1}{Y_0} - 1, \frac{Y_2}{Y_0} - 1, \cdots, \frac{Y_n}{Y_0} - 1$$

表 11.4 　某省 2002—2007 年职工年人均工资的动态分析（二）

年　份	年均工资 （元）	环比增长率 （%）	定基增长率 （%）
2002	21 852	—	—
2003	25 312	15.8	15.8
2004	29 674	17.2	35.8
2005	34 191	15.2	56.5
2006	40 117	17.3	83.6
2007	46 507	15.9	112.8

（3）平均增长率

计算平均增长率得先求平均动态比率。平均动态比率是各时期环比动态比率的几何平均数，计算公式为：

$$\overline{R}_g = \sqrt[n]{R_1 \times R_2 \times R_3 \times \cdots \times R_n} = \sqrt[n]{\prod R} \qquad （公式 11.8）$$

式中：$\overline{R}_g$ 表示为平均动态比率；Y_i 表示为各个时期环比动态比率，$i=1$，2，$\cdots$，n；$\prod$ 为连乘符号。

由于各期环比动态比率的连乘积等于最后一期的定基动态比率，因此上式又可表示为：

$$\overline{R}_g = \sqrt[n]{\frac{Y_1}{Y_0} \times \frac{Y_2}{Y_1} \times \frac{Y_3}{Y_2} \times \cdots\cdots \times \frac{Y_n}{Y_{n-1}}} = \sqrt[n]{\frac{Y_n}{Y_0}} \qquad （公式 11.9）$$

上述两个公式可以根据所掌握的数据不同选择运用。如果只有各期的环比动态比率资料，可用公式 11.8 计算；如果所掌握数据为最初水平和最末水平，可用公式 11.9 进行计算。

$$平均增长率 \overline{r}_g = 平均动态比率 \overline{R}_g - 1 \qquad （公式 11.10）$$

平均增长率有正负，分别表示平均递增程度和平均递减程度。

在例 11—2 中，某省 2002—2007 年职工年人均工资的年平均增长率是

$$\sqrt[5]{115.8\% \times 117.2\% \times 115.2\% \times 117.3\% \times 115.9} - 1 = \sqrt[5]{212.8\%} - 1 =$$
$$116.3\% - 1 = 16.3\%$$

11.1.4　同比增长率

对于按月（季）度排列的时间数列，通常使用与上一个年份同一月（季）度的水平进行环比的分析方法，称为"与去年同期相比"，简称"同比"。根据表2.20 的中国 2003—2007 年各月份进出口总值计算出同比增长率，列成表 11.5。该表表明，2005 年 1 月份同比增长 33%，2006 年 6 月份同比增长 21.3%，2007年 12 月份同比增长 23.3%。

表 11.5　　中国 2004—2007 年各月份进出口总值同比增长率

单位:%

年　份	2004	2005	2006	2007
1 月	17.5	33.0	27.0	30.4
2 月	57.8	10.6	25.6	32.8
3 月	43.0	25.7	24.8	10.5
4 月	37.8	23.9	19.7	24.4
5 月	34.4	22.8	23.5	24.4
6 月	48.9	22.9	21.3	21.4
7 月	34.0	20.5	21.3	30.8
8 月	36.4	28.4	28.9	21.5
9 月	27.5	24.7	26.4	19.5
10 月	28.8	26.7	22.8	23.5
11 月	42.4	19.6	26.0	23.8
12 月	28.9	20.0	19.6	23.3

使用"同比"方法，主要是因为在各年当中各月份的水平呈现有规律的变化，只有同一月（季）的水平具有可比性。

11.2　时间数列的解析

11.2.1　时间数列的四种因素

对于一个较为典型的时间数列，根据影响现象发展变化的因素的性质和作用不同，把它们归纳为四类：长期趋势、季节变动、循环变动和不规则变动。

（1）长期趋势

长期趋势（secular trend）是指经济现象由于受到某些决定性因素的作用，在较长一段时间内呈现的稳定运动态势，记为 T。例如，发展中国家人口由于出生率高于死亡率有逐年增加的趋势。工业产品在成长期，产量和利润呈上升趋势，成本水平呈下降趋势；到了衰退期，产量和利润转为下降趋势，成本水平转为上升趋势。

（2）季节变动

季节变动（seasonal variation）是指经济现象因受自然条件、社会风俗习惯等原因的影响，在一个年度内随季度（月份）呈现的周期性波动，记为 S。比如：建筑业开工受冬季施工的限制，农作物的收获季节会造成运输和仓储的大幅度增加，衣着、电风扇、燃料及某些食品的消费会随一年四季的变化而波动，交通流量和旅游人在长假期间大幅提升而平时则回落。研究季节变动，其内容主要包括测定季节变动的起伏，寻找季节变动的规律，以用于季节变动的预测。

通常研究的季节变动是以 1 年为周期，但是季节变动的原理也适用于研究以月、周甚至是日为周期的现象，如银行存款月初增加月末减少以月为周期，公园及娱乐场所周末人多平时人少以周为周期，城市早晚上下班时间是公交客流的高峰以日为周期。

（3）循环变动

循环变动（cyclical variation）又叫周期性波动，它指经济现象在若干年时间内高涨—谷峰—低落—谷底—再高涨的周而复始的商业景气循环，记为 C。循环变动与季节变动都是现象的周期性变化，两者的不同之处在于：首先，季节变动的时间单位以 1 年为限，而循环变动的周期至少在 1 年以上；其次，循环变动不像季节性变动那样明显，季节变动能够直接感受出来，而且能够较为准确地掌握到，循环变动的周期一般不固定，分析起来也比较困难；最后，对统计资料的要求也不一样，从分析需要的角度，季节变动的测定至少需要 3 年以上分季、分月的资料，而测定循环变动的研究需要建立在多年数据的基础上。

（4）不规则变动

不规则变动（irregular variation）是指经济现象受临时的、偶尔的因素或不明的、突发性原因影响而呈现的无规则、非周期变动，记为 I。不规则变动有两种类型，一类是随机性扰动，它使得时间序列一会在这个方向上变动，一会又在另一个方向上变动。另一类是不时或偶然出现的某些孤立的但带有强烈影响的突发性变动，比如战争、罢工、地震、天气灾害等。

11.2.2　时间数列解析模型

时间数列解析的重要前提是设定各组成因素之间的关系，通常把各变动因素关系设定为加法关系或乘法关系。

（1）加法模式

加法模式是把时间数列的各观察值看做是上述四种因素相加之和，即：

$$Y=T+S+C+I \qquad \text{（公式 11.11）}$$

按加法模式的假设，四种因素对 Y 的影响是单独施加的。T 有上升或下降的方向性趋势，C 随着周期变化会围绕着长期趋势有正值或负值。S 在一年之内也按淡旺季而有正负值。I 也有正值或负值。T、C、S、I 的计量单位与 Y 相同，它们都是绝对量。

（2）乘法模式

乘法模式是把时间数列的各观察值看做是上述四种因素相乘之积，即：

$$Y=T\times S\times C\times I \tag{公式 11.12}$$

按乘法模式的假设，长期趋势被视为基本变化，其数值计量单位与原数列观察值计量单位相同。C、S、I 被视为附加变化，其单位是无名数——系数或指数，对长期趋势的数值起加成作用。本书是以乘法模式来对时间数列进行分析的。以下几小节将首先介绍怎样直接计算出 T 和 S，然后再说明如何将 T 和 S 消除，将 C 和 I 加以分离。

11.2.3 长期趋势的测定

测定长期趋势即依据时间数列数据拟合长期趋势模型，通常用方法之一是用最小二乘法拟合趋势方程。最常见的趋势方程有线性、指数曲线和抛物线三种模型。

判断一个时间数列用哪一种趋势方程拟合，一般有两种方法：一种是根据线形图的态势；另一种是根据对时间数列观察值的预分析计算。若一时间数列观察值的逐期增长量——称为一阶差量——大致为一常数，宜使用直线方程拟合。若一时间数列观察值的逐期增长量的逐期增长量——称为二阶差量——大致为一常数，宜使用抛物线方程拟合。需要注意的是，有些时间数列从散点图上不呈现抛物线的极大（小）值态势，但是只要其二阶差量趋于常数，仍然是用抛物线方程拟合。若一时间数列观察值的环比动态比率大致为一常数，宜使用指数方程拟合。

（1）直线趋势（linear trend）方程的拟合

长期趋势直线方程为：

$$\hat{Y}_t=a+bt \tag{公式 11.13}$$

按最小平方法的要求，可以先得到两个正规方程：

$$\sum Y_t=na+b\sum t$$
$$\sum Y_t t=a\sum t+b\sum t^2$$

其中，t 表示时间，n 表示数列项数。如果把数列所跨时期的中间点定为 0，即时间坐标原点，则有 $\sum t=0$，正规方程简化为：

$$\sum Y_1=na$$
$$\sum Y_t t=b\sum t^2$$

解得：

$$a=\frac{\sum Y_t}{n}$$

$$b=\frac{\sum Y_t t}{\sum t^2} \tag{公式 11.14}$$

直线趋势方程中，系数 b 表示平均增减量，即每向前推进或后退一个时间单位趋势值的变动量。$b>0$ 为增加量，$b<0$ 为减少量。系数 a 表示时间编码 0 年的趋势值。

【例 11—3】中国 1991—2005 年家用电冰箱产量数据及直线趋势计算过程如表 11.6 所示。

表 11.6　　中国 1991—2005 年家用电冰箱产量趋势计算表

单位：万台

年　份	产量 Y	年份编码 t	Yt	t^2	$\hat{Y}_t$
1991	469.94	−7	−3 289.58	49	174.17
1992	485.76	−6	−2 914.56	36	339.76
1993	596.66	−5	−2 983.30	25	505.35
1994	768.12	−4	−3 072.48	16	670.94
1995	918.54	−3	−2 755.62	9	836.53
1996	979.65	−2	−1 959.30	4	1 002.12
1999	1 044.43	−1	−1 044.43	1	1 167.71
1998	1 060.00	0	0.00	0	1 333.30
1999	1 210.00	1	1 210.00	1	1 498.89
2000	1 279.00	2	2 558.00	4	1 664.48
2001	1 351.26	3	4 053.78	9	1 830.07
2002	1 598.87	4	6 395.48	16	1 995.66
2003	2 242.56	5	11 212.80	25	2 161.25
2004	3 007.59	6	18 045.54	36	2 326.84
2005	2 987.06	7	20 909.42	49	2 492.43
合计	19 999.44	0	46 365.75	280	19 999.50

数据来源：国家统计局数据库

对 1991—2005 年家用电冰箱产量数据做线形图，大致为一条直线，决定拟合直线趋势方程。经计算有关中间数据，代入公式 11.1，得：

$$a=\frac{19\ 999.44}{15}=1\ 333.30,\ b=\frac{46\ 365.75}{280}=165.59$$

所求直线趋势方程为：$\hat{Y}_t=1\ 333.30+165.59t$（时间原点：1998 年中，时间单位：年）。

本例中 $a=1\ 333.30$，表示时间编码的 0 年（1998 年）的趋势值为 1 333.30（万台）。系数 $b=165.59$，表示每向前推进一年，趋势值 $\hat{Y}_t$ 增加 165.59 万台。

将 1995 年和 2005 年的编码值代入方程中，即可求得这两年的趋势值，如：

$Y_{1999}=1\ 333.30+165.59\times1=1\ 498.89$（万台）

$Y_{2003}=1\ 333.30+165.59\times5=2\ 161.25$（万台）

本题时间数列为奇数项，若时间数列为偶数项，为使 $\sum t=0$，应设最中间的两项分别为 −0.5、0.5，这意味着时间原点定在这两个年份中前一个的年末，它们以前各项依次为−1.5、−2.5、−3.5…，以后各项依次为1.5、2.5、3.5…。

（2）指数曲线趋势（exponential trend）

设长期趋势指数曲线方程为：

$$\hat{Y}_t = ab^x \qquad \text{（公式 11.15）}$$

首先把指数曲线方程两边取对数，化成线性方程，有：

$$\lg Y_t = \lg a + (\lg b) t$$

根据最小二乘法原理，要得到使$\sum (\lg Y_t - \lg \hat{Y}_t)^2$为最小值的方程系数，须解下述联立方程组：

$$\sum \lg Y_t = n\lg a + \lg b \sum t$$
$$\sum t\lg Y_t = \lg a \sum t + \lg b \sum t^2$$

以时间数列期中为原点，上式简化为：

$$\begin{cases} \sum \lg Y_t = n\lg a \\ \sum t\lg Y_t = \lg b \sum t^2 \end{cases}$$

解得：

$$\begin{cases} \lg a = \dfrac{\sum \lg Y_t}{n} \\ \lg b = \dfrac{\sum t\lg Y_t}{\sum t^2} \end{cases} \qquad \text{（公式 11.16）}$$

然后用反对数即可求出a与b的值。

【例 11—4】1997—2006 年我国各项税收总额（单位：亿元）数据及指数趋势方程计算如下：

表 11.7　　1997—2006 年我国税收指数曲线方程系数计算

年　份	税收总额	时间编码 t	lgY	tlgY	t^2
1997	8 234	−4.5	3.92	−17.62	20.25
1998	9 263	−3.5	3.97	−13.88	12.25
1999	10 683	−2.5	4.03	−10.07	6.25
2000	12 582	−1.5	4.10	−6.15	2.25
2001	15 301	−0.5	4.18	−2.09	0.25
2002	17 636	0.5	4.25	2.12	0.25
2003	20 017	1.5	4.30	6.45	2.25
2004	24 166	2.5	4.38	10.96	6.25
2005	28 779	3.5	4.46	15.61	12.25
2006	34 810	4.5	4.54	20.44	20.25
合计	181 471	——	42.13	5.77	82.50

经试算可知，各期环比动态比率基本一致，所以配合指数曲线趋势。计算有关中间数据，代入公式 11.3，得：

$\lg b = 5.77/82.5 = 0.070$，$\lg a = 42.14/10 = 4.214$

写成线性方程是：

$\lg Y_1 = 4.214 + 0.070t$（时间原点在 2001 年年末，单位为年）

如果在横轴为算数尺度、纵轴为对数尺度的坐标系（称为半对数坐标系）中作图，这一长期趋势表现为一条直线，其斜率为 0.070，表示时间每推进 1 年，业务量的对数值增加 0.070。

将趋势方程中常数的对数值还原为原值，有：

$a = 10^{4.214} = 16\ 368.165$，

$b = 10^{0.070} = 1.175$。

得到指数曲线方程：

$Y_t = 16\ 368.165 \times (1.175)^t$（时间原点在 2001 年年末，单位为年）

上述趋势方程也可以写成：

$Y_t = 16\ 368.165 \times (1 + 17.5\%)^t$（时间原点在 2001 年年末，单位为年）

其中的 17.5% 正是 1997—2006 年这段时期我国税收总量的年平均增长率。

（3）抛物线曲线趋势（parbolic-curve trend）

长期趋势抛物线方程为：

$$\hat{Y}_t = a + bt + ct^2 \tag{公式 11.17}$$

式中：c 与 a、b 一样为系数。

根据最小二乘法原理，要使 $\sum (Y_t - \hat{Y}_t)^2$ 为最小值，即 $\sum (Y_t - a - bt - ct^2)^2$ 为最小值，可以建立联立方程组如下：

$$\begin{cases} \sum Y_t = na + b\sum t + c\sum t^2 \\ \sum tY_t = a\sum t + b\sum t^2 + c\sum t^3 \\ \sum t^2 Y_t = a\sum t^2 + b\sum t^3 + c\sum t^4 \end{cases}$$

以时间数列的中点为原点，使 $\sum t = 0$、$\sum t^3 = 0$。则上面方程组可简化为：

$$\begin{cases} \sum Y_t = na + c\sum t^2 \\ \sum tY_t = b\sum t^2 \\ \sum t^2 Y_t = a\sum t^2 + c\sum t^4 \end{cases} \tag{公式 11.18}$$

解联立方程组即可求出系数 a、b 和 c，从而得到抛物线方程。

【例 12—5】某种电器产品 2000—2008 年销售量（单位：万件）资料列于表 11.8 的第 2 列。首先计算第二阶差。

表 11.8   第二阶差计算表

年　份	产量	第一阶差	第二阶差
2000	8	——	——
2001	11	3	——
2002	13	2	−1
2003	17	4	2
2004	19	2	−2
2005	21	2	0
2006	20	−1	−1
2007	16	−4	−3
2008	14	−2	2

从计算结果可以看出各项之间第二阶差数值趋于一致，所以可以用抛物线来拟合长期趋势。

表 11.9   抛物线方程系数计算表

年　份	编码 t	销售量 Y	tY	t^2	t^2Y	t^4	Y_t
2000	−4	8	−32	16	128	256	6.744
2001	−3	11	−33	9	99	81	11.369
2002	−2	13	−26	4	52	16	14.944
2003	−1	17	−17	1	17	1	17.469
2004	0	19	0	0	0	0	18.944
2005	1	21	21	1	21	1	19.369
2006	2	20	40	4	80	16	18.744
2007	3	16	48	9	144	81	17.069
2008	4	14	56	16	244	256	14.344
合计	——	139	57	60	765	708	138.996

解得：

$$a=\frac{\sum t^4 \sum Y-\sum t^2 \sum t^2 Y}{n\sum t^4-(\sum t^2)^2}=\frac{708\times139-60\times765}{9\times708-60^2}=18.944$$

$$b=\frac{\sum tY}{\sum t^2}=\frac{57}{60}=0.950$$

$$c=\frac{n\sum t^2 Y-\sum t^2 \sum Y}{n\sum t^4-(\sum t^2)^2}=\frac{9\times765-6\times139}{9\times708-60^2}=-0.525$$

所求抛物线趋势方程为：

$Y_t=18.944+0.950X-0.525X^2$（时间原点：2004年年中，时间单位：年）。

将各年编码带入方程中，即可求得各年趋势值。如：

$$Y_{2002}=18.944+0.950\times（-2）-0.525\times（-2)^2=14.944（万元）$$

抛物线趋势方程中，a 表示时间原点的趋势值，本例表示 2004 年的趋势值为 18.944 万件。b 表示在时间原点的斜率，本例表示抛物线在 2004 年年中点上的斜率为 0.95。c 决定着抛物线的方向和形状。抛物线的一个特点是 Y_t 的逐期增减量的增减幅度是固定的常数 $2c$。

11.2.4　季节变化的测度和季节指数的应用

（1）季节变动的测度

测定季节变动可以认识经济现象季节变动的规律性，测定季节指数常用的方法是移动平均比率法（moving-average-ratio method）。

移动平均比率法是以解析式 $Y=T\times C\times S\times I$ 为前提的。按照解析式，T、S、C 和 I 四种因素是相互独立的，Y 是 C、S 和 I 套入（乘）T 值的结果。虽然在理论上这一相互独立的假设是比较牵强的，特别是长期趋势和循环变动更难截然分开，但是利用这一模式来测量季节性变动，只需要假设 S 和 I 两者是独立的因素，并不需要四种因素相互独立。

运用移动平均比率法至少要具备连续五年各季度（月份）发展水平的数据，才能比较准确地计算出季节指数。这种方法是将四个季度的移动平均数作为长期趋势和循环变动加以剔除，再测定季节变动。

【例 11—6】以 1998—2007 年 A 公司营业额（见表 11.10）为例来介绍移动平均比率法的计算步骤（见表 11.11～11.12）。

表 11.10　　　　　　　　1998—2007 年 A 公司营业额

单位：百万元

季度	1998 年	1999 年	2000 年	2001 年	2002 年	2003 年	2004 年	2005 年	2006 年	2007 年
1	203.70	224.90	232.60	274.10	359.00	385.70	511.60	619.50	623.80	662.40
2	239.70	244.30	270.00	360.20	414.80	438.00	580.10	710.20	671.00	744.10
3	288.90	314.60	368.80	434.00	534.40	599.90	727.90	858.10	759.00	890.50
4	298.80	313.60	386.10	455.60	526.00	618.40	775.80	831.80	810.80	996.20

测定季节指数的具体步骤如下：

第一步，根据各年的观察值（Y）进行八个季度移动平均求长期趋势和循环变动的复合值，即（TC）。

第二步，将观察值除以 TC，即 $\dfrac{Y}{TC}$，得到季节变动和不规则变动相对数的混合值 SI。

第三步，将 SI 按年—季成矩阵排列，使用变通平均法求其季节比率。

第四步，加总平均季节比率，其总和应为400％，如果大于或小于此数，需求校正系数，用校正系数乘上各季的平均季节比率，即为所求的季节指数。

表 11.11　　　　　　移动平均比率法计算表

年一季 Y－Q	营业额 （百万元） Y	四季移动和（百万元） MS4Q	八季移动和（百万元） MS8Q	移动平均数 MALTC	移动平均比率 （％） Y/TC	季节指数 （％） S	经季节性调整值（百万元） Y/S＝TCL
(1)	(2)	(3)	(4)	(5)	(6)	(7)	(8)
1998－1	203.7					83.52	243.89
1998－2	239.7					92.26	259.81
		1 031.11					
1998－3	288.9		2 083.4	260.43	110.93	112.56	256.66
		1 052.3					
1998－4	298.8		2 109.2	263.65	113.33	111.66	267.60
		1 056.9					
1999－1	224.92		2 139.5	267.44	84.09	83.52	269.28
		1 082.6					
1999－2	244.3		2 180.0	272.50	89.65	92.26	264.80
		1 097.4					
1999－3	314.6		2 202.5	275.31	114.27	112.56	279.50
		1 105.1					
1999－4	313.6		2 235.9	279.49	112.31	111.66	280.85
		1 130.8					
2000－1	232.6		2 315.8	289.48	80.35	83.52	278.50
		1 185					
2000－2	270		2 442.5	305.31	88.43	92.26	292.65
		1 257.5					
2000－3	368.8		2 556.5	319.56	115.41	112.56	327.65
		1 299					
2000－4	386.1		2 688.2	336.03	114.90	111.66	345.78
		1 389.2					
2001－1	274.1		2 843.6	355.45	77.11	83.52	328.18
		1 454.4					
2001－2	360.2		2 978.3	372.29	96.75	92.26	390.42
		1 523.9					
2001－3	434.0		3 132.7	391.59	110.83	112.56	385.57

年一季 Y－Q	营业额 （百万元） Y	四季移动和（百万元） MS4Q	八季移动和（百万元） MS8Q	移动平均数 MALTC	移动平均比率 （%） Y/TC	季节指数 （%） S	经季节性调整值（百万元） Y/S＝TCL
		1 608.8					
2001－4	455.6		3 272.2	409.03	111.39	111.66	408.02
		1 663.4					
2002－1	359.0		3 427.2	428.40	83.80	83.52	429.84
		1 763.8					
2002－2	414.8		3 598.0	449.75	92.23	92.26	449.60
		1 834.2					
2002－3	534.4		3 695.1	461.89	115.70	112.56	474.77
		1 860.9					
2002－4	526.0		3 745.0	468.13	112.36	111.66	471.07
		1 884.1					
2003－1	385.7		3 833.7	479.21	80.49	83.52	461.81
		1 949.6					
2003－2	438.0		3 991.6	498.95	87.78	92.26	474.75
		2 042					
2003－3	599.9		4 209.9	526.24	114.00	112.56	532.96
		2 167.9					
2003－4	618.4		4 477.9	559.74	110.48	111.66	553.82
		2 310					
2004－1	511.6		4 748.0	593.50	86.20	83.52	612.55
		2 438					
2004－2	580.1		5 033.4	629.18	92.20	92.26	628.77
		2 595.4					
2004－3	727.9		5 298.7	662.34	109.90	112.56	646.68
		2 703.3					
2004－4	775.8		5 536.7	692.09	112.10	111.66	694.79
		2 833.4					
2005－1	619.5		5 797.0	724.63	85.49	83.52	741.74
		2 963.6					
2005－2	710.2		5 983.2	747.90	94.96	92.26	769.78
		3 019.6					
2005－3	858.1		6 043.5	755.44	113.59	112.56	762.35
		3 023.9					

年—季 Y—Q	营业额 （百万 元） Y	四季移动 和（百万 元） MS4Q	八季移动 和（百万 元） MS8Q	移动平 均数 MALTC	移动平均 比率 （%） Y/TC	季节指 数 （%） S	经季节性 调整值 （百万元） Y/S=TCL
2005—4	831.8		6 008.6	751.08	110.75	111.66	744.94
		2 984.7					
2006—1	623.8		5 870.3	733.79	85.01	83.52	746.89
		2 885.6					
2006—2	671.0		5 750.2	718.78	93.35	92.26	727.29
		2 864.6					
2006—3	759.0		5 767.8	720.98	105.27	112.56	674.31
		2 903.2					
2006—4	810.8		5 909.5	738.69	109.76	111.66	726.13
		3 006.3					
2007—1	662.4		6 144.1	768.01	86.25	83.52	793.10
		3 137.8					
2007—2	774.1		6 461.0	807.63	95.85	92.26	839.04
		3 323.2					
2007—3	890.5					112.56	791.13
2007—4	996.2					111.66	892.17

表 11.11 中，第（1）、（2）栏是已知的时间数列资料。第（3）栏是四个季度移动总和，列在两个季度的横行中间。如第一个数 1 031.1 是第一年四个季度的观察值之和，应列在这一年的年中，即第二季度、第三季度中间。第二个数 1 052.3，是第一年后三个季度与第二年第一季度的观察值之和，应列在第三季度、第四季度季度中间，依此类推。由于四季移动和是列在两季中间的，这样就需要调整时段中心，即进行移动加总。如 1 031.1＋1 052.3＝2 083.4，2 083.4 对准于第四季度，第（4）栏即为两年（八季）移动加总。接着用各个八季移动加总除以 8，求出各季的长期趋势和循环变动混合估计值 TC，列入（5）栏，如 2 083.4/8＝260.43。第（6）栏是用观察值 Y 除以 TC，这个相对数的时间数列是消除了长期趋势和循环变动后得到的新数列，即 $SI = \dfrac{Y}{TC} = \dfrac{TSCT}{TC}$。这个新数列只反映 S 和 I 的变动，将第（6）栏的数字重新排列，置于表 11.12。

表 11.12　　　　　　　　　　　　季节指数调整表

季度	1998年	1999年	2000年	2001年	2002年	2003年	2004年	2005年	2006年	2007年	变通平均数	季节指数
1	——	84.09	80.35	77.11	83.80	80.49	86.20	85.49	85.01	86.25	83.63	83.52
2	——	89.65	88.43	96.75	92.23	87.78	92.20	94.46	93.35	95.85	92.38	92.26
3	110.93	114.27	115.41	110.83	115.70	114.00	109.90	113.59	105.27	——	112.70	112.56
4	113.33	112.21	114.90	111.39	112.36	110.48	112.10	110.75	109.76	——	111.80	111.66
合计											400.51	400.00

表 11.12 中所采用的平均办法是，先去掉每个季度中 SI 值中的最小值和最大值，再求其余几项 SI 值中的简单算术平均数，其结果称为变通平均数。在求出各季的变通平均数后，再分别对其进行调整，使之相加得 400，即得到要求的季节指数。之所以要对其进行调整，是因为假设不存在季节性变动，每个季节的指标值都处于均衡位势，其变动比率不高不低恰为 1，即 100%，那么，四个季度的变动比率之和应为 400%，现在存有季节性变动，各季节指标值高低不均衡，但其变动比率的总和还应该是 400%。对变通平均数进行调整的方法是乘以一个系数，即理论上的各季节变动比率之和对实际的变通平均数之和的比值。本例中调整系数是 400/400.51。

（2）季节指数的应用

①实绩的季节性调整

西方国家通常发布经济指标（不经季节性调整）数据和经过季节性调整数据。前者是直接整理出来的实绩，反映经济的实际水平；后者以实绩除以相应的季节指数得到，反映剔除了季节性因素影响的指标逐季变化。

②未来数据的季节性加成

如果经济预测基于以年为时段的时间数列，外延到某一年后，需要预测分季度数据，方法是先将年度预测数均分到各季度，再将各季度分摊数乘以相应的季节指数。这在所研究的现象存在明显的季节性变化时很有必要。

③年率

把某个月的指标值乘以 12，折算成按年计量的数字，即为该月的年率数字，以进行动态对比。这在国外统计资料中很常见。为了使折算的结果接近实际，先求的调整季节性变动后的数字，再折成年率，则称为"经季节性调整的年率"。

11.2.5　循环变动和不规则变动的测度

（1）循环变动的测定

循环变动分析是测定时间数列数据以若干年为周期的变动规律性。循环变动在许多领域中都存在，不同领域的现象有各自的循环变动周期。如有些农作物的产量有大年和小年的变化，人口出生有以 22 年为周期的高峰与低谷的变化。

测定循环变动的常用方法是逐步剔除法，即从实际观察值中分别剔除长期趋势和季节性变动，然后再消除不规则变动。仍以1998—2007年A公司营业额的数据为例说明循环变动的测定过程，见表11.13。

第一步：首先从观察值中剔除季节变动的影响，即$Y/S=TCI$，列于表11.11的第（8）栏，把这一栏的数字抄录在表11.13的第（2）栏。

第二步：从TCI中剔除T的影响，得到CI。为了求出长期趋势值，以上述表中40个季度数字拟合直线趋势，得到方程如下：

$\hat{Y}_t=161.46+17.45t$（时间原点：1997年第四季中；时间单位：季）。

按这个方程计算的1998年至2007年各季的趋势值，列于第（3）栏。例如1998年第一季度的趋势值为$\hat{Y}_{1998-1}=161.46+17.15\times1=178.61$（百万元）。（图11.1即是观察值与长期趋势图示）接着用第（2）栏的TCI除以第（3）栏的T，即得到CI，列于表的第（4）栏。例如1998年第一季度的$CI=243.89/178.61=1.365$。

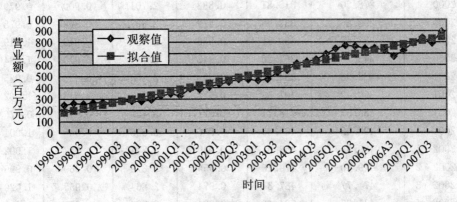

图11.1 A公司营业额的长期趋势

第三步：从CI中消除不规则变动I。方法是采用三季移动平均法：首先进行三季移动加总，列于第（5）栏，如1998年头三季的总和为$1.365+1.327+1.205=3.897$。然后计算三季移动平均数，如$3.897/3=1.299$，列于第（6）栏，于是得到循环变动比率。从40季的循环变动比率可以看出，1998年第二季度为高峰期，2005年第三季度以后，又进入低谷期。从CI中剔除I时，所采用的序列平均项数不能太多，因为时间过长，有可能把C的变动也"平均"掉了。

对于以年为单位的时间数列，不存在季节变动的影响，因此上述第一步可以省略。

表 11. 13 　　　　　循环相对数和不规则变动系数计算表

年一季	经季节性调整值（百万美元）Y/S=TCI	线性趋势拟合值（百万美元）T	CI 比率 TCI/T=CI	三个季度 CI 比率移动和 MS3CI	循环相对数（CI 比率移动平均数）C	不规则变动系数
(1)	(2)	(3)	(4)	(5)	(6)	(7)
1998—1	243.89	178.61	1.365			
1998—2	259.81	195.76	1.327	3.897	1.299	1.022
1998—3	256.66	212.91	1.205	3.695	1.232	0.978
1998—4	267.60	230.06	1.163	3.457	1.152	1.009
1999—1	269.28	247.21	1.089	3.254	1.085	1.004
1999—2	264.80	264.36	1.002	3.084	1.028	0.974
1999—3	279.50	281.51	0.993	2.935	0.978	1.015
1999—4	280.85	298.66	0.940	2.815	0.938	1.002
2000—1	278.50	315.81	0.882	2.701	0.900	0.979
2000—2	292.65	332.96	0.879	2.697	0.899	0.978
2000—3	327.65	350.11	0.936	2.756	0.919	1.019
2000—4	345.78	367.26	0.942	2.731	0.910	1.034
2001—1	328.18	384.41	0.854	2.768	0.923	0.925
2001—2	390.42	401.56	0.972	2.747	0.916	1.062
2001—3	385.57	418.71	0.921	2.829	0.943	0.976
2001—4	408.02	435.86	0.936	2.806	0.935	1.001
2002—1	429.84	453.01	0.949	2.841	0.947	1.002
2002—2	449.60	470.16	0.956	2.879	0.960	0.996
2002—3	474.77	487.31	0.974	2.864	0.955	1.020
2002—4	471.07	504.46	0.934	2.793	0.931	1.003
2003—1	461.81	521.61	0.885	2.700	0.900	0.984
2003—2	474.75	538.76	0.881	2.725	0.908	0.970
2003—3	532.96	555.91	0.959	2.806	0.935	1.025
2003—4	553.82	573.06	0.966	2.963	0.988	0.979
2004—1	612.55	590.21	1.038	3.040	1.013	1.024
2004—2	628.77	607.36	1.035	3.109	1.036	0.999
2004—3	646.68	624.51	1.035	3.154	1.051	0.985
2004—4	694.79	641.66	1.083	3.244	1.081	1.001
2005—1	741.74	658.81	1.126	3.347	1.116	1.009
2005—2	769.78	675.96	1.139	3.365	1.122	1.015
2005—3	762.35	693.11	1.100	3.288	1.096	1.004
2005—4	744.94	710.26	1.049	3.175	1.058	0.991

年—季	经季节性调整值（百万美元）Y/S=TCI	线性趋势拟合值（百万美元）T	CI 比率 TCI/T=CI	三个季度 CI 比率移动和 MS3CI	循环相对数（CI 比率移动平均数）C	不规则变动系数
2006—1	746.89	727.41	1.027	3.052	1.017	1.009
2006—2	727.29	744.56	0.977	2.889	0.963	1.014
2006—3	674.31	761.71	0.885	2.794	0.931	0.950
2006—4	726.13	778.86	0.932	2.814	0.938	0.994
2007—1	793.10	796.01	0.996	2.960	0.987	1.010
2007—2	839.04	813.16	1.032	2.981	0.994	1.038
2007—3	791.13	830.31	0.953	3.038	1.013	0.941
2007—4	892.17	847.46	1.053			

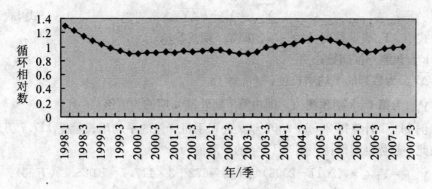

图 11.2　A 公司营业额循环相对数

（2）不规则变动的测定

在已知循环相对数的情况下，测定不规则变动非常简单，只要用 CI 比率除以循环相对数即可。表 11.12 的第⑦栏即为计算的不规则变动系数。

至此，我们从时间数列的乘法模型出发，完成了逐步测定长期趋势、季节指数、循环相对数和不规则变动系数的工作。这样的分析方法对时间数列的认识和理解有重要意义。特别是长期趋势和季节性变动较强的规律性，作用更加明显。同时，我们也应注意，时间数列的分析过程中有一定的假设性和随意性，而且没有考虑其他环境变量对所研究变量的影响，其研究结果存在一定的局限性。

11.3 预测

经济预测是根据经济现象一段时间的发展水平所内含的变化规律，对未来发展水平进行估计和推断。预测有定性预测和定量预测方法两大类。本节介绍几种常用的定量预测方法。

11.3.1 动态变化预测法

根据动态分析描述指标进行预测，具体分为平均增长量外推法和平均增长率外推法。

（1）平均增长量外推法

假设时间数列的增长量平稳发展趋势可以延伸至未来预测期，则使用平均增长量外推法，公式如下：

$$\hat{Y}_{t+k}=Y_t+k\overline{\Delta Y_{am}} \qquad (公式 11.19)$$

式中：Y_t 表示数列最后一项，即第 t 期观察值；

k 为预测外推期数；

$\overline{\Delta Y_{am}}$ 为数列的平均增长量；

$\hat{Y}_{t+k}$ 为第 t＋k 期预测值，即由第 t 期外推 k 期的预测值。

例 11—1 计算得 2002—2007 年某公司手机产量的平均增长量是 117.7 万部，如果此一趋势继续保持，则 2011 年的预测值为：

$\hat{Y}_{2011}=Y_{2008}+$ （2011－2008）$\overline{\Delta Y_{am}}=672+3\times117.7=1\,025.1$ （万部）。

（2）平均增长率外推法

假设时间数列的增长率平稳发展趋势可以延伸至未来预测期，则使用平均增长率外推法，公式如下：

$$\hat{Y}_{t+k}=Y_t\cdot（1+\overline{r_g}）^k \qquad (公式 11.20)$$

式中：Y_t，k 和 $\hat{Y}_{t+k}$ 用法同公式 11.19；

$\overline{r_g}$ 为数列的平均增长率。

例 11—2 算得某省 2002—2007 年职工年人均工资的年平均增长率是 16.3％，如果此一趋势继续保持，则 2011 年的预测值为：

$\hat{Y}_{2011}=Y_{2007}\times（1+\overline{r_g}）^{(2001-2007)}=16\,507\times（1+16.3％）^4=30\,198.6$ （元）。

11.3.2 趋势模型外推法

利用趋势模型进行预测，关键是分析时间序列的变化规律，选择趋势模型。趋势模型外推法以长期趋势方程为基础，具体做法是确定预测年份的编码 t，并将其带入长期趋势方程。

对于例 11—3 已拟合到中国 1991—2005 年家用电冰箱产量趋势是：

$\hat{Y}_t = 1\,333.30 + 165.59t$（时间原点：1998 年中，时间单位：年）。

2011 年的时间编码是 13，其预测值是：

$\hat{Y}_{2011} = 1\,333.30 + 13\,(165.59) = 3\,485.97$（万台）。

11.3.3　移动平均法

移动平均法依照时间顺序，对数列中若干期观察值求算术平均数作为下一期的预测值，随时间逐项推移，每推进一步，舍弃一个历史远期数值，纳入一个近期数值，保持平均数所含观察值个数恒定。

（1）一次移动平均法

将前述方法简单地应用于预测，是为一次移动平均法。设时间序列为：Y_1，Y_2，…，Y_t，…，简单一次移动平均公式为：

$$M_t = \frac{Y_t + Y_{t-1} + \cdots + Y_{t-n+1}}{n} \qquad (t \geqslant n) \qquad \text{（公式 11.21）}$$

式中：M_t 为第 t 期的一次移动平均数，n 为每次移动平均包含的观察值个数，称为步长。

以第 t 期的一次移动平均数作为第 $t+1$ 期的预测值，即：

$$\hat{Y}_{t+1} = M_t \qquad \text{（公式 11.22）}$$

若一时间数列观察值围绕一个水平线呈小幅度上下波动，其短期预测宜采用一次移动平均法。

【例 11—7】2002 年 1~12 月某公司甲产品的销售量如表 11.14 第 2 列所示，用一次移动平均法，预测 2003 年 1 月份的销售量。

表 11.14　　　　　　　甲产品销售量资料

单位：件

月　份	销售量 y_t	预测值 $\hat{y}_t$（n＝3）	预测值 $\hat{y}_t$（n＝5）
1	420	——	——
2	368	——	——
3	485	——	——
4	420	424	——
5	501	424	——
6	470	469	439
7	540	464	449
8	390	504	483
9	420	467	464

月 份	销售量 y_t	预测值 $\hat{y}_t$（n＝3）	预测值 $\hat{y}_t$（n＝5）
10	460	450	464
11	380	423	456
12	510	420	438
次年 1	——	450	432

解：分别取 $n＝3$ 和 $n＝5$，按预测公式计算3个月和5个月一次移动平均预测值，结果分别置于表 11.14 的第3列和第4列。

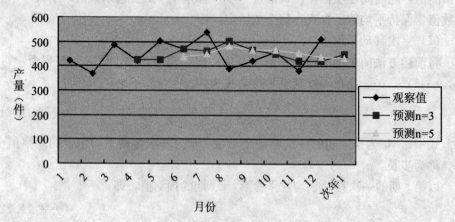

图 11.3　甲产品产量移动平均预测

从图11.3看到甲产品产量的较为平稳，可以使用移动平均法作预测。步长5个月的预测比3个月的预测更趋平稳。

（2）二次移动平均法

二次移动平均法是指在经过一次移动平均形成的新序列基础上，再做一次移动平均，利用移动平均滞后偏差的规律建立直线趋势预测模型进行预测的方法。

二次移动平均法主要适用于时间数列呈现直线升降趋势的经济现象的预测。将公式 11.21 改写为：

$$M_t^{(1)}=\frac{Y_t+Y_{t-1}+\cdots+Y_{t-n+1}}{n}$$

式中 $M_t^{(1)}$ 表示第 t 期的一次移动平均数。再以 $M_{t-1}^{(1)}$ 表示第 $t-1$ 期的一次移动平均数，以下依次类推。则第 t 期的二次移动平均数为：

$$M_t^{(2)}=\frac{M_t^{(1)}+M_{t-1}^{(1)}+\cdots+M_{t-n+1}^{(1)}}{n} \qquad t\geqslant 2n-1 \qquad （公式 11.23）$$

在一次移动平均数和二次移动平均数的基础上按下式求出二次移动平均预测

模型的系数：

$$a_t = 2M_t^{(1)} - M_t^{(2)} \qquad \text{（公式 11.24）}$$

$$b_t = \frac{2}{n-1}(M_t^{(1)} - M_t^{(2)}) \qquad \text{（公式 11.25）}$$

$$\hat{y}_{t+k} = a + kb_t \quad (k = 1, 2, \cdots) \qquad \text{（公式 11.26）}$$

式中：t 为当前时期数；

$\hat{y}_{t+k}$ 为第（$t+k$）期的预测值；

a_t、b_t 均为预测模型中的参数，a_t 为截距，b_t 为斜率，又称为平滑系数。

【例 11—8】某企业 1～12 月甲产品的销售额资料如表 11.15 第 2 列所示，试预测 2008 年的销售量。

表 11.15　　　　　　　　　1～12 月某企业销售额

单位：万元

月份	观察值	$M_t^{(1)}$	$M_t^{(2)}$	a_t	b_t
1	34	——	——		
2	36	——	——		
3	37	——	——		
4	40	——	——		
5	42	37.8	——		
6	43	39.6	——		
7	46	41.6	——		
8	50	44.2	——		
9	51	46.4	41.92	50.88	2.24
10	54	48.8	44.12	53.48	2.34
11	56	51.4	46.48	56.32	2.46

解：取 $n = 5$，分别计算一次移动平均值 $M_t^{(1)}$ 和二次移动平均值 $M_t^{(2)}$ 列于表 11.15 第 3～4 列。其中 11 月的移动平均数分别是：

$$M_{11}^{(1)} = \frac{56 + 54 + 51 + 50 + 46}{5} = 51.4$$

$$M_{11}^{(2)} = \frac{51.4 + 48.8 + 46.4 + 44.2 + 41.6}{5} = 46.48$$

$$a_{11} = 2M_{11}^{(1)} - M_{11}^{(2)} = 2 \times 51.4 - 46.48 = 56.32$$

$$b_{11} = \frac{2}{5-1}(M_{11}^{(1)} - M_{11}^{(2)}) = \frac{1}{2}(51.4 - 46.48) = 2.46$$

于是有 t=11 时的直线趋势预测模型

$$\hat{y}_{11+k} = 56.32 + 2.46 \times k$$

因此，12 月（$k=1$）销售量预测值为：

$$\hat{y}_{12} = 56.32 + 2.46 * 1 = 58.78 （万元）$$

二次移动平均法预测模型中 a_t 和 b_t 的值随期数不同而改变，因此它仅适宜作短期预测。进行中、长期预测，可能会产生较大的误差。

11.3.4 指数平滑法

指数平滑法根据平滑次数不同可分为一次指数平滑法、二次指数平滑法等。

（1）一次指数平滑法

设 a 为平滑系数（$0 \leqslant a \leqslant 1$），某期的平滑值相当于该期的观察值与此前一期平滑值的加权平均数。一次指数平滑值公式为：

$$S_t^{(1)} = aY_t + （1-a） S_{t-1}^{(1)} \qquad （公式 11.27）$$

以某期的一次指数平滑值为后一期的预测值，有：

$$\hat{y}_{t+1} = S_t^{(1)}$$

一次指数平滑法的预测模型为：

$$\hat{Y}_{t+1} = aY_t + （1-a） \hat{Y}_t \qquad （公式 11.28）$$

把公式（11.28）依次展开，有：

$$\hat{Y}_{t+1} = aY_t + （1-a） \hat{Y}_t$$
$$= aY_t + （1-a） [aY_{t-1} + （1-a） \hat{Y}_{t-1}]$$
$$= aY_t + a （1-a） Y_{t-1} + （1-a）^2 \hat{Y}_{t-1}$$

$$\vdots$$

$$= aY_t + a （1-a） Y_{t-1} + a （1-a）^2 Y_{t-2} + \cdots + a （1-a）^{t-1} Y_{t-(t-1)}$$
$$+ (1-a)^t S_0$$

$$= a \sum_{j=0}^{t-1} （1-a）^j Y_{t-j} + （1-a）^t S_0 \qquad （公式 11.29）$$

式中 S_0 是预测初始值。

由于 $0 \leqslant a \leqslant 1$，$\underset{t \to \infty}{Lim} （1-a）^t = 0$，于是上式写为：

$$\hat{Y}_{t+1} = a \sum_{j=0}^{t-1} （1-a）^j Y_{t-j}$$

由此可见，$\hat{Y}_{t+1}$ 实际上是 Y_t，Y_{t-1}，$\cdots$，Y_{t-j}，$\cdots$，Y_1 的加权平均，其权数分别是 a，$a （1-a）$，$a （1-a）^2$，$\cdots$，$a （1-a）^{t-1}$，是按几何级数衰减，愈近的数据，权数愈大，愈远的数据，权数愈小，反映了近期数据对未来的影响要大于远期数据的客观事实，且权数之和 $a \sum_{j=0}^{\infty} （1-a）^j = 1$。由于权数符合指数规律，又具有平滑波动的功能，故称为指数平滑。

平滑系数 a 的选择

在指数平滑法中，平滑系数 α 的选择非常重要。由公式可以看出，α 的大小决定了在下期预测值中本期实际值和本期预测值的权重。α 愈大，本期实际值的权重就愈大，本期预测值的权重就愈小，反之亦然。因此，α 值代表了预测模型对时间序列数据变化的反应速度。α 的值应根据时间序列的具体情况，在 $0 \sim 1$ 之间做出选择，一般应遵循下列原则：

如果对初始值的正确性有疑问时，应取较大的 α 值，以便扩大近期数据的作用，而迅速减少初始值的影响。

如果模型中仅有某一段时间的数据为较优估计值，则需取较大的 α 值，以便减少较早数据的影响。

如果时间序列虽然具有不规则变动，但长期趋势接近某一稳定常数时，则需取较小的 α 值（一般为 $0.05 \sim 0.20$），使各观察值在现时指数平滑值具有大小接近的权值。

如果时间序列具有迅速且明显的变动趋势，则 α 值宜取较大值（为 $0.3 \sim 0.5$），使新近数据对于现时的指数平滑具有较大价值，从而使新近动趋势能强烈地反映在预测值中。

如遇变化甚小的时间序列，则 α 宜取稍小值（一般取 $0.1 \sim 0.4$），使较早的观察值亦能充分反映于指数平滑中。

不便确定时，可同时取几个值进行试算，然后比较预测误差，选取预测误差最小的 α 值。

初始值 S_0 的选择

当时间数列较长时，取开头若干项观察值的平均数；

当时间数列较短时，取第一项的平均数；

当时间数列充分长时，可任意确定。

【例 11—9】某市 1996—2007 年彩色电视机销售额如表 11.16 第 2 列所示，使用指数平滑法预测 2008 年彩电的销售额。

表 11.16　　　　　　　　　彩色电视机销售额资料

单位：万元

年 份	t	实际销售额 y_t	预测值 $\hat{y}_t$		
			$\alpha = 0.2$	$\alpha = 0.5$	$\alpha = 0.8$
1996	1	52	50.00	50.00	50.00
1997	2	48	50.40	51.00	51.60
1998	3	58	49.92	49.50	48.72

年 份	t	实际销售额 y_t	预测值 $\hat{y}_t$		
			$\alpha=0.2$	$\alpha=0.5$	$\alpha=0.8$
1999	4	50	51.54	53.75	56.14
2000	5	43	51.23	51.88	51.23
2001	6	49	49.58	48.44	44.65
2002	7	55	49.46	48.22	48.13
2003	8	46	50.57	51.61	53.63
2004	9	53	49.66	48.81	47.53
2005	10	54	50.33	50.91	51.91
2006	11	48	51.06	52.46	53.58
2007	12	56	50.45	50.23	49.23
2008	13	——	51.56	53.12	54.62

解：通过观察时间数列可以看出 Y_1，Y_2，…，Y_t，…，波动不大，比较平稳，且呈水平趋势的特征，因此，α 的值应该小一些比较好，取 $\alpha=0.2$。为了进行比较研究，还取 $\alpha=0.5$、$\alpha=0.8$ 进行试算。

本例初始值 $S_0=\dfrac{Y_1+Y_2}{2}=50$，带入公式 11.28 计算各期预测值，结果置于表 11.16 的第 4～6 列。

从表 11.16 可以看出，$\alpha=0.2$、0.5、0.8 时，预测值有很大的差异。究竟 α 取何值比较好呢？为此，我们计算出 α 取不同值时的均方误差（见表 11.17），选取使得均方误差较小的 α 值。

均方误差的公式为：

$$MSE=\frac{\sum (Y_t-\hat{Y}_t)^2}{n} \tag{公式 11.30}$$

表 11.17　　　　　不同平滑系数预测结果的均方误差比较

α	0.2	0.5	0.8
均方误差	224.64	243.04	263.80

计算结果表明：$\alpha=0.2$ 时，均方误差较小，故选取 $\alpha=0.2$ 进行预测。

预计 2008 年的销售额为：

$$\hat{Y}_{2008}=\hat{Y}_{13}=0.2\times56+(1-0.2)\times50.45=51.56（万元）$$

（2）二次指数平滑法

当时间数列的变动呈现直线升降趋势时，用一次指数平滑法进行预测，会出现明显的滞后偏差。因此，也必须加以修正。修正的方法是，在一次指数平滑的基础上，再作二次指数平滑，利用滞后偏差的规律来建立直线趋势模型，这就是二次指数平滑法。

二次指数平滑值的公式是：

$$S_t^{(2)} = \alpha S_t^{(1)} + (1-\alpha) S_{t-1}^{(2)} \qquad \text{（公式 11.31）}$$

二次指数平滑法的预测模型是：

$$\hat{Y}_{t+k} = a_t + kb_t \qquad \text{（公式 11.32）}$$

公式 11.32 的截距 a_t 和截距 b_t 分别由以下二式确定：

$$a_t = 2S_t^{(1)} - S_t^{(2)} \qquad \text{（公式 11.33）}$$

$$b_t = \frac{\alpha}{1-\alpha}(S_t^{(1)} - S_t^{(2)}) \qquad \text{（公式 11.34）}$$

【例 11—10】1996—2007 年某商场的啤酒销售额资料如表 11.18 第 3 列所示，用二次指数平滑法预测 2008 年的销售额。

表 11.18　　　　　　　1996—2007 年某商场啤酒销售额

单位：万元

年　份	t	销售额	$S_t^{(1)}$	$S_t^{(2)}$	a_t	b_t	$\hat{Y}_t$
1996	0	—	30.00	30.00	30.00	0	——
1997	1	30	30.00	30.00	30.00	0	——
1998	2	38	36.40	35.12	37.68	5.12	30.00
1999	3	42	40.88	39.73	42.03	4.60	42.80
2000	4	50	48.18	46.49	49.87	6.76	46.63
2001	5	55	53.64	52.21	55.07	5.72	56.63
2002	6	62	60.33	58.71	61.95	6.48	60.79
2003	7	65	64.07	63.00	65.14	4.28	68.43
2004	8	69	68.01	67.01	69.01	4.00	69.42
2005	9	74	72.80	71.64	73.96	4.64	73.01
2006	10	78	76.96	75.90	78.02	4.24	78.60
2007	11	83	81.79	80.61	82.97	4.72	82.26
2008		预测值＝82.97＋4.72×（2008－2007）					87.69

解：考虑到该数列有明显的上升趋势，取 $\alpha=0.8$，一次指数平滑和二次指数平滑的初始值都取数列第一项的值 30，按公式 11.27 和公式 11.31 计算一次指数平滑值和二次指数平滑值，再按公式 11.33 和公式 11.34 公式计算每一期的截距和斜率，列于表 11.18 第 4～7 列。

自第二期（1998 年）起，以上一期的截距和斜率代入公式 11.20，其中取

$k=1$，即按外推 1 期进行预测，结果列于表 11.18 中。

通过计算 1996—2007 年的模拟误差可以看出模拟预测误差比较小，预测精度比较高，尤其是近期误差较小。因此，有理由认为 2008 年的销售额在 87.69（万元）左右的可能性比较大。

鉴于此数列最后一项是 2007 年，如果预测 2009 年以后各年的啤酒销售额，则按对应于 2007 年的截距（82.97）加上斜率（4.72）与外推年头数的乘积。如 2011 年的预测值为：

$$\hat{Y}_{2011} = 82.97 + 4.72 \times (2011 - 2007) = 101.85 （万元）。$$

二次指数平滑法很重视近期数据，当得到了一个新的实际数据，就能很快地计算出直线趋势方程中 a_t 和 b_t 的值，及时调整趋势直线的截距和斜率，使得趋势方程比较接近实际。但是，直线趋势方程中 a_t 和 b_t 的值也不可能长久不变，因此，利用趋势方程只适宜作短期的直线趋势预测。

本 章 要 点

增长量：以绝对数形式表示的动态分析指标，又称增长水平，它是两个不同时期发展水平相减的差额，用来反映现象在这段时期内发展水平提高或降低的绝对量。

增长量 $\Delta Y = $ 报告期水平 Y_c － 基期水平 Y_b

平均增长量：逐期增长量的序时平均数，也相当于报告期水平与基期水平差额的平均数，用以代表时间数列在一个若干期跨度内逐期变化的绝对幅度。

$$\overline{\Delta Y}_{aum} = \frac{(Y_1 - Y_0) + (Y_2 - Y_1) + \cdots\cdots + (Y_n - Y_{n-1})}{n} = \frac{Y_n - Y_0}{(n+1) - 1}$$

动态比率：以相对数的形式表现的动态分析指标，它是两个不同时相关数值对比的结果。

$$动态比率 \ R = \frac{报告期水平 \ Y_c}{基期水平 \ Y_b}$$

增长率：根据增长量与基期水平对比求得，用于说明报告期水平比基期水平增长了若干倍（或百分之几）。

$$增长率 \ r = \frac{报告期水平 \ Y_c - 基期水平 \ Y_b}{基期水平 \ Y_b}$$

平均动态比率：时间数列在一个若干期跨度内逐期动态比率的几何平均数，代表此期间数据逐期对比的一般倍数。

$$\overline{R}_g = n\sqrt{\frac{Y_1}{Y_0} \times \frac{Y_2}{Y_1} \times \frac{Y_3}{Y_2} \times \cdots\cdots \times \frac{Y_n}{Y_{n-1}}} = n\sqrt{\frac{Y_n}{Y_0}}$$

平均增长率：时间数列在一个若干期跨度内逐期增长的一般增长幅度。

平均增长率 $\bar{r}_g =$ 平均动态比率 $\bar{R}_g - 1$

时间数列的乘法模型

$Y =$ 长期趋势 $T \times$ 季节变动 $S \times$ 循环变动 $C \times$ 不规则变动 I

长期趋势的测定：通常方法是用最小二乘法拟合趋势方程。最常见的趋势方程有线性、指数曲线和抛物线。

季节变动的测定：使用移动平均比率法。

一次移动平均预测值

$$\hat{Y}_{t+1} = M_t^{(1)} = \frac{Y_1 + Y_{t-1} + \cdots + Y_{t-n+1}}{n}$$

二次移动平均值

$$M_t^{(2)} = \frac{M_t^{(1)} + M_{t-1}^{(1)} + \cdots + M_{t-n+1}^{(1)}}{n}$$

二次移动平均预测模型的系数

$$a_t = 2M_t^{(1)} - M_t^{(2)}$$

$$b_t = \frac{2}{n-1}(M_t^{(1)} - M_t^{(2)})$$

一次指数平滑值

$$S_t^{(1)} = \alpha Y_t + (1-\alpha) S_{t-1}^{(1)}$$

一次指数平滑预测值

$$\hat{y}_{t+1} = S_t^{(1)}$$

二次指数平滑值

$$S_t^{(2)} = a S_t^{(1)} + (1-\dot{\alpha}) S_{t-1}^{(2)}$$

二次指数平滑预测模型的系数

$$a_t = 2S_t^{(1)} - S_t^{(2)}$$

$$b_t = \frac{\alpha}{1-\alpha}(S_t^{(1)} - S_t^{(2)})$$

与本章有关的 EXCEL 功能的实现途径

"工具" → 数据分析 → 移动平均 → 制定观察值区域和输出区域
（本工具以观察值第一项为初始值）

习　题

11.1　据《2004 年中国空调市场报告》，1997—2004 年中国家用空调市场销量（万台）如下：

年　度	销量
1997	620
1998	720
1999	750
2000	1 050
2001	1 480
2002	1 590
2003	1 980
2004	2 560

绘制时间数列线形图，观察 1997—2004 年中国家用空调市场销量变化有何规律。

11.2　另据《2004 年中国空调市场报告》，2000—2004 年中国家用空调市场销售额（亿元）如下：

年　度	销售额
2000	380
2001	400
2002	360
2003	370
2004	410

绘制时间数列线形图，观察 2000—2004 年中国家用空调市场销售额变化有何规律。

11.3　根据前两题的数据，计算 2000—2004 年度中国家用空调平均单位价值（以销售额除以销售量）。再绘制时间数列线形图，观察 2000—2004 年所售中国家用空调平均单位价值变化有何规律。

11.4　据《中国交通年鉴·2006》，1999—2006 年全国高速公路通车里程（万公里）如下：

年 度	通车里程
1999	1.16
2000	1.63
2001	1.94
2002	2.51
2003	2.97
2004	3.43
2005	4.10
2006	4.53

绘制时间数列线形图，观察 1999—2006 年全国高速公路通车里程变化有何规律。

11.5 据交管部门数据，1996—2006 年全国私人轿车保有量（万辆）如下：

年 度	私人车辆保有量
1996	224
1997	290
1998	358
1999	424
2000	534
2001	771
2002	969
2003	1 219
2004	1 482
2005	1 852
2006	2 333

绘制时间数列线形图，观察 1996—2006 年全国私人轿车保有量变化有何规律。

11.6 据《中国交通年鉴·2006》，1994—2006 年全国各种运输方式客运周转量（亿人公里）如下：

年 份	铁 路	公 路	水 运	民 航
1994	3 836	4 220	177	552
1995	3 546	4 603	165	681
1996	3 348	4 909	154	748

年　份	铁　路	公　路	水　运	民　航
1997	3 585	5 541	149	774
1998	3 773	5 943	113	800
1999	4 136	6 199	102	857
2000	4 533	6 657	94	971
2001	4 746	7 207	83	1 091
2002	4 969	7 806	75	1 269
2003	4 789	7 696	63	1 263
2004	5 172	8 748	66	1 782
2005	6 062	9 292	68	2 045
2006	6 622	10 131	74	2 371

（1）将 4 种运输方式的客运周转量绘制在同一份时间数列线形图，观察 1994—2006 年全国各种运输方式客运周转量变化各有何规律。

（2）单独绘制水运旅客周转量的时间数列线形图，观察该指标的变化有何规律。

（3）4 种运输方式的客运周转量长期趋势拟合当分别使用什么模型？

11.7　接家用空调销售一题（♯11.1）。用最适合的模型拟合 1997—2004 年度中国家用空调市场销量的长期趋势方程，并对系数进行解释。

11.8　接高速公路通车里程一题（♯11.4）。用最适合的模型拟合 1999—2006 年全国高速公路通车里程的长期趋势方程，并对系数进行解释。

11.9　接私人轿车保有量一题（♯11.1）。用最适合的模型拟合 1996—2006 年度中国私人轿车保有量的长期趋势方程，并对系数进行解释。

11.10　接客运周转量一题（♯11.6）。

（1）如果使用线性趋势方程拟合 1994—2006 年铁路、公路和航空客运周转量的长期趋势，从时间数列线形图是否可以观察出 3 个趋势方程的预测误差大小？为什么？

（2）分别拟合铁路、公路和航空客运周转量的长期趋势方程，并对系数进行解释。

（3）分别计算铁路、公路和航空客运周转量的长期趋势方程的预测误差，比较它们的大小。这一结果是否与第（1）步的感性认识一致？

11.11　接客运周转量一题（♯11.6）。

拟合 1994—2006 年水运周转量的长期趋势方程，并对系数进行解释。

11.12　接客运周转量一题（♯11.6）。

分别计算 1994 年、2000 年和 2006 年每一种运输方式在 4 种方式客运周转量总和中的比率（市场份额），列出分析表，说明各种运输方式市场份额的变化趋势。

11.13　英国 1985—1991 年度住房建设产出额（百万英镑）如下：

季度	1985 年	1985 年	1987 年	1988 年	1989 年	1990 年	1991 年
Ⅰ	917	981	1 232	1 784	1 792	1 511	1 114
Ⅱ	921	1 185	1 403	2 036	1 858	1 505	1 394
Ⅲ	978	1 246	1 594	1 890	1 854	1 486	1 226
Ⅳ	1 032	1 284	1 583	1 838	1 584	1 417	1 211

按此数据使用移动平均比率法计算季节指数。

11.14　哈德逊航友商店连续 7 年各季度销售的航海用无线电设备数量如下：

年	1 季度	2 季度	3 季度	4 季度
1	6	15	10	4
2	10	18	15	7
3	14	26	23	12
4	19	28	25	18
5	22	34	28	21
6	24	36	30	20
7	28	40	35	27

按此数据使用移动平均比率法计算季节指数。

11.15　中国 2003—2008 年各月出口额（亿美元）如下：

月　份	年　　份					
	2003	2004	2005	2006	2007	2008
1	297.5	357.1	507.3	651.3	865.7	1 095.8
2	244.5	340.5	442.8	541.1	820.2	873.0
3	320.8	458.3	608.5	780.2	834.1	1 089.1
4	355.9	471.1	820.8	768.3	974.3	1 187.2
5	337.9	448.5	584.2	730.7	940.7	1 205.3
6	344.6	505.2	659.3	812.8	1 033.7	1 211.4
7	380.9	509.7	355.3	803.0	1 077.3	1 366.0
8	374.0	513.5	683.7	907.3	1 113.7	1 348.2
9	419.2	557.7	701.5	915.8	1 123.1	1 364.1
10	408.9	525.2	630.3	881.1	1 076.8	1 283.3
11	417.5	609.3	722.0	958.3	1 176.5	1 149.9
12	480.6	637.9	754.0	940.9	1 144.2	1 111.6

（1）计算 2003—2007 年各年全年出口额，绘制线形图，并以最适当的趋势方程拟合其发展趋势。

（2）用所拟合的趋势方程"预测"2008 年全年出口额。"预测"值与实际值相比有什么不同？提出你的解释。

11.16　接中国出口额一题（♯11.15）。

（1）根据 2003—2007 年各月出口额计算季节指数，并解释各月季节指数的具体含义，指出中国分月份出口额的规律。

（2）如果要求你"预测"2008 年 1～12 月份的出口额，你将使用什么方法？试预测之。

（3）将第（2）题的"预测"结果与实际数据对比，各月的预测误差分别是多少？说明什么问题？

11.17　某特大城市的公共交通总公司记录了 8 年来分季度的乘客人数（单位：百万人），数据如下：

年份序号	Q1	Q2	Q3	Q4
1	3.83	4.61	5.68	3.9
2	4.17	4.92	6.29	4.18
3	4.63	5.45	6.79	4.55
4	4.95	5.92	7.32	4.98
5	5.41	6.55	7.94	5.41
6	6.16	6.98	8.71	6.06
7	6.45	7.63	9.55	6.43
8	6.75	8.38	10.67	7.04

（1）绘制 8 年 32 个季度的乘客人数线形图，观察存在什么样的长期趋势和季节性变化；

（2）拟合 8 年 32 个季度的乘客人数的直线趋势方程，以此方程预测第 9 年乘客人数；

（3）计算季节指数；

（4）按季节指数摊分第 9 年乘客人数预测值作为各季度预测值。

第12章 指　　数

12.1　指数的概念和种类

12.1.1　指数的概念

指数是刻画某种经济与社会现象变化的相对数，为当前最常见的一个经济与社会统计概念。指数最宽泛的范畴可以包括诸如"洗车指数"和"穿衣指数"等气象部门对特定生活活动给予咨询的相对数，也包括基于主观赋值打分的用来刻画资本货物和原材料市场交易兴旺程度的"采购经理人指数"等。然而传统意义上的指数即统计学所说的指数，只限于刻画经济和商务活动的价格（成本）、物量和销售额（产值）综合变化程度的相对数。

12.1.2　指数的种类

（1）个体指数、类指数和总指数

指数按其考察经济和商务现象——通常指商品（产品）的分类层级不同，分为个体指数、类指数和总指数。在经济管理和统计中，无论是有形产品的货物还是无形产品的服务，都按一定的法则纳入商品（产品）分类体系表，例如要编制商品房销售或租赁的价格指数，就需要将交易的房产至少按下列三个层次分类：

　　　　住宅
　　　　　　经济适用房
　　　　　　普通住宅
　　　　　　　　多层住宅
　　　　　　　　高层住宅
　　　　　　　　其他住宅
　　　　　　高档住宅
　　　　　　　　别墅
　　　　　　　　高档公寓
　　　　非住宅
　　　　　　办公楼
　　　　　　商业娱乐用房

工业仓储用房

其他用房

又如国际贸易货物的海关管理和统计采用的《协调编码》体系（HS），一直划到具体商品赋予 10 位码，可以根据管理和统计需要归结到不同层次——8 位码、6 位码或 4 位码等。

把最低层次的商品作为基本项，按基本项编制的指数是个体指数；按最高层次编制的指数是总指数；按介于基本项和最高层次之间的商品归类编制的指数是类指数。

（2）物价指数、物量指数和物值指数

物价指数是反映销售活动中价格变化的指数，物量指数是反映销售数量变化的指数，物值指数是综合刻画价格和数量同时变动结果的指数。

相对于商品销售活动中的物价指数、物量指数和物值指数，在商品生产活动中则有单位（产品）成本指数、产量指数和总成本指数。

（3）动态指数和静态指数

按编制指数时时间空间对比角度不同，分为动态指数和静态指数。动态指数又称时间性指数，反映同类现象在不同时期（点）的相对变化。静态指数又称区域性指数，反映同类现象在不同空间（不同国家、地区、部门等）上的相对差异程度，例如跨国公司为派遣到全球各地的高管人员确定其薪水幅度，需要参照的全球各地生活费用指数，就是静态指数。本书只讲动态指数，静态指数的编制原理与之相同。

（4）定基指数和环比指数

指数数列按照采用的基期不同，分为定基指数和环比指数。数列中各期指数都以上期为基期，称为环比指数。数列中各期指数都以某一固定时期为基期，称为定基指数。

（5）综合加权指数和加权平均比率指数

由于价格、物量和物值三者存在的联系，在编制价格指数时既可以用物量为权数（此一情况下需要全部商品的价格和物量数据），也可以用物值为权数（此一情况下需要代表规格品的价格和上一层次全部商品的物值数据），价格指数的编制方法有综合加权法和加权平均比率法之分。它们这不仅在公式上不同，所要求的数据采集难度也不同。本章的核心内容围绕这两种指数编制方法编写。

12.1.3 指数的作用

指数是一种重要的统计方法，在经济分析中有着广泛的应用，主要表现为以下两个方面：（1）分析复杂经济现象总体的变动方向和程度。（2）分析经济发展变化中各种因素影响的大小。

12.2　指数编制原理

综合指数的编制方法由两种。一种是不考虑权数作用的简单指数；另一种是考虑权数作用的加权指数。

12.2.1　简单指数

简单指数有两种编制方法：简单综合指数和简单平均比率指数。

简单综合指数是本期若干商品价格或数量之和与基期若干商品价格或数量之和的比值。公式分别为：

简单综合价格指数公式为：$P=\dfrac{\sum p_n}{\sum p_0}\times 100\%$

简单综合物量指数公式为：$Q=\dfrac{\sum q_n}{\sum q_0}\times 100\%$

式中：P、Q 分别表示物价指数和物量指数；p 表示价格，q 表示物量，下标 0 表示基期，下标 n 表示本期。

【例 12—1】某电器商城三种商品销售数据如下：

表 12.1　　　　　　　　三种商品价格与销售量数据

商品名称	单位	价格（元）		销售量	
		p_0	p_n	q_0	q_n
液晶电视机	台	3 600	2 400	90	120
手机	部	3 000	2 500	100	150
摄像机	架	5 000	6 000	120	110

三种商品的简单综合价格指数为：

$$P=\frac{2\ 400+2\ 500+6\ 000}{3\ 600+3\ 000+5\ 000}\times 100\%=93.97\%$$

计算结果说明，三种商品的销售价格本期比基期平均下降了 6.03%。

三种商品的简单综合数量指数为：

$$Q=\frac{120+150+110}{90+100+120}=\frac{380}{310}\times 100\%=122.58\%$$

计算结果说明，三种商品的销售数量本期比基期平均增加了 22.58%。

简单指数计算方法简单，但其最大的缺点是缺乏公度性，即当其中某一商品的计算单位改变时，指数的计算结果也会改变；另外，在计算数量指数时，如果各种商品的计算单位不一致，则不具有可加性。

简单平均比率指数是每种商品价格或数量个体指数的平均数，它消除了简单综合指数的非公度性与不可加性的缺陷，公式分别为：

简单平均价格比率指数：$P = \dfrac{\sum \dfrac{p_n}{p_0}}{N} \times 100\%$

简单平均数量比率指数：$Q = \dfrac{\sum \dfrac{q_n}{q_0}}{N} \times 100\%$

式中 N 为所考察的商品分类数量。

例 12—1 中，三种商品的简单平均价格比率指数为：

$$P = \frac{\dfrac{2\,400}{3\,600} + \dfrac{2\,500}{3\,000} + \dfrac{76\,000}{5\,000}}{3} \times 100\% = = 90\%$$

计算结果说明，三种商品的销售价格本期比基期平均下降了 10%。

三种商品的简单平均数量比率指数为：

$$Q = \frac{\dfrac{120}{90} + \dfrac{150}{100} + \dfrac{110}{120}}{3} \times 100\% = 125\%$$

计算结果说明，三种商品的销售数量本期比基期平均上升了 25%。

简单综合指数和简单平均比率指数都没有考虑权数的影响，即数量大的商品的价格应该对指数的影响大，数量小的商品的价格应该对指数的影响小，而是将这些不同的影响等同看待。为了克服简单指数的缺点，人们考虑用加权指数。

12.2.2 综合加权指数

加权指数有两种：一是综合加权指数；二是加权平均比率指数。两种形式既有一定的联系，又各有其特点。

综合加权指数（weighted aggregate index number）是加权指数的综合形式，反映复杂总体的综合变动情况。

综合加权指数的关键是以同度量因素解决复杂总体在研究指标上不能直接综合的困难，使其可以计算出总体的综合总量；再将同度量因素固定，以消除同度量因素变动的影响；最后将两个时期的总量对比，其结果即为综合指数。由于可供选择权数的因素有两个时期，从而产生了不同的综合加权方法。

（1）基期综合加权指数

基期综合加权数是把权数固定在基期来编制指数的方法，由德国学者拉斯佩尔斯（Laspeyres）于 1864 年发明，故称为拉氏指数，其物价指数和物量指数公式分别为：

$$P_L = \frac{\sum p_n q_0}{\sum p_0 q_0} \times 100\% \qquad \text{（公式 12.1）}$$

$$Q_L = \frac{\sum p_0 q_n}{\sum p_0 q_0} \times 100\% \qquad \text{（公式 12.2）}$$

式中：P、Q 的下标 L 表示拉氏。

（2）本期综合加权指数

本期综合加权指数是把权数固定在本期来编制指数的方法，由德国学者派煦（Paasche）于 1874 年首先采用，故称为派氏指数，其物价指数和物量指数公式分别为：

$$P_P = \frac{\sum p_n q_n}{\sum p_0 q_n} \times 100\% \qquad （公式 12.3）$$

$$Q_P = \frac{\sum p_n q_n}{\sum P_n q_0} \times 100\% \qquad （公式 12.4）$$

式中：P、Q 的下标 L 表示派氏。

下面根据例 12.1 数据演示拉氏、派氏指数的计算。

表 12.2　　　　　　某商城价格指数和物量指数计算的中间数据

商品名称	单位	基期销售额 $p_0 q_0$（元）	本期销售额 $p_n q_n$（元）	假定销售额 $p_0 q_n$（元）	假定销售额 $p_n q_0$（元）
液晶电视机	台	324 000	288 000	432 000	216 000
手机	部	300 000	375 000	450 000	250 000
摄像机	架	600 000	660 000	550 000	720 000
合计	—	1 224 000	1 323 000	1 432 000	1 186 000

拉氏物价指数 P_L＝（1 186 000/1 224 000）×100％＝96.89％

结果说明三种商品的销售价格本期比基期综合下降了 3.11％。具体的解释是：如果销售数量维持基期的水平不变，价格变化使总销售额减少 3.01％。

拉氏物量指数 Q_L＝（1 432 000/1 224 000）×100％＝116.99％

结果说明三种商品的销售数量本期比基期综合上升 16.99％。具体的解释是：如果价格维持基期的水平不变，仅数量变化就使总销售额增加 16.99％。

派氏物价指数 P_P＝（1 323 000/1 432 000）×100％＝92.39％

结果说明三种商品的销售价格本期比基期综合减少 7.61％。具体的解释是：如果按本期销售的商品数量来考察，价格变化使总销售额减少 7.61％。

派氏物量指数 Q_P＝（1 323 000/1 186 000）×100％＝111.55％

结果说明三种商品的销售数量本期比基期综合上升 11.55％。具体的解释是：如果价格都以本期的水平来考察，仅数量变化就使总销售额增加 11.55％。

（3）理想公式

针对拉氏指数和派氏指数对综合变动真实幅度各有不同方向偏离倾向的缺点，费舍（I . Fisher）提出用拉氏和派氏指数的几何平均数作为指数，并验证了这一公式的优良特性，将其称为"理想公式"。

价格指数理想公式为：

$$P_I = \sqrt{P_L P_P} = \sqrt{\frac{\sum p_n q_0}{\sum p_0 q_0} \times \frac{\sum p_n q_n}{\sum p_0 q_n}} \qquad \text{（公式 12.5）}$$

物量指数理想公式为：

$$Q_I = \sqrt{Q_L Q_P} = \sqrt{\frac{\sum p_0 q_n}{\sum p_0 q_0} \times \frac{\sum p_n q_n}{\sum p_n q_0}} \qquad \text{（公式 12.6）}$$

这一指数计算方法在国际对比中应用较多。

12.2.3 加权平均比率指数

（1）加权平均比率指数的公式

已知个体价格指数 $K_p = \dfrac{p_n}{p_0}$ 和基期销售额 $p_0 q_0$，则有：

$$\overline{K}_p = \frac{\sum \dfrac{p_n}{p_0} \times p_0 q_0}{\sum p_0 q_0} = \frac{\sum K_P \times p_0 q_0}{\sum p_0 q_0} \qquad \text{（公式 12.7）}$$

上式的基本形式是算术平均法，其中基期物值 $p_0 q_0$ 起到对所考察的各项商品价格指数算术加权的作用。这一公式可以看做是拉氏价格指数的恒等变形，即：

$$\overline{K}_p = \frac{\sum p_n q_0}{\sum p_0 q_0} = P_L$$

已知个体数量指数 $K_q = \dfrac{q_n}{q_0}$ 和基期销售额 $p_0 q_0$，则有：

$$\overline{K}_q = \frac{\sum \dfrac{q_n}{q_0} \times p_0 q_0}{\sum p_0 q_0} = \frac{\sum K_q \times p_0 q_0}{\sum p_0 q_0} \qquad \text{（公式 12.8）}$$

上式的基本形式也是算术平均法，其中基期物值 $p_0 q_0$ 起到对所考察的各项商品物量指数算术加权的作用。这一公式可以看做是拉氏物量指数的恒等变形，即：

$$\overline{K}_q = \frac{\sum p_0 q_n}{\sum p_0 q_0} = Q_L$$

已知个体价格指数 $K_q = \dfrac{p_n}{p_0}$ 和本期销售额 $p_n q_n$，则有：

$$\overline{K}_p = \frac{\sum p_n q_n}{\sum \dfrac{1}{K_P} P_n q_n} = = \frac{\sum p_n q_n}{\sum \left(\dfrac{p_n}{p_0}\right)^{-1} p_n q_n} = \left[\frac{\sum \left(\dfrac{p_n}{p_0}\right)^{-1} p_n q_n}{\sum p_n q_n}\right]^{-1} \qquad \text{（公式 12.9）}$$

上式的基本形式是调和平均法，其中基期物值 $p_n q_n$ 起到对所考察的各项商品价格指数调和加权的作用。这一公式可以看做是派氏价格指数的恒等变形，即：

$$\overline{K}_p = \frac{\sum p_n q_n}{\sum p_0 q_n} = P_P$$

已知个体数量指数 $K_q = \dfrac{q_n}{q_0}$ 和本期销售额 $p_n p_n$，则有：

$$\overline{K}_q = \frac{\sum p_n q_n}{\sum \frac{1}{K_q} p_n q_n} = \frac{\sum p_n q_n}{\sum \left(\frac{q_n}{q_0}\right)^{-1} p_n q_n} = \left[\frac{\sum \left(\frac{q_n}{q_0}\right)^{-1} p_n q_n}{\sum p_n q_n}\right]^{-1} \qquad (公式 12.10)$$

上式的基本形式也是调和平均法，其中基期物值 $p_n p_n$ 起到对所考察的各项商品物量指数调和加权的作用。这一公式可以看做是派氏物量指数的恒等变形，即：

$$\overline{K}_q = \frac{\sum p_n q_n}{\sum p_n q_0} = Q_P$$

（2）加权平均比率指数的实际应用

在实际工作中，加权平均比率指数的价格所寄寓的商品范畴与物值所寄寓的商品范畴是分离的，前者可以出自一个较低的分类层次，而后者可以出自一个较高的分类层次，这样就可以从较低层次的指数汇编成较高层次的指数。就最低层次的商品基本项而言，可以用代表规格品的价格动态比率表示该基本项的个体指数，然后用基本项的物值去加权。这样做的好处是：第一，在编制第一层分类指数时，无须采集全部商品的价格信息，只要采集代表性商品的价格数据即可，而全部商品的销售额额数据则是比较容易得到的。第二，便于在较低层分类指数的基础上编制更高分类层次的指数。

【例 12—2】某省粮油食品出口商品分为活畜禽肉食、粮食和罐头三大类。在编制出口单位价格指数时分别以活猪、大米和蘑菇罐头作为代表规格品。这三大类商品的报告期出口额和相应的三种代表性商品的价格（单位价值）数据如下：

表 12.3　　　　　　　某省粮油食品出口商品数据

分类商品		本类代表规格品			
类　名	本期出口额（万美元）	品名	单位	单位价值（美元）	
				基期	本期
活畜禽肉食	1 900	活猪	头	87	90
粮食	1 000	大米	吨	300	380
罐头	900	蘑菇罐头	吨	1 100	1 200

由已知数据可以得到三种代表规格品的个体价格指数分别为 90/87 ＝ 103.45％，380/300＝126.67％和 1 200/1 100＝109.09％，其相应的权数——类商品出口额分别是 1 900 万美元，1 000 万美元和 900 万美元。按调和平均法计算活畜禽肉食、粮食和罐头三大类商品的总指数。

$$\overline{K}_p = \frac{1\ 900 + 1\ 000 + 900}{\dfrac{1\ 900}{103.45\%} + \dfrac{1\ 000}{126.67\%} + \dfrac{900}{109.0\%}} \times 100\% = 110.0\%$$

（3）固定加权平均指数

固定权数就是用某一时期经过调整后的数据，以比重的形式固定下来，作为权数，通常用 w 表示。

固定权数的平均指数计算公式如下：

$$\text{价格指数} \quad \overline{K}_p = \frac{\sum K_p \cdot w}{\sum w} \qquad \text{（公式 12.11）}$$

$$\text{物量指数} \quad \overline{K}_q = \frac{\sum K_q \cdot w}{\sum w} \qquad \text{（公式 12.12）}$$

【例 12—3】如表 11.4 所示，说明我国零售价格总指数的编制与计算过程。表中价格及权数为已知资料（除食品类之外大类指数也假设为已知）。为简便起见，表中仅对粮食类列举详细价格资料，其余部分从略。

表 11.4　　　　　　　　零售价格总指数计算表

	代表规格品	计量单位	平均价格（元）		权数 w	指数（%）$K = p_n / p_0$	Kw
			p_0	p_n			
总计					100	105.2	1 0515
一、食品类					60	105.4	6 324
1. 粮食					(40)	112.2	4 488
（1）细粮					60	119.0	7 140
面粉	标准	公斤	2.00	2.20	(40)	110.0	4 400
大米	机白	公斤	1.44	1.80	(60)	125.0	7 500
（2）粗粮					40	102.0	4 030
玉米	东北	公斤	1.50	1.50	(90)	100.0	9 000
杂豆	二等	公斤	1.00	1.20	(10)	120.0	1 200
2. 副食品					(30)	100.0	3 000
3. 烟酒茶					(10)	102.0	1 020
4. 其他食品					(20)	101.7	2 034
二、衣着类					12	100.8	1 210
三、日用品类					11	99.7	1 097
四、文化娱乐用品类					5	98.2	491
五、书报杂志类					2	99.0	198
六、药及医疗用品类					2	110.2	220
七、建筑材料类					6	97.0	582
八、燃料类					2	196.4	393

零售价格总指数具体计算步骤：

①计算出各代表规格品的价格指数。如面粉以标准粉为代表规格品，其个体价格指数为：

$$K_P = \frac{P_n}{P_0} = \frac{2.20}{2.00} = 110\%$$

又如大米以机白米为代表规格品，其个体价格指数为：

$$K_P = \frac{P_n}{P_0} = \frac{1.80}{1.44} = 125\%$$

②根据各代表规格品的价格指数以及给出的权数，加权算术平均计算出各细类的价格指数。如细粮类的价格指数由面粉和大米的个体价格指数加权生成。

$$K_P = \frac{\sum Kw}{\sum w} = \frac{110\% \times 40 + 125\% \times 60}{100} = 119\%$$

③根据各细类指数以及给出的权数，加权算数平均计算出各小类的价格指数。如由细粮类和粗粮类的小类价格指数计算出的粮食类价格指数为：

$$K_P = \frac{119\% \times 60 + 102\% \times 40}{100} = 112.2\%$$

④根据各小类指数以及给出的权数，加权算数平均计算出各大类指数。例如，由粮食类、副食品类、烟酒茶类、其他食品类计算出的食品类价格指数为：

$$K_P = \frac{112.2\% \times 40 + 100\% \times 30 + 102\% \times 10 + 101.7\% \times 20}{100} = 105.4\%$$

⑤根据各大类指数以及给出的权数，加权算数平均计算出零售价格总指数。即：

$$P = \frac{1}{100}(105.4\% \times 80 + 100.8\% \times 12 + 99.7\% \times 11 + 98.2\% \times 5 + 99\% \times 2$$
$$+ 110.2\% \times 2 + 97\% \times 6 + 198.4\% \times 2)$$
$$= 105.2\%$$

12.3　指数体系和因素分析

12.3.1　指数体系

在统计分析中，一系列相互联系、彼此间在数量上存在推算关系的统计指数所构成的整体称指数体系。

物值（销售过程的销售额或生产过程的总成本）、价格（销售过程的价格或生产过程的单位成本）与物量（销售过程的销售量或生产过程的产量）存在如下关系：

物值 ＝ 价格×物量

上述 3 个变量，在以指数形式表现其变动程度时，也存对等关系。即：

$$物值指数 ＝ 价格指数×物量指数 \qquad （公式 12.13）$$

物值指数即物值的动态相对数，有：

$$V=\frac{\sum p_n q_n}{\sum p_0 q_0}\times 100\% \qquad （公式 12.14）$$

因为物值是可以直接加总的，所以不存在同度量因素或加权的问题。公式 12.13 的具体体现有三种形式：其一是拉氏价格指数与派氏物量指数的交叉相乘，即：

$$V=\frac{\sum p_n q_n}{\sum p_0 q_0}=\frac{\sum p_n q_0}{\sum p_0 q_0}\times\frac{\sum p_n q_n}{\sum p_n q_0}=P_L\times Q_P \qquad （公式 12.15）$$

其二是派氏价格指数与拉氏物量指数的交叉相乘，即：

$$V=\frac{\sum p_n q_n}{\sum p_0 q_0}=\frac{\sum p_n q_n}{\sum p_0 q_n}\times\frac{\sum p_0 q_n}{\sum p_0 q_0}=P_P\times Q_L \qquad （公式 12.16）$$

其三是理想价格指数与理想物量指数的直接相乘，即：

$$V=P_I\times Q_I$$

12.3.2　因素分析

构建指数体系的目的之一就是分析多种因素的变动对经济总体变动情况的影响。指数本身是从物价和物量变动对物值的相对影响进行分析，因素分析则是从物价和物量变动对物值影响的绝对数进行分析。公式 12.16 的各个分式的分子与分母之差存在如下关系：

$$(\sum p_n q_n-\sum p_0 q_n)+(\sum p_0 q_n-\sum p_0 q_0)=\sum p_n q_n-\sum p_0 q_0$$

上式等号左边第一项表示，基于本期物量水平考察，单纯因价格变动对物值的绝对影响幅度；第二项表示，按基期价格水平出售，单纯因物量变动对物值的绝对影响幅度。价格变动的单纯影响与物量变动的单纯影响之和，等于物值的实际变动幅度的绝对数，即上式等号右边。

同样道理，公式 12.15 所展示的相对变动关系也可以改写成绝对变动关系如下：

$$(\sum p_n q_0-\sum p_0 q_0)+(\sum p_n q_n-\sum p_n q_0)=\sum p_n q_n-\sum p_0 q_0$$

用于因素分析。

【例 12—4】某省三种出口商品的统计资料如表 12.5 第 1～5 列所示，要求据此分析出口价、出口量的变动对出口额的影响。

表 12.5

表 12.5   出口商品因素分析表

商品	出口量（吨）		单位价值（美元/吨）		销售额（美元）		
	q_0	q_n	p_0	p_n	$p_n q_n$	$p_0 q_0$	$p_0 q_n$
大米	30 000	40 000	400	410	16 400 000	12 000 000	16 000 000
桐油	3 000	2 500	1 800	2 000	5 000 000	5 400 000	4 500 000
茶叶	1 300	1 700	2 300	2 400	4 080 000	2 990 000	3 910 000
合计	34 300	44 200	——	——	25 480 000	20 390 000	24 410 000

解：按下列指数体系分析

$$\frac{\sum p_n q_n}{\sum p_0 q_n} \times \frac{\sum p_0 q_n}{\sum p_0 q_0} = \frac{\sum p_n q_n}{\sum p_0 q_0}$$

依指数体系列计算本期销售额、基期销售额和假定销售额 $p_n q_n$、$p_0 q_n$、$p_0 q_0$，填入表 12.5 第6~8列。

出口额指数：$\dfrac{\sum p_n q_n}{\sum p_0 q_n} = \dfrac{25\ 480\ 000}{20\ 390\ 000} = 124.96\%$

出口额增长量：$\sum p_n q_n - \sum p_0 q_0 = 25\ 480\ 000 - 20\ 390\ 000 = 50\ 900\ 00$（美元）

出口价格指数：$\dfrac{\sum p_n q_n}{\sum p_0 q_n} = \dfrac{25\ 480\ 000}{24\ 410\ 000} = 104.38\%$

按本期出口量计单纯因价格因素致使出口额增长 $\sum p_n q_n - \sum p_0 q_n = 25\ 480\ 000 - 24\ 410\ 000 = 1\ 070\ 000$（美元）

出口量指数：$\dfrac{\sum p_0 q_n}{\sum p_0 q_0} = \dfrac{24\ 410\ 000}{20\ 390\ 000} = 119.72\%$

按基期价格计单纯因物量因素致使出口额增长 $\sum p_0 q_n - \sum p_0 q_0 = 24\ 410\ 000 - 20\ 390\ 000 = 4\ 020\ 000$（美元）

$129.46\% = 104.38\% \times 119.72\%$

$5\ 090\ 000 = 1\ 070\ 000 + 4\ 020\ 000$

分析：由于出口价格上升 4.38%，出口额增加了 1 070 000 美元；由于出口量上升 19.72%，出口额增加了 4 020 000 美元。两者共同影响，三种商品的出口额上涨了 24.96%，即增加 5 090 000 美元。

12.4   指数数列

将逐期的指数按时间顺序排成序列就构成了指数数列。根据比较的基期不同，指数数列分为定基数列与环比数列。

12.4.1 定基指数数列与环比指数数列及其关系

定基指数数列指在整个指数数列的编制中，基期固定在初始年份。以综合价格指数为例，定基价格指数数列可表示为：

拉氏定基指数：$\dfrac{\sum p_0 q_0}{\sum p_0 q_0}$，$\dfrac{\sum p_1 q_0}{\sum p_0 q_0}$，$\dfrac{\sum p_2 q_0}{\sum p_0 q_0}$，…，$\dfrac{\sum p_{(k-1)} q_0}{\sum p_0 q_0}$，$\dfrac{\sum p_k q_0}{\sum p_0 q_0}$

派氏定基指数：$\dfrac{\sum p_0 q_0}{\sum p_0 q_0}$，$\dfrac{\sum p_1 q_1}{\sum p_0 q_1}$，$\dfrac{\sum p_2 q_2}{\sum p_0 q_2}$，…，$\dfrac{\sum p_{(k-1)} q_{(k-1)}}{\sum p_0 q_{(k-1)}}$，$\dfrac{\sum p_k q_k}{\sum p_0 q_k}$

当研究目的是观察现象的逐期变动时，应将前一期价格作为比较标准，这样就构成了环比指数数列。综合价格指数的环比价格指数数列可表示为：

拉氏环比指数：$\dfrac{\sum p_0 q_0}{\sum p_0 q_0}$，$\dfrac{\sum p_1 q_0}{\sum p_0 q_0}$，$\dfrac{\sum p_2 q_1}{\sum p_1 q_1}$，…，$\dfrac{\sum p_{(k-1)} q_{(k-2)}}{\sum p_{(k-2)} q_{(k-2)}}$，$\dfrac{\sum p_k q_{(k-1)}}{\sum p_{(k-1)} q_{(k-1)}}$

派氏环比指数：$\dfrac{\sum p_0 q_0}{\sum p_0 q_0}$，$\dfrac{\sum p_1 q_1}{\sum p_0 q_1}$，$\dfrac{\sum p_2 q_2}{\sum p_1 q_2}$，…，$\dfrac{\sum p_{(k-1)} q_{(k-1)}}{\sum p_{(k-2)} q_{(k-1)}}$，$\dfrac{\sum p_k q_k}{\sum p_{(k-1)} q_k}$

可以看出：无论是拉氏指数还是派氏指数，环比指数的连乘积都不等于定基指数，这与各项指数中的权数性质有关。但如果在指数数列中，各个指数的权数相同（固定），则其环比指数连乘积等于定基指数。用 q_f 表示固定权，固定权指数数列可表示为：

固定权定基指数：$\dfrac{\sum p_1 q_f}{\sum p_0 q_f}$，$\dfrac{\sum p_2 q_f}{\sum p_0 q_f}$，…，$\dfrac{\sum p_{(k-1)} q_f}{\sum p_0 q_f}$，$\dfrac{\sum p_k q_f}{\sum p_0 q_f}$

固定权环比指数：$\dfrac{\sum p_1 q_f}{\sum p_0 q_f}$，$\dfrac{\sum p_2 q_f}{\sum p_1 q_f}$，…，$\dfrac{\sum p_{(k-1)} q_f}{\sum p_{(k-2)} q_f}$，$\dfrac{\sum p_k q_f}{\sum p_{(k-1)} q_f}$

显然，对于固定权指数数列有：

$$\frac{\sum p_k q_f}{\sum p_0 q_f} = \frac{\sum p_1 q_f}{\sum p_0 q_f} \times \frac{\sum p_2 q_f}{\sum p_1 q_f} \times \cdots \times \frac{\sum p_k q_f}{\sum p_{(k-1)} q_f}$$

连续 k 期指数乘积被称为链指数（chained index）。固定权环比指数数列的前 k 期指数的链指数，就是固定权定基指数数列的第 k 期指数。运用链指数可以对现象在一段时期内的变动趋势进行考察。

【例 12—5】根据《中国统计年鉴·2007》，中国居民消费价格指数（CPI）固定权数环比指数如下表，可以计算出相应的链指数。

表 12.6　　　　　　中国 2000—2006 年 CPI 环比指数

年　份	环比指数（上年＝100）	链指数（1999 年＝100）
2000	100.4	100.4
2001	100.7	101.1
2002	99.2	100.3
2003	101.2	101.5
2004	103.9	105.5
2005	101.8	107.4
2006	101.5	109.0

可以看出，2006 年与 1999 年相比，我国 CPI 上涨幅度为 9%。

12.4.2 指数数列的基期转移与衔接

（1）指数数列的基期转移

有时为了便于与其他指数数列相比较，需要改变原来指数数列的基期，改变的原则是维持原指数数列中各项比率关系在新指数数列中不变，最简单的方法是用新基期的指数分别除原指数数列各项。

《数字中国 30 年》发表了中国改革开放 30 年来的 CPI 指数，这里只使用 2000—2006 年的数据。原书以 1978 年为基期，见表 12.7 的第 2 行。1993 年是全面建设社会主义市场经济的一个重要年份，为了研究需要，要把基期转换为以 1993 年，查得 1993 年的指数是 271.3（1978 年=100），就用其去除原指数数列，得到以 1993 年为基期的指数数列，列入第 3 行。为了新世纪对比的需要，还需要把基期转换到 2000 年，用 2000 年的指数（1978 年=100）434.0 去除原指数数列，得到新指数数列，列入第 4 行。

表 12.7　　　　　我国 2000—2006 年定基 CPI

年份\基期	2000	2001	2002	2003	2004	2005	2006
1978 年=100	434.0	437.0	433.5	438.7	455.8	464.0	471.0
1993 年=100	158.9	160.0	158.7	160.6	166.9	169.9	172.5
2000 年=100	100.00	100.69	99.88	101.08	105.02	106.91	108.53

需要说明的是指数数列基期转移的结果，虽然保持了原指数各期之间的比率，但并不一定与按新基期重新计算的指数相等。例如，拉氏价格指数的基期从 1978 年转换到 1993 年，只是价格指数以 1998 年为基期，但仍然保持着原指数数列的固定权重，这与以 1998 年为基期，用拉氏价格指数计算的加权综合指数是不相等的。但在实际工作中，这样处理仍然是一种较为可行的选择。

（2）指数数列的编接

把两个较短的基期不同指数数列编接在一起，以便观察和研究一个较长时期的现象变化。此时相当于改换其中一个数列的基期，然后把两者串联在一个数列中。根据需要，可以以较早的一个基期为共同基期，也可以以较晚的一个基期为共同基期。

表 12.8　　　　　　　　指数数列编接（一）

数列 ＼ 年份	2001	2002	2003	2004	2005
原数列 1 （2001 年＝100）	100	102	115	——	——
原数列 2 （2003 年＝100）	——	——	100	105	115
新数列 1 （2003 年＝100）	86.96	88.69	100.00	105.00	115.00
新数列 2 （2000 年＝100）	100.00	102.00	115.00	120.75	132.25

以 12.8 的两个数列为例，如果把数列 1 编接到数列 2 上，先把数列 1 的基期由 2001 年改到 2003 年，即将数列 1 的 2001 年和 2002 年的指数分别除以 115％；然后将它们列为新数列 1。如果把数列 2 编接到数列 1 上，先把数列 2 的基期由 2003 年改到 2001 年，即将数列 2 的 2004 年和 2005 年的指数分别乘以 115％；然后将它们列为新数列 2。这里，2003 年在数列 1 中的指数 1.15 即是换算比率。

以上所编接的两个数列只有一个重叠年份，如果有两个或更多的重叠年份，则需要按几何平均法计算换算比率。

表 11.9　　　　　　　　指数数列编接（二）

数列 ＼ 年份	2001	2002	2003	2004	2005	2006
原数列 1 （2000 年＝100）	100	102	115	122	120.75	Y_{2006}
原数列 2 （2002 年＝100）	Y_{2001}	Y_{2002}	100	105	115	120
新数列 1 （2000 年＝100）	100	102	115	122	120.75	134.28
新数列 2 （2002 年＝100）	89.36	91.15	100	105	115	120

两数列的重叠年份是 2003 年至 2005 年，按下式计算换算比率：

$$\sqrt[3]{\frac{115}{100} \times \frac{122}{105} \times \frac{120.75}{115}} = 1.119$$

以 2001 年为基期的 $X_{2006} = 120 \times 1.119 = 134.28$，将其列入表 11.9 的第 4 行相应格内。

以 2003 年为基期的 $X_{2002} = 102/1.191 = 91.15$；$X_{2001} = 100/1.191 = 89.36$，

将其列入表 11.9 的第 5 行相应格内。

12.5 指数的应用

12.5.1 商品零售价格指数和居民消费价格指数

商品零售价格指数和居民消费价格指数的编制方法基本一致，在众多计量对象中选择代表规格品，根据这些代表规格品采集价格数据、计算平均价格和个体物价指数，而后运用加权算术平均方法逐级计算类价格指数，直至总价格指数。编制居民消费价格指数和商品零售价格指数的资料采用抽样调查和重点调查相结合的方法取得，即在全国选择不同经济区域和分布合理的地区，以及有代表性的商品作为样本，对其市场价格进行定期调查。目前，居民消费价格调查按用途划分为 8 大类，263 个基本分类，各地每月调查 600～700 种规格产品价格；商品零售价格按用途划分为 16 个大类，229 个基本分类，各地每月调查 500 种以上的规格产品价格。

商品零售价格指数和居民消费价格指数最主要的差别在于它们刻画价格变化的角度不同，前者从卖方角度，后者从买方角度。商品零售价格是指工业、贸易业、餐饮业和其他单位以零售方式向城乡居民、机关团体出售生活消费品和办公用品的价格，居民消费价格是指居民为购买生活消费品和获得服务而支付的价格。此外，两者包含的商品范畴不同。商品零售价格只反映商品，包括居民消费和集团消费，而不反映服务价格，居民消费价格则包括服务价格。

就商品零售价格指数而言，编制过程按下列几个步骤进行：

第一，选择代表商品和代表规格品。将所有零售商品区分为不同类别，在每一类中选择那些消费量大、价格变动有代表性商品作为代表规格品。

第二，选择调查地区和调查点。按照经济区域和地区分布合理等原则，选出具有代表性的大、中、小城市和县作为国家的调查地区，在此基础上选定经营规模大、商品种类多的商场（包括集市和服务网点）作为调查点。目前，国家一级抽选出的调查市、县 226 个，其中城市 146 个，县 80 个。

第三，价格调查方式。采用派员直接到调查点登记调查，同时全国聘请近万名辅助调查员协助登记调查。

第四，权数的确定。商品零售价格指数的计算权数主要根据社会商品零售额资料确定，居民消费价格指数的计算权数根据近 12 万户城乡居民家庭消费支出构成确定。

在所采集价格资料基础上，先计算该品种的平均价格，而后按"选中市县——省——全国"的顺序分级编制计算各单项商品的零售价格指数和类别指数。

第五，运用加权算术平均法后综合计算出零售商品价格总指数。

居民消费价格指数除了能反映城乡居民所购买的生活消费品价格和服务项目价格的变动趋势和程度外，还具有以下几个方面的作用：

第一，反映通货膨胀状况。通货膨胀的严重程度是用通货膨胀率来反映的，它说明了一定时期内商品价格持续上升的幅度。通货膨胀率一般以居民消费价格指数来表示。计算公式为：

$$通货膨胀率 = \frac{报告期居民消费价格指数 - 基期居民消费价格指数}{基期消费价格指数}$$

第二，反映货币购买力变动。货币购买力是指单位货币能够购买到的消费品和服务的数量。居民消费价格指数上涨，货币购买力则下降，反之则上升，因此，居民消费价格指数的倒数就是货币购买力指数。计算公式为：

$$货币购买力指数 = \frac{1}{居民消费价格指数} \times 100\%$$

第三，反映对职工实际工资的影响。消费价格指数的提高意味着实际工资的减少，消费价格指数下降则意味着实际工资的提高。因此，利用消费价格指数可以将名义工资转化为实际工资。计算公式为：

$$实际工资 = \frac{名义工资（现价工资）}{消费价格指数}$$

12.5.2 工业品出厂价格指数

中国的工业品出厂价格指数相当于西方国家的生产者价格指数（PPI）。工业品出厂价格是工业品第一次出售时的出厂价格。它是反映全部工业产品出厂价格总水平的变动趋势和程度的相对数。

（1）选择代表企业的原则：

①按工业行业选择调查企业，各类行业原则上都要有调查企业；②大型企业应尽量都选上（或占相当大比重）；③选择生产正常、稳定的企业作为调查对象；④选择企业时要兼顾不同所有制形式。具体采用重点调查与典型调查相结合的调查方法。重点调查对象为全部国有企业和年销售收入 500 万元以上的非国有工业企业；典型调查对象为年销售收入 500 万元以下的非国有工业企业。

（2）选择代表产品的原则：

①按工业行业选择代表产品；②选择对国计民生影响大的产品；③选择生产较为稳定的产品；④选择有发展前景的产品；⑤选择具有地方特色的产品。

价格调查方式：采用企业报表形式，每月 5 万家左右工业企业上报数据资料。

工业品出厂价格指数采用按行业分层分摊权数的方法确定权数，价格调查方式采用企业报表形式。

权数的确定：编制工业品出厂价格指数所用的权数，用工业品销售额计算。

254

计算资料来源于工业普查数据。若近期没有工业普查数据时，采用工业统计资料和部门统计资料来推算。权数一般五年更换一次。

除以上之外，农产品收购价格指数和固定资产投资价格指数也是目前中国编制的重要物价指数。

农产品收购价格指数是反映国有商业、集体商业、个体商业、外贸部门、国家机关、社会团体等各种经济类型的商业企业和有关部门收购农产品价格的变动趋势和程度的相对数。农产品收购价格指数可以观察和研究农产品收购价格总水平的变化情况，以及对农民货币收入的影响，作为制定和检查农产品价格政策的依据。

固定资产投资价格指数是反映固定资产投资额价格变动趋势和程度的相对数。固定资产投资额是由建筑安装工程投资完成额、设备、工器具购置投资完成额和其他费用投资完成额三部分组成的。编制固定资产投资价格指数应首先分别编制上述三部分投资的价格指数，然后采用加权算术平均法求出固定资产投资价格总指数。

12.5.3 股票价格指数

股票市场上股票交易品种繁多，在计算股价平均数和股票价格指数时不是对所有的股票进行计算，而只能就样本股票来计算。但所选择的样本股票必须具有代表性和敏感性。代表性是指在种类繁多的股票中，既要选择不同行业的股票，又要选择能代表该行业股价变动趋势的股票；敏感性是指样本股票价格的变动能敏感地反映出整个股市价格的升降变化趋势。

（1）股价平均数

股价平均数是股票市场上多种股票在某一时点上的算术平均值，一般以收盘价来计算。计算公式为：

$$股价平均数 = \frac{采样股票各支股票价格之和}{采样股票支数}$$

（2）股票价格指数

股票价格指数是反映某一股票市场上多种股票价格变动趋势的一种相对数，简称股价指数，其单位一般以"点"表示，即将基期指数作为100，每上升或下降一个单位称为"1点"。

股票价格指数的计算方法很多，主要有简单平均法和加权平均法。

$$简单平均法股价指数 = \frac{本期股份平均数}{基期股价平均数} \times 100\%$$

$$加权平均法股价指数 = \frac{\Sigma（本期各种采样股票价格 \times 本期发行数量）}{\Sigma（基期各种采样股票价格 \times 本期发行数量）} \times 100\%$$

加权平均计算的发行数量可以确定固定在基期，也可以固定在本期，但大多数股价指数是以本期发行量为权数计算的。

目前，世界各国的主要证券交易所都有自己的股票价格指数，常见的股价指数有道·琼斯股票价格平均指数、标准普尔指数、纳斯达克股价指数、金融时报指数、日经指数、恒生指数、上证股价指数和深圳股价指数等。

道·琼斯股票价格平均指数（Dow-Jones's Average Index），简称道氏指数，采用简单算术平均法计算。道氏指数包括：道氏工业平均指数，由 30 家工业公司的股票价格平均数构成；道氏公用事业平均指数，由 15 家公用事业公司的股票价格平均数构成；道氏运输业平均指数，由 20 家运输公司的股票价格平均数构成；道氏 65 种股票价格平均数，由上述工业、运输业、公用事业的 65 家公司的股票价格混合构成。道·琼斯股票价格平均指数以 1928 年 10 月 1 日为基期，在纽约交易所交易时间每 30 分钟公布一次，用当日当时的股票价格算术平均数与基期的比值求得，是被西方新闻媒介引用最多的股票指数。

标准普尔指数（Standard & Pool's Index），由美国标准普尔公司 1923 年开始编制发表，当时主要编制两种指数，一种是包括 90 种股票每日发表一次的指数；另一种是包括 480 种股票每月发表一次的指数。1957 年扩展为现行的、以 500 种采样股票通过加权平均综合计算得出的指数，在开市时间每半小时公布一次。标准普尔指数以 1941—1943 年为基数，采用加权平均法。该指数根据纽约证券交易所上市股票的绝大多数普通股票的价格计算而得，能够灵活地对认购新股权、股份分红和股票分割等引起的价格变动做出调节。

12.5.4 随价调整

在经济现象的动态数列分析中，以货币计价的产品价值变动包括价格和数量两方面的影响。为了真实的反映产品的数量变化，必须将数列中数值所包含的价格变动影响予以剔除。剔除的方法是用数列中各期数值除以同期的价格指数，所得新数列是按同一期价格计算的价值。此方法称为随价调整（price deflation）。

【例 12—6】某地 1999 年、2001 年和 2003 年职工工资水平载于表 12.10 第 2 列。按现时物价计算月薪的动态比率，2001 年月薪水平相当于 1999 年的 1.087 倍，2003 年月薪水平相当于 2001 年的 1.2 倍。

表 12.10　　　　　　　　　　月薪的随价调整

年份	月薪（元）	动态比率	CPI（1978＝100）	随价调整的月薪（元）	基于可比价格的动态比率
1999	2 300	——	472.8	486.46	——
2001	2 500	1.087	479.9	520.94	1.071
2003	3 000	1.200	479.4	625.78	1.201

如果以消费者价格指数对月薪进行随价调整，现有的 CPI 以 1978 年为基期，则调整后的以 1978 年综合物价水平衡量的 1999 年、2001 年和 2003 年月薪分别

为 486.46 元，520.94 元和 625.78 元。再计算调整后的月薪动态比率，则 2001
年月薪水平相当于 1999 年的 1.071 倍，2003 年月薪水平相当于 2001 年的 1.201
倍。前后两组动态比率不同，是因为物价本身以不等的幅度上涨。

本章要点

个体指数、类指数和总指数：在商品（产品）的分类层级体系中，把最低层
次的商品作为基本项，按基本项编制的指数是个体指数；按最高层次编制的指数
是总指数；按介于基本项和最高层次之间的商品归类编制的指数是类指数。

价格、物量和物值三者的联系：物值 ＝ 价格×物量

物价指数、物量指数和物值指数：物价指数是反映销售活动中价格变化的
指数，物量指数是反映销售数量变化的指数，物值指数是综合刻画价格和数量
同时变动结果的指数。

综合加权指数编制原理：编制价格（物量）指数，将物量（价格）作为同
度量因素（权数），以此解决复杂总体在指标上不能直接综合的困难；同时将
权数固定，以消除其变动的影响；最后将两个时期的物值对比，考察权数以外
另一个因素变动对物值变动的影响。

拉氏指数：把权数固定在基期来编制指数的方法。

$$P_L = \frac{\sum p_n q_0}{\sum p_0 q_0} \times 100\% \qquad Q_L = \frac{\sum p_0 q_n}{\sum p_0 q_0} \times 100\%$$

派氏指数：把权数固定在本期来编制指数的方法。

$$P_P = \frac{\sum p_n q_n}{\sum p_0 q_n} \times 100\% \qquad Q_P = \frac{\sum p_n q_n}{\sum p_n q_0} \times 100\%$$

加权平均比率指数：加权平均指数是综合指数的平均形式。其应用重要价
值在于：第一，在编制第一层分类指数时，无须采集全部商品的价格信息，只
要采集代表性商品的价格数据即可。第二，便于在第一层分类指数的基础上编
制更高分类层次的指数。

固定权数的加权平均价格指数

$$\overline{K}_p = \frac{\sum K_p \cdot w}{\sum w} \times 100\%$$

指数体系：在统计分析中，一系列相互联系、彼此间在数量上存在推算关
系的统计指数所构成的整体称指数体系。

$$V = \frac{\sum p_n q_n}{\sum p_0 q_0} = \frac{\sum p_n q_0}{\sum p_0 q_0} \times \frac{\sum p_n q_n}{\sum p_n q_0} = P_L \times Q_P$$

$$V=\frac{\sum p_n q_n}{\sum p_0 q_0}=\frac{\sum p_n q_n}{\sum p_0 q_0}\times\frac{\sum p_0 q_n}{\sum p_0 q_0}=P_P\times Q_L$$

因素分析：对总体变动中各因素影响程度的分析。

$$(\sum p_n q_n-\sum p_0 q_n)+(\sum p_0 q_n-\sum p_0 q_0)=\sum p_n q_n-\sum p_0 q_0 \ (\sum p_n q_0-$$
$$\sum p_0 q_0)+(\sum p_n q_n-\sum p_n q_0)=\sum p_n q_n-\sum p_0 q_0$$

习　题

12.1　一个大型设备制造企业从 3 个不同的分包商处采购同一种部件，价格和数量各不相同，有关数据如下：

分包商	2001 年数量（件）	单价（美元）	
		2001 年	2003 年
A	150	5.45	6.00
B	200	5.60	5.95
C	120	5.55	6.20

（1）计算三个分包商所供应部件的价格动态比率，哪个分包商所供应部件的价格涨幅最大？哪个最小？

（2）从三个分包商所供应部件的数量看，哪个分包商所供应部件对价格综合变化幅度的影响最大？哪个最小？

（3）计算该设备制造企业采购价格的加权综合指数，说明该指数的具体意义。你使用的是哪个指数公式？

12.2　中国 1997—1998 年主要坚果的出口数据如下

品名	出口量（千吨）		价格（美元/吨）	
	1997 年	1998 年	1997 年	1998 年
核桃仁	12.5	9.9	2 992.0	2 878.7
板栗	31.6	38.6	2 012.7	1 787.6
白果	4.1	2.6	3 389.8	3 569.2

以 1997 年为基期：

（1）按拉式公式计算主要坚果的价格指数，并解释其含义；

（2）按派式公式计算主要坚果的价格指数，并解释其含义；

（3）计算主要坚果的理想价格指数，并解释其含义。

12.3　接坚果出口一题（♯12.2）。

（1）按拉式公式计算主要坚果的物量指数，并解释其含义；

（2）按派式公式计算主要坚果的物量指数，并解释其含义。

12.4　接坚果出口一题（♯12.2）。

分步进行因素分析。首先考察如果价格维持基期水平，单纯因为出口量变化给出口额造成的影响。再考察按本期出口量考虑，单纯因为价格因素给出口额造成的影响。最后将两类因素的影响合成。

12.5 某企业生产两种功能大体相同、主要原材料相同的产品，其产量及对主要材料的单耗（每生产单位产品消耗的材料数量）数据如下：

产品 名称	产量（吨）		单耗（公斤/吨）	
	基期	本期	基期	本期
甲	2 000	2 400	200	190
乙	900	1 000	90	85

（1）计算两种产品的产量总指数，分析由于产量变动对该种原材料总消耗量的影响。

（2）计算两种产品的单耗总指数，分析由于单耗变动对该种原材料总消耗量的影响。

12.6 编制进出口价格指数，先参照海关数据。如果某一货号（以 HS10 位码表示）名下的各笔交易的单位价值（交易额除以交易量之商）离散性不强，就以该单位价值作为价格的估计值；反之，则需要对货物实际交易价格进行直接调查。下表中是一组出口数据，前 3 种货物属于第一种情况，可以直接使用单位价值作为价格的估计值编制小组价格指数；后 1 种货物具体分为 A 和 B 两个基本项，分别调查其交易价。

货物 代码 及分项	基期			本期		
	出口额 v_0	出口量 q_0	单位价值 或价格 p_0	出口额 v_1	出口量 q_1	单位价值 或价格 p_1
2616100010	300	6		1 200	20	
2701200000	450	10		450	10	
2707100000	1 200	30		600	22	
合计	——	——	——	——	——	——
8419899285	600					
其中：A	500		500	500		500
B	100		10	200		30
总计	——	——	——	——	——	——

（1）计算前 3 种货物的基期和本期的单位价值；

（2）以前 3 种货物为一组，编制小组价格指数；

（3）编制后 1 种货物的价格指数；

（4）编制4种货物组成大组的价格指数。

要求：第（2）～（4）步分别按拉式公式和派氏公式计算指数，再计算理想指数。

12.7 某地区编制消费者价格指数的权重和报告期相对于基期的价格上涨幅度如下：

类　别	权　重	价格涨幅（%）
商品与饮料	21	3
住房	41	7
服装	6	9
交通	20	1
医疗	4	5
娱乐	4	10
其他	4	6
合计	100	——

求该地区消费者价格指数。

12.8 美国某快餐公司销售三明治、热餐、饮料和甜点。他们保存有连续7年的逐季价格记录如下：

第1年价格（美元/份）	Q1	Q2	Q3	Q4
三明治	0.62	0.62	0.65	0.66
热　餐	0.80	0.83	0.86	0.88
饮　料	0.20	0.20	0.20	0.20
甜　点	0.35	0.35	0.36	0.38
第4年价格（美元/份）				
三明治	0.82	0.85	0.85	0.87
热　餐	1.14	1.19	1.20	1.22
饮　料	0.30	0.30	0.30	0.32
甜　点	0.45	0.47	0.48	0.50
第7年价格（美元/份）				
三明治	1.12	1.15	1.20	1.23
热　餐	1.56	1.61	1.70	1.74
饮　料	0.40	0.40	0.41	0.41
甜　点	0.65	0.66	0.69	0.71

（1）假设4种商品的销售量的权重分别是三明治0.30、热餐0.28、饮料0.26和甜点0.16，分别以第1年的各季度价格为基期数据，计算第4年和第7年各季度的（同期比较）价格指数；

（2）假设 4 种商品的销售量的权重分别是三明治 0.25、热餐 0.35、饮料 0.28 和甜点 0.12，仍分别以第 1 年的各季度价格为基期数据，计算第 4 年和第 7 年各季度的（同期比较）价格指数；

（3）比较以上两个指数系列的差别，解释其原因。

12.9　某国前后两个消费者价格指数系列分别见下表：

年份	系列一	年份	系列二
1990	100	1998	92
1991	99	1999	95
1992	99	2000	100
1993	100	2001	106
1994	102	2002	114
1995	103	2003	142
1996	105	2004	199
1997	105	2005	213
1998	104	2006	218
1999	108	2007	238
2000	112	2008	241

以 1990 年为基期，将这两个指数系列编结在一起。

12.10　我国 1990—2003 年 GDP 的固定权数环比指数如下表：

年份	GDP 环比指数
1995	110.5
1996	109.6
1997	108.8
1998	107.8
1999	107.2
2000	108.4
2001	107.5
2002	108.3
2003	109.3

把上表的环比指数换算成以 1995 年为基期的定基指数。并查阅有关资料验证结果是否正确。

统 计 数 表

附表 1　　　　　　　　　二项分布累积概率表

						π					
n	x	.05	.10	.15	.20	.25	.30	.35	.40	.45	.50
3	0	.8574	.7290	.6141	.5120	.4219	.3430	.2746	.2160	.1664	.1250
	1	.9928	.9720	.9393	.8960	.8438	.7840	.7183	.6480	.5748	.5000
	2	.9999	.9990	.9966	.9920	.9844	.9730	.9571	.9360	.9089	.8750
	3	1.0000	1.0000	1.0000	1.0000	1.0000	1.0000	1.0000	1.0000	1.0000	1.0000
4	0	.8145	.6561	.5220	.4096	.3164	.2401	.1785	.1296	.0915	.0625
	1	.9860	.9477	.8905	.8192	.7383	.6517	.5630	.4752	.3910	.3125
	2	.9995	.9963	.9880	.9728	.9492	.9163	.8735	.8208	.7585	.6875
	3	1.0000	.9999	.9995	.9984	.9961	.9919	.9850	.9744	.9590	.9375
	4	1.0000	1.0000	1.0000	1.0000	1.0000	1.0000	1.0000	1.0000	1.0000	1.0000
5	0	.7738	.5905	.4437	.3277	.2373	.1681	.1160	.0778	.0503	.0313
	1	.9974	.9185	.8352	.7373	.6328	.5282	.4284	.3370	.2562	.1875
	2	.9988	.9914	.9734	.9721	.8965	.8369	.7648	.6826	.5931	.5000
	3	1.0000	.9995	.9978	.9933	.9844	.9692	.9460	.9130	.8688	.8125
	4	1.0000	1.0000	.9999	.9997	.9990	.9976	.9947	.9898	.9815	.9688
	5	1.0000	1.0000	1.0000	1.0000	1.0000	1.0000	1.0000	1.0000	1.0000	1.0000
6	0	.7351	.5314	.3771	.2621	.1780	.1176	.0754	.0467	.0277	.0156
	1	.9672	.8857	.7765	.6554	.5339	.4202	.3191	.2333	.1636	.1094
	2	.9978	.9842	.9527	.9011	.8306	.7443	.6471	.5443	.4415	.3438
	3	.9999	.9987	.9941	.9830	.9624	.9295	.8826	.8204	.7447	.6563
	4	1.0000	.9999	.9996	.9984	.9954	.8991	.9777	.9590	.9308	.8906
	5	1.0000	1.0000	1.0000	.9999	.9998	.9993	.9982	.9959	.9917	.9844
	6	1.0000	1.0000	1.0000	1.0000	1.0000	1.0000	1.0000	1.0000	1.0000	1.0000
7	0	.6983	.4783	.3206	.2097	.1335	.0824	.0490	.0280	0.152	.0078
	1	.9556	.8503	.7166	.5767	.4449	.3294	.2338	.1586	.1024	.0625
	2	.9962	.9743	.9262	.8520	.7564	.6471	.5323	.4199	.3164	.2266
	3	.9998	.9973	.9879	.9667	.9294	.8740	.8002	.7102	.6083	.5000
	4	1.0000	.9998	.9988	.9953	.9871	.9712	.9444	.9037	.8471	.7734
	5	1.0000	1.0000	.9999	.9996	.9987	.9962	.9910	.9812	.9643	.9375
	6	1.0000	1.0000	1.0000	1.0000	.9999	.9998	.9994	.9984	.9963	.9922
	7	1.0000	1.0000	1.0000	1.0000	1.0000	1.0000	1.0000	1.0000	1.0000	1.0000

		π									
n	x	.05	.10	.15	.20	.25	.30	.35	.40	.45	.50
8	0	.6634	.4305	.2725	.1678	.1001	.0576	.0319	.0168	.0084	.0039
	1	.9428	.8131	.6572	.5033	.3671	.2553	.1691	.1064	.0632	.0352
	2	.9942	.9619	.8948	.7969	.6785	.5518	.4278	.3154	.2201	.1445
	3	.9996	.9950	.9786	.9437	.8862	.8059	.7064	.5941	.4470	.3633
	4	1.0000	.9996	.9971	.9896	.9727	.9420	.8939	.8263	.7396	.6367
	5	1.0000	1.0000	.9998	.9988	.9958	.9887	.9747	.9502	.9115	.8555
	6	1.0000	1.0000	1.0000	.9999	.9996	.9987	.9964	.9915	.9819	.9648
	7	1.0000	1.0000	1.0000	1.0000	1.0000	.9999	.9998	.9993	.9983	.9961
	8	1.0000	1.0000	1.0000	1.0000	1.0000	1.0000	1.0000	1.0000	1.0000	1.0000
9	0	.6302	.3874	.2316	.1342	.0751	.0404	.0207	.0101	.0046	.0020
	1	.9288	.7748	.5995	.4362	.3003	.1960	.1211	.0705	.0385	.0195
	2	.9916	.9470	.8591	.7382	.6007	.4628	.3373	.2318	.1495	.0898
	3	.9994	.9917	.9661	.9144	.8343	.7292	.6089	.4826	.3614	.2539
	4	1.0000	.9991	.9944	.9804	.9511	.9012	.8283	.7334	.6214	.5000
	5	1.0000	.9999	.9994	.9969	.9900	.9747	.9464	.9006	.8342	.7461
	6	1.0000	1.0000	1.0000	.9997	.9987	.9957	.9888	.9750	.9502	.9102
	7	1.0000	1.0000	1.0000	1.0000	.9999	.9996	.9989	.9962	.9909	.9805
	8	1.0000	1.0000	1.0000	1.0000	1.0000	1.0000	.9999	.9997	.9992	.9980
	9	1.0000	1.0000	1.0000	1.0000	1.0000	1.0000	1.0000	1.0000	1.0000	1.0000
10	0	.5987	.3487	.1969	.1074	.0563	.0282	.0135	.0060	.0025	.0010
	1	.9139	.7361	.5443	.3758	.2440	.1493	.0860	.0464	.0233	.0107
	2	.9885	.9298	.8208	.6778	.5256	.3832	.2616	.1673	.0996	.0547
	3	.9990	.9872	.9500	.8791	.7759	.6496	.5138	.3823	.2260	.1719
	4	.9999	.9984	.9901	.9672	.9219	.8497	.7515	.6331	.5044	.3770
	5	1.0000	.9999	.9986	.9936	.9803	.9527	.9051	.8338	.7384	.6230
	6	1.0000	1.0000	.9999	.9991	.9965	.9894	.9740	.9452	.8980	.8281
	7	1.0000	1.0000	1.0000	.9999	.9996	.9984	.9952	.9877	.9726	.9453
	8	1.0000	1.0000	1.0000	1.0000	1.0000	.9999	.9995	.9983	.9955	.9893
	9	1.0000	1.0000	1.0000	1.0000	1.0000	1.0000	1.0000	.9999	.9997	.9990
	10	1.0000	1.0000	1.0000	1.0000	1.0000	1.0000	1.0000	1.0000	1.0000	1.0000

n	x	.05	.10	.15	.20	.25	.30	.35	.40	.45	.50
						π					
11	0	.5688	.3138	.1673	.0859	.0422	.0198	.0088	.0036	.0014	.0005
	1	.8981	.6974	.4922	.3221	.1971	.1130	.0600	.0302	.0139	.0059
	2	.9848	.9104	.7788	.6174	.4552	.3127	.2001	.1189	.0652	.0327
	3	.9984	.9815	.9306	.8389	.7133	.5696	.4256	.2963	.1911	.1133
	4	.9999	.9972	.9841	.9496	.8854	.7897	.6683	.5528	.3971	.2744
	5	1.0000	.9997	.9973	.9883	.9657	.9218	.8513	.7535	.6331	.5000
	6	1.0000	1.0000	.9997	.9980	.9924	.9784	.9499	.9006	.8262	.7256
	7	1.0000	1.0000	1.0000	.9998	.9988	.9957	.9878	.9707	.9390	.8867
	8	1.0000	1.0000	1.0000	1.0000	.9999	.9994	.9980	.9941	.9852	.9673
	9	1.0000	1.0000	1.0000	1.0000	1.0000	1.0000	.9998	.9993	.9978	.9941
	10	1.0000	1.0000	1.0000	1.0000	1.0000	1.0000	1.0000	1.0000	.9998	.9995
	11	1.0000	1.0000	1.0000	1.0000	1.0000	1.0000	1.0000	1.0000	1.0000	1.0000
12	0	.5404	.2824	.1422	.0687	.0317	.0138	.0057	.0022	.0008	.0002
	1	.8816	.6590	.4435	.2749	.1584	.0850	.0424	.0196	.0083	.0032
	2	.9804	.8891	.7358	.5583	.3907	.2528	.1513	.0834	.0421	.0193
	3	.9978	.9744	.9078	.7946	.6488	.4925	.3467	.2253	.1345	.0730
	4	.9998	.9957	.9761	.9274	.8424	.7237	.5833	.4382	.3044	.1983
	5	1.0000	.9995	.9954	.9806	.9456	.8822	.7873	.6652	.5269	.3872
	6	1.0000	.9999	.9993	.9961	.9857	.9614	.9154	.9418	.7393	.6128
	7	1.0000	1.0000	.9999	.9994	.9972	.9905	.9745	.9427	.8883	.8062
	8	1.0000	1.0000	1.0000	.9999	.9998	.9983	.9944	.9847	.9644	.9270
	9	1.0000	1.0000	1.0000	1.0000	1.0000	.9998	.9992	.9972	.9921	.9807
	10	1.0000	1.0000	1.0000	1.0000	1.0000	1.0000	.9999	.9997	.9989	.9968
	11	1.0000	1.0000	1.0000	1.0000	1.0000	1.0000	1.0000	1.0000	.9999	.9998
	12	1.0000	1.0000	1.0000	1.0000	1.0000	1.0000	1.0000	1.0000	1.0000	1.0000

x	.005	.01	.02	.03	.04	.05	.06	.07	.08	.09
0	.9950	.9900	.9802	.9704	.9608	.9512	.9418	.9324	.9231	.9139
1	1.0000	1.0000	.9998	.9996	.9992	.9988	.9983	.9977	.9970	.9962
2	1.0000	1.0000	1.0000	1.0000	1.0000	1.0000	1.0000	.9999	.9999	.9909

x	.01	.11	.12	.13	.14	.15	.16	.17	.18	.19
0	.9048	.8958	.8869	.8781	.8694	.8607	.8521	.8437	.8353	.8870
1	.9953	.9944	.9934	.9922	.9911	.9898	.9885	.9871	.9856	.9841
2	.9998	.9998	.9997	.9997	.9996	.9995	.9994	.9993	.9992	.9990
3	1.0000	1.0000	1.0000	1.0000	1.0000	1.0000	1.0000	1.0000	1.0000	1.0000

x	.20	.21	.22	.23	.24	.25	.26	.27	.28	.29
0	.8187	.8106	.8025	.7945	.7866	.7788	.7711	.7634	.7558	.7483
1	.9825	.9808	.9791	.9773	.9754	.9735	.9715	.9695	.9674	.9653
2	.9989	.9987	.9985	.9983	.9981	.9978	.9976	.9973	.9970	.9967
3	.9999	.9999	.9999	.9999	.9999	.9999	.9998	.9998	.9998	.9998
4	1.0000	1.0000	1.0000	1.0000	1.0000	1.0000	1.0000	1.0000	1.0000	1.0000

x	.30	.32	.34	.36	.38	.40	.42	.44	.46	.48
0	.7408	.7261	.7118	.6977	.6839	.6703	.6570	.6440	.6313	.6188
1	.9631	.9585	.9538	.9488	.9437	.9384	.9330	.9274	.9217	.9158
2	.9964	.9957	.9949	.9940	.9931	.9921	.9910	.9898	.9885	.9871
3	.9997	.9997	.9996	.9995	.9994	.9992	.9991	.9989	.9987	.9985
4	1.0000	1.0000	1.0000	1.0000	1.0000	.9999	.9999	.9999	.9999	.9999

	λ									
x	.50	.55	.60	.65	.70	.75	.80	.85	.90	.95
0	.6065	.5769	.5488	.5220	.4966	.4724	.4493	.4274	.4066	.3867
1	.9098	.8943	.8781	.8614	.8442	.8266	.8088	.9707	.7725	.7541
2	.9856	.9815	.9769	.9717	.9659	.9595	.9526	.9451	.9371	.9287
3	.9982	.9975	.9966	.9956	.9942	.9927	.9909	.9889	.9865	.9839
4	.9998	.9997	.9996	.9994	.9992	.9989	.9986	.9982	.9977	.9971
5	1.0000	1.0000	1.0000	.9995	.9999	.9999	.9998	.9997	.9997	.9995
6	1.0000	1.0000	1.0000	1.0000	1.0000	1.0000	1.0000	1.0000	1.0000	.9999

	λ									
x	1.0	1.1	1.2	1.3	1.4	1.5	1.6	1.7	1.8	1.9
0	.3679	.3329	.3012	.2725	.2466	.2231	.2019	.1827	.1653	.1496
1	.7358	.6990	.6626	.6268	.5918	.5578	.5249	.4932	.4628	.4337
2	.9197	.9004	.8795	.8571	.8335	.8088	.7834	.7572	.7306	.7037
3	.9810	.9743	.9662	.9569	.9463	.9344	.9212	.9069	.8913	.8747
4	.9963	.9946	.9923	.9893	.9857	.9814	.9763	.9704	.9636	.9559
5	.9994	.9990	.9985	.9978	.9968	.9955	.9940	.9920	.9896	.9868
6	.9999	.9999	.9997	.9996	.9994	.9991	.9987	.9981	.9974	.9966
7	1.0000	1.0000	1.0000	.9999	.9999	.9998	.9997	.9996	.9994	.9992
8	1.0000	1.0000	1.0000	1.0000	1.0000	1.0000	1.0000	.9999	.9999	.9998
9	1.0000	1.0000	1.0000	1.0000	1.0000	1.0000	1.0000	1.0000	1.0000	1.0000

	λ									
x	2.0	2.1	2.2	2.3	2.4	2.5	2.6	2.7	2.8	2.9
0	.1353	.1225	.1108	.1003	.0907	.0821	.0743	.0672	.0608	.0550
1	.4060	.3796	.3546	.3309	.3084	.2873	.2674	.2487	.2311	.2146
2	.6767	.6496	.6227	.5960	.5697	.5438	.5184	.4936	.4695	.4460
3	.8571	.8386	.8194	.7993	.7787	.7576	.7360	.7141	.6910	.6696
4	.9473	.9379	.9275	.9162	.9041	.8912	.8774	.8629	.8477	.8318

266

					λ					
x	2.0	2.1	2.2	2.3	2.4	2.5	2.6	2.7	2.8	2.9
5	.9834	.9796	.9751	.9700	.9643	.9580	.9510	.9433	.9349	.9258
6	.9955	.9941	.9925	.9906	.9884	.9858	.9828	.9794	.9756	.9713
7	.9989	.9985	.9980	.9974	.9967	.9958	.9947	.9934	9919	.9901
8	.9998	.9997	.9995	.9994	.9991	.9989	.9985	.9981	.9976	.9969
9	1.0000	.9999	.9999	.9999	.9998	.9997	.9996	.9995	.9993	.9991
10	1.0000	1.0000	1.0000	1.0000	1.0000	.9999	.9999	.9999	.9998	.9998
11	1.0000	1.0000	1.0000	1.0000	1.0000	1.0000	1.0000	1.0000	1.0000	.9999
12	1.0000	1.0000	1.0000	1.0000	1.0000	1.0000	1.0000	1.0000	1.0000	1.0000

					λ					
x	3.0	3.1	3.2	3.3	3.4	3.5	3.6	3.7	3.8	3.9
0	.0498	.0450	.0408	.0369	.0334	.0302	.0273	.0247	.0224	.0202
1	.1991	.1847	.1712	.1586	.1468	.1359	.1257	.1162	.1074	.0992
2	.4232	.4012	.3799	.3594	.3397	.3208	.3027	.2854	.2689	.2531
3	.6472	.6248	.6025	.5803	.5584	.5366	.5152	.4942	.4735	.4532
4	.8153	.7982	.7806	.7626	.7442	.7254	.7064	.6872	.6678	.6484
5	.9161	.9057	.8946	.8829	.8705	.8576	.8441	.8301	.8156	.8006
6	.9665	.9612	.9554	.9490	.9421	.9347	.9267	.9182	.9091	.8995
7	.9881	.9858	.9832	.9802	.9769	.9733	.9692	.9648	.9599	.9546
8	.9962	.9953	.9943	.9931	.9917	.9901	.9883	.9863	.9840	.9815
9	.9989	.9986	.9982	.9978	.9973	.9967	.9960	.9952	.9942	.9931
10	.9997	.9996	.9995	.9994	.9992	.9990	.9987	.9984	.9981	.9977
11	.9999	.9999	.9999	.9998	.9998	.9997	.9996	.9995	.9994	.9993
12	1.0000	1.0000	1.0000	1.0000	.9999	.9999	.9999	.9999	.9998	.9998
13	1.0000	1.0000	1.0000	1.0000	1.0000	1.0000	1.0000	1.0000	1.0000	.9999
14	1.0000	1.0000	1.0000	1.0000	1.0000	1.0000	1.0000	1.0000	1.0000	1.0000

	λ									
x	4.0	4.2	4.4	4.6	4.8	5.0	5.2	5.4	5.6	5.8
0	.0183	.0150	.0123	.0101	.0082	.0067	.0055	.0045	.0370	.0030
1	.0916	.0780	.0663	.0563	.0477	.0404	.0342	.0289	.0244	.0206
2	.2381	.2102	.1851	.1626	.1425	.1247	.1088	.0948	.0824	.0715
3	.4335	.3954	.3594	.3257	.2942	.2650	.2381	.2133	.1906	.1700
4	.6288	.5898	.5512	.5132	.4763	.4405	.4061	.3733	.3421	.3127
5	.7851	.7531	.7199	.6858	.6510	.6160	.5809	.5461	.5119	.4783
6	.8893	.8675	.8436	.8180	.7908	.7622	.7324	.7017	.6703	.6384
7	.9489	9361	.9214	.9049	.8867	.8666	.8449	.8217	.7970	.7710
8	.9786	.9721	.9642	.9549	.9442	.9319	.9181	.9062	.8857	.8672
9	.9919	.9889	.9851	.9805	.9749	.9682	.9603	.9512	.9409	.9292
10	.9972	9959	.9943	.9922	.9896	.9863	.9823	.9775	.9718	.9651
11	.9991	9986	.9980	.9971	.9960	.9945	.9927	.9904	.9875	.9840
12	.9997	9996	.9993	.9990	.9986	.9980	.9972	.9962	.9949	.9932
13	.9999	.9999	.9998	.9997	.9995	.9993	.9990	.9986	.9980	.9973
14	1.0000	1.0000	.9999	.9999	.9999	.9998	.9997	.9995	.9993	.9990
15	1.0000	1.0000	1.0000	1.0000	1.0000	.9999	.9999	..9998	.9998	.9996
16	1.0000	1.0000	1.0000	1.0000	1.0000	1.0000	1.0000	.9999	.9999	.9999
17	1.0000	1.0000	1.0000	1.0000	1.0000	1.0000	1.0000	1.0000	1.0000	1.0000

x	6.0	6.2	6.4	6.6	6.8	7.0	7.2	7.4	7.6	8.0
					λ					
0	.0025	.0020	.0017	.0014	.0011	.0009	.0007	.0006	.0005	.0003
1	.0174	.0146	.0132	.0103	.0087	.0073	.0061	.0051	.0043	.0030
2	.0620	.0536	.0463	.0400	.0344	.0296	.0255	.0219	.0188	.0138
3	.1512	.1342	.1189	.1052	.0928	.0818	.0719	.0632	.0554	.0424
4	.2851	.2592	.2351	.2127	.1920	.1730	.1555	.1395	.1249	.0996
5	.4457	.4141	.3837	.3547	.3270	.3007	.2759	.2526	.2307	.1912
6	.6063	.5742	.5423	.5108	.4799	.4497	.4204	.3920	.3646	.3134
7	.7740	.7160	.6873	.6581	.6285	.5987	.5689	.5393	.5100	.4530
8	.8472	.8259	.8033	.7796	.7548	.7291	.7027	.6757	.6482	.5925
9	.9161	.9016	.8858	.8686	.8502	.8305	.8096	.7877	.7649	.7166
10	.9574	.9486	.9386	.9274	.9151	.9015	.8867	.8707	.8535	.8159
11	.9799	.9750	.9693	.9627	.9552	.9466	.9371	.9265	.9148	8881
12	.9912	.9887	.9857	.9821	.9779	.9730	.9673	.9609	.9536	.9368
13	.9964	.9652	.9937	.9920	.9898	.9872	.9841	.9805	.9762	.9652
14	.9986	.9981	.9974	.9966	.9956	.9943	.9927	.9908	.9886	.9827
15	.9995	.9993	.9990	.9986	.9982	.9976	.9969	.9959	.9948	.9918
16	.9998	.9997	.9996	.9995	.9993	.9990	.9987	.9983	.9978	.9963
17	.9999	.9999	.9999	.9998	.9997	.9996	.9995	.9993	.9991	.9984
18	1.0000	1.0000	1.0000	.9999	.9999	.9999	.9998	.9997	.9996	.9993
19	1.0000	1.0000	1.0000	1.0000	1.0000	1.0000	.9999	.9999	.9999	.9997
20	1.0000	1.0000	1.0000	1.0000	1.0000	1.0000	1.0000	1.0000	1.0000	.9999
21	1.0000	1.0000	1.0000	1.0000	1.0000	1.0000	1.0000	1.0000	1.0000	1.0000

标准正态分布

（表内数字表示在分布曲线下从 0 到 z 的面积）

z	0.00	0.01	0.02	0.03	0.04	0.05	0.06	0.07	0.08	0.09
0.0	0.0000	0.0040	0.0080	0.0120	0.0160	0.0199	0.0239	0.0279	0.0319	0.0359
0.1	0.0398	0.0438	0.0478	0.0517	0.0557	0.0596	0.0636	0.0678	0.0714	0.0753
0.2	0.0793	0.0832	0.0871	0.0910	0.0948	0.0987	0.1026	0.1064	0.1130	0.1141
0.3	0.1179	0.1217	0.1255	0.1293	0.1331	0.1368	0.1406	0.1443	0.1480	0.1517
0.4	0.1554	0.1591	0.1628	0.1664	0.1700	0.1736	0.1772	0.1808	0.1844	0.1879
0.5	0.1915	0.1950	0.1985	0.2019	0.2054	0.2088	0.2123	0.2157	0.2190	0.2224
0.6	0.2257	0.2291	0.2324	0.2357	0.2389	0.2422	0.2454	0.2486	0.2518	0.2549
0.7	0.2580	0.2612	0.2642	0.2673	0.2704	0.2734	0.2764	0.2794	0.2823	0.2852
0.8	0.2881	0.2910	0.2939	0.2967	0.2995	0.3023	0.3051	0.3078	0.3106	0.3133
0.9	0.3159	0.3186	0.3212	0.3238	0.3264	0.3289	0.3315	0.3340	0.3365	0.3389
1.0	0.3413	0.3438	0.3461	0.3485	0.3508	0.3531	0.3554	0.3577	0.3599	0.3621
1.1	0.3643	0.3665	0.3686	0.3708	0.3729	0.3749	0.3770	0.3790	0.3810	0.3830
1.2	0.3849	0.3869	0.3888	0.3907	0.3925	0.3940	0.3962	0.3980	0.3997	0.4015
1.3	0.4032	0.4049	0.4066	0.4082	0.4099	0.4115	0.4131	0.4147	0.4162	0.4177
1.4	0.4192	0.4207	0.4222	0.4236	0.4251	0.4265	0.4279	0.4292	0.4306	0.4319
1.5	0.4332	0.4345	0.4357	0.4370	0.4382	0.4394	0.4406	0.4418	0.4429	0.4441
1.6	0.4452	0.4463	0.4473	0.4484	0.4495	0.4505	0.4515	0.4525	0.4535	0.4545
1.7	0.4554	0.4564	0.4573	0.4582	0.4591	0.4599	0.4608	0.4616	0.4625	0.4633
1.8	0.4641	0.4649	0.4656	0.4664	0.4671	0.4678	0.4686	0.4693	0.4699	0.4706
1.9	0.4713	0.4719	0.4726	0.4732	0.4738	0.4744	0.4750	0.4756	0.4761	0.4767
2.0	0.4772	0.4778	0.4783	0.4788	0.4793	0.4798	0.4803	0.4808	0.4812	0.4817
2.1	0.4821	0.4826	0.4830	0.4834	0.4838	0.4842	0.4846	0.4850	0.4854	0.4857
2.2	0.4861	0.4864	0.4868	0.4871	0.4875	0.4878	0.4881	0.4884	0.4887	0.4890
2.3	0.4893	0.4896	0.4898	0.4901	0.4904	0.4906	0.4909	0.4911	0.4913	0.4916
2.4	0.4918	0.4920	0.4922	0.4925	0.4927	0.4929	0.4931	0.4932	0.4934	0.4936
2.5	0.4938	0.4940	0.4941	0.4943	0.4945	0.4946	0.4948	0.4949	0.4951	0.4952
2.6	0.4953	0.4955	0.4956	0.4957	0.4959	0.4960	0.4961	0.4962	0.4963	0.4964
2.7	0.4965	0.4966	0.4967	0.4968	0.4969	0.4970	0.4971	0.4972	0.4973	0.4974
2.8	0.4974	0.4975	0.4976	0.4977	0.4977	0.4978	0.4979	0.4979	0.4980	0.4981
2.9	0.4981	0.4982	0.4982	0.4983	0.4984	0.4984	0.4985	0.4985	0.4986	0.4986
3.0	0.4986	0.4987	0.4987	0.4988	0.4988	0.4989	0.4989	0.4989	0.4990	0.4990
3.1	0.4990	0.4991	0.4991	0.4991	0.4992	0.4992	0.4992	0.4992	0.4992	0.4993
3.2	0.4993	0.4993	0.4994	0.4994	0.4994	0.4994	0.4994	0.4995	0.4995	0.4995
3.3	0.4995	0.4995	0.4995	0.4996	0.4996	0.4996	0.4996	0.4996	0.4996	0.4997
3.4	0.4997	0.4997	0.4997	0.4997	0.4997	0.4997	0.4997	0.4997	0.4998	0.4998
3.5	0.4998	0.4998	0.4998	0.4998	0.4998	0.4998	0.4998	0.4998	0.4998	0.4998
3.6	0.4998	0.4998	0.4999	0.4999	0.4999	0.4999	0.4999	0.4999	0.4999	0.4999
3.7	0.4999	0.4999	0.4999	0.4999	0.4999	0.4999	0.4999	0.4999	0.4999	0.4999
3.8	0.4999	0.4999	0.4999	0.4999	0.4999	0.4999	0.4999	0.5000	0.5000	0.5000
3.9	0.5000	0.5000	0.5000	0.5000	0.5000	0.5000	0.5000	0.5000	0.5000	0.5000

附表 4　　　　　　　随机数字 4 000 个

行数	列 数							
	00000 12345	00001 67890	11111 12345	11112 67890	22222 12345	22223 67890	33333 12345	33334 67890
01	66194	28926	99547	16625	45515	67953	12108	57845
02	78240	43195	24837	23511	70880	22070	52622	61881
03	00833	88000	67299	68215	11274	55624	32991	17436
04	12111	86683	61270	58036	64192	90611	15145	01748
05	47189	99951	05755	03834	43782	90599	40282	51417
06	76396	72486	62423	27618	84184	78922	73561	52818
07	46409	17649	32483	09083	76175	19985	26309	91536
08	74626	22111	87286	46772	42243	68046	44250	42439
09	34450	81974	93723	49023	58432	67083	36876	93391
10	36327	72135	33005	28701	34710	49359	50693	89311
11	74185	77536	84825	09934	99103	09325	67389	45869
12	12296	41623	62873	37943	25584	09609	63360	47270
13	90822	60280	88925	99610	42772	67561	76873	04117
14	72121	79152	96591	90395	10189	79778	68016	13743
15	95268	41377	21684	08151	61816	58555	54305	86189
16	92603	09091	75884	93424	72586	88903	30061	14457
17	18813	90291	05275	01223	79607	95426	34900	09778
18	38840	26903	28624	67157	51986	42866	14508	49315
19	05959	33836	53758	16562	41081	38012	41230	20528
20	85141	21155	99212	32685	54103	31926	69813	58781
21	75047	59043	31074	38172	03178	32119	69506	67143
22	30752	95620	68032	62871	58781	34143	68790	69766
23	22986	82575	42187	62295	84295	30634	66562	31442
24	99439	86692	90348	66036	48399	73541	26698	39437
25	20389	93029	11881	17685	65425	89047	62669	02656
26	39249	05173	68256	36359	20250	60686	05947	09335
27	96777	33605	29481	20063	09398	01843	35139	61344
28	04860	32918	10798	50492	52665	33359	94713	28393
29	41613	42375	00403	03456	77580	87772	86877	57085
30	17930	00794	53836	53692	67135	98102	61912	11246
31	24649	31845	25736	75231	83808	98917	93829	99430
32	79899	34061	54308	59358	56462	58166	97302	86828
33	76801	49594	81002	30397	52728	15101	72070	33706
34	36239	63636	38140	65731	39788	06872	38071	53362
35	07392	64449	17886	63632	53995	17574	22247	02607

行数	列 数							
	00000 12345	00001 67890	11111 12345	11112 67890	22222 12345	22223 67890	33333 12345	33334 67890
36	67133	04181	33874	98835	67453	59734	76381	83455
37	77759	31504	32832	70861	15152	29733	75371	39174
38	85992	72268	42920	20810	29361	51423	90306	73574
39	79553	75952	54116	65553	47139	60579	09165	85490
40	41101	17336	48951	53674	17880	45260	08575	49321
41	36191	17095	32123	91576	84221	78902	81020	30847
42	62320	63898	23268	74283	26091	68409	69704	82267
43	14751	13151	93115	01437	56945	89661	67680	79790
44	48462	59278	44185	29616	76537	19589	83139	28454
45	29435	88105	59651	44391	74588	55114	85834	85686
46	28340	29285	12965	14821	80425	16602	44653	70467
47	02167	58940	27149	80242	10587	79786	24959	75334
48	17864	00991	39557	54981	23588	81914	37609	13128
49	79675	80605	60059	35862	00254	36545	21545	78179
50	72335	82037	92003	34100	29879	46613	89720	13274
51	49280	88924	35779	00283	81103	07275	89863	02348
52	61870	41657	07468	08612	98083	97349	20775	45091
53	43898	65923	25078	86129	78496	97653	91550	08078
54	62993	93912	30454	84598	56095	20664	12872	64647
55	33850	58555	51438	85507	71865	79488	76783	31708
56	55336	71264	88472	04334	63919	36394	11095	92470
57	70543	29776	13087	10072	55980	64688	68239	20461
58	89382	93809	20796	95945	34101	81277	66090	88872
59	37818	72142	67140	50785	22380	16703	53362	44340
60	60430	22834	14130	96593	23298	56203	92671	15925
61	82975	66158	84731	19436	55790	69229	28661	13675
62	39087	71938	40355	54324	08401	26299	49420	59208
63	55700	24586	93247	32596	11865	63397	44251	43189
64	14756	28997	78643	75912	83832	32768	18928	57070
65	32166	53251	70654	92827	63491	04233	33825	69662
66	23236	73751	31888	81718	06546	83246	47651	04877
67	45794	26926	15130	82455	78305	55058	52551	47182
68	09893	20505	14225	68514	46427	56788	96297	78822
69	54382	74598	91499	14523	68479	27686	46162	83554
70	94750	89923	37089	20048	80336	94598	26940	36858

行数	列 数							
	00000 12345	00001 67890	11111 12345	11112 67890	22222 12345	22223 67890	33333 12345	33334 67890
71	70297	34135	53140	33340	42050	82341	44104	82944
72	85157	47954	32979	26575	57600	40881	12250	73742
73	11100	02340	12860	74697	96644	89439	28707	25815
74	36871	50775	30592	57143	17381	68856	25853	35041
75	23913	48357	63308	16090	51690	54607	72470	55538
76	77348	36085	27973	65157	07456	22255	25626	57054
77	92074	54641	53673	54421	18130	60103	69596	49464
78	06873	21440	75593	41373	49520	17972	82578	16364
79	12478	37622	99659	31065	83613	69889	58869	29571
80	57175	55564	65411	42547	70457	03457	72937	83792
81	91616	11075	80103	07831	59309	13276	26710	73000
82	78025	73539	14621	39044	47450	03197	12787	47709
83	27587	67228	80145	10175	12822	86687	65530	49325
84	16690	20427	04251	64477	73749	73945	92396	68263
85	70183	58065	65489	31833	82093	16747	10386	59293
86	90736	35385	15679	99742	50866	78028	75573	67257
87	10934	93242	13431	24590	02770	48582	00906	58595
88	82462	30166	79613	47416	13389	80268	05085	96666
89	27463	10433	07606	16285	93699	60912	94532	95632
90	02979	52997	09079	92709	90110	47516	53693	49892
91	46888	69929	75233	52507	32097	37594	10067	67327
92	53638	83161	08289	12639	08141	12640	28473	09268
93	82433	61427	17239	89160	19666	08814	37841	12847
94	35766	31672	50082	22795	66948	65581	84399	15890
95	10853	42581	08792	13257	61973	24450	52351	16602
96	20341	27398	72906	63955	17276	10646	74692	48438
97	54458	90542	77563	51839	52901	53355	83281	19177
98	26337	66530	16687	35179	46450	00123	44546	79896
99	34314	23729	85264	05575	96855	23820	11901	79821
100	28603	10708	68933	34180	92166	15181	66628	58599

附表5 t 分 布

（v 为自由度，α 为显著性水平，表内数字表示分布的
双尾面积为 α 时对应的 t 值）

| v | α | | | | | | | | v |
	.20	.10	.05	.25	.02	.01	.005	.001	
1	3.078	6.314	12.706	25.452	31.821	63.657	127.320	636.619	1
2	1.886	2.920	4.303	6.205	6.965	9.925	14.089	31.598	2
3	1.638	2.353	3.182	4.176	4.541	5.841	7.453	12.941	3
4	1.533	2.132	2.776	3.495	3.747	4.604	5.598	8.610	4
5	1.476	2.015	2.571	3.163	3.365	4.032	4.773	6.859	5
6	1.440	1.943	2.447	2.969	3.143	3.707	4.317	5.959	6
7	1.415	1.895	2.365	2.841	2.998	3.499	4.029	5.408	7
8	1.397	1.860	2.306	2.752	2.896	3.355	3.832	5.041	8
9	1.383	1.833	2.262	2.685	2.821	3.250	3.690	4.781	9
10	1.372	1.812	2.228	2.634	2.764	3.169	3.581	4.587	10
11	1.363	1.796	2.201	2.593	2.718	3.106	3.497	4.437	11
12	1.356	1.182	2.179	2.560	2.681	3.055	3.428	4.718	12
13	1.350	1.771	2.160	2.533	2.650	3.012	3.372	4.221	13
14	1.345	1.761	2.145	2.510	2.624	2.977	3.326	4.410	14
15	1.341	1.753	2.131	2.490	2.602	2.947	3.286	4.073	15
16	1.337	1.746	2.120	2.473	2.583	2.921	3.252	4.015	16
17	1.333	1.740	2.110	2.458	2.657	2.898	3.222	3.965	17
18	1.330	1.734	2.101	2.445	2.552	2.878	3.197	3.922	18
19	1.328	1.729	2.193	2.433	2.539	2.861	3.174	3.883	19
20	1.325	1.725	2.086	2.423	2.528	2.845	3.153	3.850	20
21	1.323	1.721	2.080	2.414	2.518	2.831	3.135	3.819	21
22	1.321	1.717	2.074	2.406	2.508	2.819	3.119	3.792	22
23	1.319	1.714	2.069	2.398	2.500	2.807	3.104	3.767	23
24	1.318	1.711	2.064	2.391	2.492	2.797	3.090	3.745	24
25	1.316	1.708	2.060	2.385	2.485	2.787	3.078	3.725	25
26	1.315	1.706	2.056	2.379	2.479	2.779	3.067	3.707	26
27	1.314	1.703	2.052	2.373	2.473	2.771	3.056	3.690	27
28	1.313	1.701	2.048	2.368	2.467	2.763	3.047	3.674	28
29	1.311	1.699	2.045	2.364	2.462	2.756	3.038	3.659	29
30	1.310	1.697	2.042	2.360	2.457	2.750	3.030	3.646	30
40	1.303	1.684	2.021	2.329	2.423	2.704	2.971	3.551	40
60	1.296	1.671	2.000	2.299	2.390	2.660	2.915	3.460	60
120	1.289	1.658	1.980	2.270	2.358	2.617	2.860	3.373	120
∞	1.282	1.645	1.960	2.241	2.326	2.576	2.807	3.291	∞

附表 6 χ² 分布分位数 χ²_{1-α}(n) 表 $P\{\chi^2 \geqslant \chi^2_{1-\alpha}(n)\} = \alpha$

$\chi^2(n)$ 　 $\chi^2_{1-\alpha}(n)$ 　 α 　 0

n	α=0.99	0.98	0.95	0.90	0.80	0.70	0.50	0.30	0.20	0.10	0.05	0.02	0.01
1	0.000157	0.000628	0.00393	0.0158	0.0642	0.148	0.455	1.074	1.642	2.706	3.841	5.412	6.635
2	0.0201	0.0404	0.103	0.211	0.446	0.713	1.386	2.408	3.219	4.605	5.991	7.824	9.210
3	0.115	0.185	0.352	0.584	1.005	1.424	2.366	3.665	4.642	6.251	7.815	9.837	11.341
4	0.297	0.429	0.711	1.064	1.649	2.195	3.357	4.878	5.989	7.779	9.488	11.668	13.277
5	0.554	0.752	1.145	1.610	2.343	3.000	4.351	6.064	7.289	9.236	11.070	13.388	15.086
6	0.872	1.134	1.635	2.204	3.070	3.828	5.348	7.231	8.558	10.645	12.592	15.033	16.812
7	1.239	1.5654	2.167	2.833	3.822	4.671	6.346	8.383	9.803	12.017	14.067	16.622	18.475
8	1.646	2.032	2.733	3.490	4.594	5.527	7.344	9.524	11.030	13.362	15.507	18.168	20.090
9	2.088	2.532	3.325	4.168	5.380	6.393	8.343	10.656	12.242	14.684	16.919	19.679	21.666
10	2.558	3.059	3.940	4.865	6.179	7.267	9.342	11.781	13.442	15.987	18.307	21.161	23.209
11	3.053	3.609	4.575	5.578	6.989	8.148	10.341	12.899	14.631	17.275	19.675	22.618	24.725
12	3.571	4.178	5.226	6.304	7.807	9.034	11.340	14.011	15.812	18.549	21.026	24.054	26.217
13	4.107	4.765	5.892	7.042	8.634	9.926	12.340	15.119	16.985	19.812	22.362	25.472	27.688
14	4.660	5.368	6.571	7.790	9.467	10.821	13.339	16.222	18.151	21.064	23.685	26.873	29.141
15	5.229	5.985	7.261	8.547	10.307	11.721	14.339	17.322	19.311	22.307	24.996	28.259	30.578
16	5.812	6.614	7.962	9.312	11.152	12.624	15.338	18.418	20.465	23.542	26.296	29.633	32.000
17	6.408	7.255	8.672	10.085	12.002	13.531	16.338	19.511	21.615	24.769	27.587	30.995	33.409
18	7.015	7.906	9.390	10.865	12.857	14.440	17.338	20.601	22.760	25.989	28.869	32.346	34.805
19	7.633	8.567	10.117	11.651	13.716	15.352	18.338	21.689	23.900	27.204	30.144	33.687	36.191
20	8.260	9.237	10.851	12.443	14.578	16.266	19.337	22.775	25.038	28.412	31.410	35.020	37.566
21	8.897	9.915	11.591	13.240	15.445	17.182	20.337	23.858	26.171	29.615	32.671	36.343	38.932
22	9.542	10.600	12.338	14.041	16.314	18.101	21.337	24.939	27.301	30.813	33.924	37.659	40.289
23	10.196	11.293	13.091	14.848	17.187	19.021	22.337	26.018	28.429	32.007	35.172	38.968	41.638
24	10.856	11.992	13.848	15.659	18.062	19.943	23.337	27.096	29.553	33.196	36.415	40.270	42.980
25	11.524	12.697	14.611	16.473	18.940	20.867	24.337	28.172	30.675	34.382	37.652	41.566	44.314
26	12.198	13.409	15.379	17.292	19.820	21.792	25.336	29.246	31.795	35.563	38.885	42.856	45.642
27	12.879	14.125	16.151	18.114	20.703	22.719	26.336	30.319	32.912	36.741	40.113	44.140	46.963
28	13.565	14.847	16.928	18.939	21.588	23.647	27.336	31.391	34.027	37.916	41.337	45.419	48.278
29	14.256	15.574	17.708	19.768	22.475	24.577	28.336	32.461	35.139	39.087	42.557	46.693	49.588
30	14.953	16.306	18.493	20.599	23.364	25.508	29.336	33.530	36.250	40.256	43.773	47.962	50.892

附表 7　F 分布：显著水平 1%（α=0.01）的临界值

分母的自由度	分子的自由度																		
	1	2	3	4	5	6	7	8	9	10	12	15	20	24	30	40	60	120	∞
1	4,052	5,000	5,403	5,625	5,764	5,859	5,928	5,982	6,023	6,056	6,106	6,157	6,209	6,235	6,261	6,287	6,313	6,339	6,336
2	98.5	99.0	99.2	99.2	99.3	99.3	99.4	99.4	99.4	99.4	99.4	99.4	99.4	99.5	99.5	99.5	99.5	99.5	99.5
3	34.1	30.8	29.5	28.7	28.2	27.9	27.7	27.5	27.3	27.2	27.1	26.9	26.7	26.6	26.5	26.4	26.3	26.2	26.1
4	21.2	18.0	16.7	16.0	15.5	15.2	15.0	14.8	14.7	14.5	14.4	14.2	14.0	13.9	13.8	13.7	13.7	13.6	13.5
5	16.3	13.3	12.1	11.4	11.0	10.7	10.5	10.3	10.2	10.1	9.89	9.72	9.55	9.47	9.38	9.29	9.20	9.11	9.02
6	13.7	10.9	9.78	9.15	8.75	8.47	8.26	8.10	7.98	7.87	7.72	7.56	7.40	7.31	7.23	7.14	7.06	6.97	6.88
7	12.2	9.55	8.45	7.85	7.46	7.19	6.99	6.84	6.72	6.62	6.47	6.31	6.16	6.07	5.99	5.91	5.82	5.74	5.65
8	11.3	8.65	7.59	7.01	6.63	6.37	6.18	6.03	5.91	5.81	5.67	5.52	5.36	5.28	5.20	5.12	5.03	4.95	4.86
9	10.6	8.02	6.99	6.42	6.06	5.80	5.61	5.47	5.35	5.26	5.11	4.96	4.81	4.73	4.65	4.57	4.48	4.40	4.31
10	10.0	7.56	6.55	5.99	5.64	5.39	5.20	5.06	4.94	4.85	4.71	4.56	4.41	4.33	4.25	4.17	4.08	4.00	3.91
11	9.65	7.21	6.22	5.67	5.32	5.07	4.89	4.74	4.63	4.54	4.40	4.25	4.10	4.02	3.94	3.86	3.78	3.69	3.60
12	9.33	6.93	5.95	5.41	5.06	4.82	4.64	4.50	4.39	4.30	4.16	4.01	3.86	3.78	3.70	3.62	3.54	3.45	3.36
13	9.07	6.70	5.74	5.21	4.86	4.62	4.44	4.30	4.19	4.10	3.96	3.82	3.66	3.59	3.51	3.43	3.34	3.25	3.17
14	8.86	6.51	5.56	5.04	4.70	4.46	4.28	4.14	4.03	3.94	3.80	3.66	3.51	3.43	3.35	3.27	3.18	3.09	3.00
15	8.68	6.36	5.42	4.89	4.56	4.32	4.14	4.00	3.89	3.80	3.67	3.52	3.37	3.29	3.21	3.13	3.05	2.96	2.87
16	8.53	6.23	5.29	4.77	4.44	4.20	4.03	3.89	3.78	3.69	3.55	3.41	3.26	3.18	3.10	3.02	2.93	2.84	2.75
17	8.40	6.11	5.19	4.67	4.34	4.10	3.93	3.79	3.68	3.59	3.46	3.31	3.16	3.08	3.00	2.92	2.83	2.75	2.65
18	8.29	6.01	5.09	4.58	4.25	4.01	3.84	3.71	3.60	3.51	3.37	3.23	3.08	3.00	2.92	2.84	2.75	2.66	2.57
19	8.19	5.93	5.01	4.50	4.17	3.94	3.77	3.63	3.52	3.43	3.30	3.15	3.00	2.92	2.84	2.76	2.67	2.58	2.49
20	8.10	5.85	4.94	4.43	4.10	3.87	3.70	3.56	3.46	3.37	3.23	3.09	2.94	2.86	2.78	2.69	2.61	2.52	2.42
21	8.02	5.78	4.87	4.37	4.04	3.81	3.64	3.51	3.40	3.31	3.17	3.03	2.88	2.80	2.72	2.64	2.55	2.46	2.36
22	7.95	5.72	4.82	4.31	3.99	3.76	3.59	3.45	3.35	3.26	3.12	2.98	2.83	2.75	2.67	2.58	2.50	2.40	2.31
23	7.88	5.66	4.76	4.26	3.94	3.71	3.54	3.41	3.30	3.21	3.07	2.93	2.78	2.70	2.62	2.54	2.45	2.35	2.26
24	7.82	5.61	4.72	4.22	3.90	3.67	3.50	3.36	3.26	3.17	3.03	2.89	2.74	2.66	2.58	2.49	2.40	2.31	2.21
25	7.77	5.57	4.68	4.18	3.86	3.63	3.46	3.32	3.22	3.13	2.99	2.85	2.70	2.62	2.53	2.45	2.36	2.27	2.17
30	7.56	5.39	4.51	4.02	3.70	3.47	3.30	3.17	3.07	2.98	2.84	2.70	2.55	2.47	2.39	2.30	2.21	2.11	2.01
40	7.31	5.18	4.31	3.83	3.51	3.29	3.12	2.99	2.89	2.80	2.66	2.52	2.37	2.29	2.20	2.11	2.02	1.92	1.80
60	7.08	4.98	4.13	3.65	3.34	3.12	2.95	2.82	2.72	2.63	2.50	2.35	2.20	2.12	2.03	1.94	1.84	1.73	1.60
120	6.85	4.79	3.95	3.48	3.17	2.96	2.79	2.66	2.56	2.47	2.34	2.19	2.03	1.95	1.86	1.76	1.66	1.53	1.38
∞	6.63	4.61	3.78	3.32	3.02	2.80	2.64	2.51	2.41	2.32	2.18	2.04	1.88	1.79	1.70	1.59	1.47	1.32	1.00

F 分布：显著水平 5%（α=0.05）的临界值

分母的自由度 \ 分子的自由度	1	2	3	4	5	6	7	8	9	10	12	15	20	24	30	40	60	120	∞
1	161	200	216	225	230	234	237	239	241	242	244	246	248	249	250	251	252	253	254
2	18.5	19.0	19.2	19.3	19.3	19.3	19.4	19.4	19.4	19.4	19.4	19.4	19.4	19.5	19.5	19.5	19.5	19.5	19.5
3	10.1	9.55	9.28	9.12	9.01	8.94	8.89	8.85	8.81	8.79	8.74	8.70	8.66	8.64	8.62	8.59	8.57	8.55	8.53
4	7.71	6.94	6.59	6.39	6.26	6.16	6.09	6.04	6.00	5.96	5.91	5.86	5.80	5.77	5.75	5.72	5.69	5.66	5.63
5	6.61	5.79	5.41	5.19	5.05	4.95	4.88	4.82	4.77	4.74	4.68	4.62	4.56	4.53	4.50	4.46	4.43	4.40	4.37
6	5.99	5.14	4.76	4.53	4.39	4.28	4.21	4.15	4.10	4.06	4.00	3.94	3.87	3.84	3.81	3.77	3.74	3.70	3.67
7	5.59	4.74	4.35	4.12	3.97	3.87	3.79	3.73	3.68	3.64	3.57	3.51	3.44	3.41	3.38	3.34	3.30	3.27	3.23
8	5.32	4.46	4.07	3.84	3.69	3.58	3.50	3.44	3.39	3.35	3.28	3.22	3.15	3.12	3.08	3.04	3.01	2.97	2.93
9	5.12	4.26	3.86	3.63	3.48	3.37	3.29	3.23	3.18	3.14	3.07	3.01	2.94	2.90	2.86	2.83	2.79	2.75	2.71
10	4.96	4.10	3.71	3.48	3.33	3.22	3.14	3.07	3.02	2.98	2.91	2.85	2.77	2.74	2.70	2.66	2.62	2.58	2.54
11	4.84	3.98	3.59	3.36	3.20	3.09	3.01	2.95	2.90	2.85	2.79	2.72	2.65	2.61	2.57	2.53	2.49	2.45	2.40
12	4.75	3.89	3.49	3.26	3.11	3.00	2.91	2.85	2.80	2.75	2.69	2.62	2.54	2.51	2.47	2.43	2.38	2.34	2.30
13	4.67	3.81	3.41	3.18	3.03	2.92	2.83	2.77	2.71	2.67	2.60	2.53	2.46	2.42	2.38	2.34	2.30	2.25	2.21
14	4.60	3.74	3.34	3.11	2.96	2.85	2.76	2.70	2.65	2.60	2.53	2.46	2.39	2.35	2.31	2.27	2.22	2.18	2.13
15	4.54	3.68	3.29	3.06	2.90	2.79	2.71	2.64	2.59	2.54	2.48	2.40	2.33	2.29	2.25	2.20	2.16	2.11	2.07
16	4.49	3.63	3.24	3.01	2.85	2.74	2.66	2.59	2.54	2.49	2.42	2.35	2.28	2.24	2.19	2.15	2.11	2.06	2.01
17	4.45	3.59	3.20	2.96	2.81	2.70	2.61	2.55	2.49	2.45	2.38	2.31	2.23	2.19	2.15	2.10	2.06	2.01	1.96
18	4.41	3.55	3.16	2.93	2.77	2.66	2.58	2.51	2.46	2.41	2.34	2.27	2.19	2.15	2.11	2.06	2.02	1.97	1.92
19	4.38	3.52	3.13	2.90	2.74	2.63	2.54	2.48	2.42	2.38	2.31	2.23	2.16	2.11	2.07	2.03	1.98	1.93	1.88
20	4.35	3.49	3.10	2.87	2.71	2.60	2.51	2.45	2.39	2.35	2.28	2.20	2.12	2.08	2.04	1.99	1.95	1.90	1.84
21	4.32	3.47	3.07	2.84	2.68	2.57	2.49	2.42	2.37	2.32	2.25	2.18	2.10	2.05	2.01	1.96	1.92	1.87	1.81
22	4.30	3.44	3.05	2.82	2.66	2.55	2.46	2.40	2.34	2.30	2.23	2.15	2.07	2.03	1.98	1.94	1.89	1.84	1.78
23	4.28	3.42	3.03	2.80	2.64	2.53	2.44	2.37	2.32	2.27	2.20	2.13	2.05	2.01	1.96	1.91	1.86	1.81	1.76
24	4.26	3.40	3.01	2.78	2.62	2.51	2.42	2.36	2.30	2.25	2.18	2.11	2.03	1.98	1.94	1.89	1.84	1.79	1.73
25	4.24	3.39	2.99	2.76	2.60	2.49	2.40	2.34	2.28	2.24	2.16	2.09	2.01	1.96	1.92	1.87	1.82	1.77	1.71
30	4.17	3.32	2.92	2.69	2.53	2.42	2.33	2.27	2.21	2.16	2.09	2.01	1.93	1.89	1.84	1.79	1.74	1.68	1.62
40	4.08	3.23	2.84	2.61	2.45	2.34	2.25	2.18	2.12	2.08	2.00	1.92	1.84	1.79	1.74	1.69	1.64	1.58	1.51
60	4.00	3.15	2.76	2.53	2.37	2.25	2.17	2.10	2.04	1.99	1.92	1.84	1.75	1.70	1.65	1.59	1.53	1.47	1.39
120	3.92	3.07	2.68	2.45	2.29	2.18	2.09	2.02	1.96	1.91	1.83	1.75	1.66	1.61	1.55	1.50	1.43	1.35	1.25
∞	3.84	3.00	2.60	2.37	2.21	2.10	2.01	1.94	1.88	1.83	1.75	1.67	1.57	1.52	1.46	1.39	1.32	1.22	1.00

参 考 文 献

徐国祥等．统计学．上海：上海财经大学出版社，2001 年

雷钦礼．商务统计．北京：中国财政经济出版社，2005 年

王维国．预测与决策．北京：中国财政经济出版社，2006 年

贾怀勤．应用统计．北京：对外经济贸易大学出版社，2006 年

贾怀勤．数据模型与决策（第二版）．北京：对外经济贸易大学出版社，2007

赛维·R. 安德森，丹尼斯·J. 斯威尼，托马斯·威廉斯．商务与经济统计（第九版）．北京：机械工业出版社，2006 年

詹姆斯·R. 埃文斯，戴维·L. 奥尔本．数据模型与决策（第二版）．北京：中国人民大学出版社，2006 年

David H. Hildebrand, R Lyman Ott. STATISITICAL THINKING FOR MANAGERS, 4[th]edit, Duxbury Press, 1998